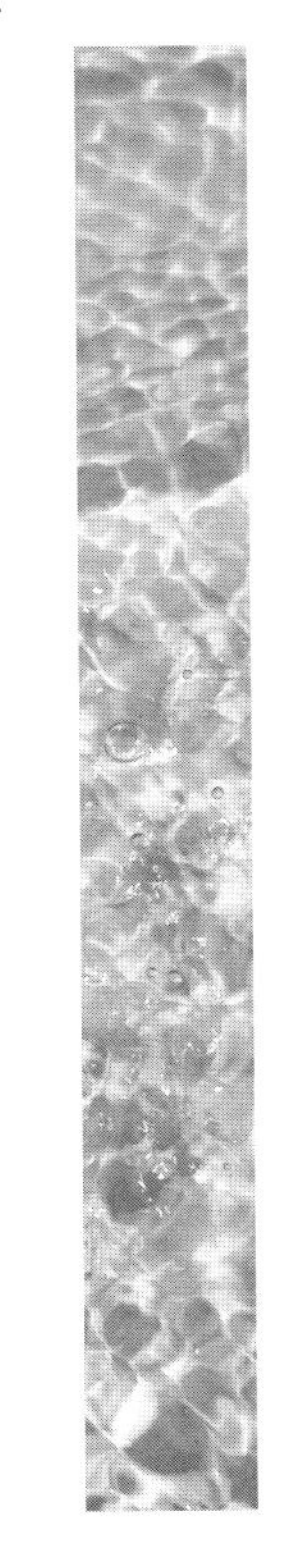

文化遺産と防災のレッスン

レジリエントな観光のために

Cultural Heritage, Resilient Tourism, and Disaster Risk Reduction

山下晋司・狩野朋子 編

新曜社

文化遺産と防災のレッスン——目次

第一部　文化遺産と防災のレッスン

1章　文化遺産と防災——レジリエントな観光のために　山下晋司　8

2章　文化遺産と近代　飯田　卓　20

3章　文化遺産は誰のものか——文化遺産の所有主体と防災　田中英資　33

4章　日本の文化遺産の保護と防災——その歴史を知ろう　益田兼房　45

コラム

1　文化財保護法（益田兼房）58

2　ユネスコ世界遺産の考え方（田中英資）60

3　レジリエンスの概念（田中孝枝）62

第二部　文化遺産の被災と再建

5章　中国・麗江古城の被災と再建——空間解析的アプローチ　郷田桃代　66

6章　国家のレジリエンス、地域社会のレジリエンス
――中国・四川大地震後の復興とディザスター・ツーリズム　田中孝枝　77

7章　無形文化遺産と防災――東日本大震災における被災と復興　高倉浩樹　89

8章　被災した歴史的建造物の復旧――熊本地震のケースから　矢野和之　99

9章　レジリエントな観光
――インドネシア・バリの世界遺産とコミュニティ・ベースト・ツーリズム　岩原紘伊　113

コラム
4　被災後再建された文化遺産のオーセンティシティ（益田兼房）　124
5　世界遺産の被災状況（狩野朋子）　126
6　文化財保存活用地域計画――災害時の支援を容易にするために（矢野和之）　128
7　東日本大震災における無形文化遺産の被災（久保田裕道）　129

第三部｜文化遺産の防災・減災

10章　ネパール・パタンの歴史地区――震災後の住民へのヒアリング調査から　大窪健之　132

11章　トルコ・ベルガマの伝統的住居群——防災計画の策定　狩野朋子　146
12章　インドネシア・トラジャの慣習家屋——「伝統」と「現在」のはざま　藤木庸介　159
13章　中国・客家の伝統集合住宅——防災景観とそのレジリエンス　河合洋尚　169
14章　日本・富士山の保全と活用——三保松原を例として　堂下　恵　181
コラム
8　京都・清水地域の市民防災（大窪健之）　192
9　防災まちづくり——観光との関わりのなかで（狩野朋子）　194
10　防災ツーリズム（山下晋司）　196
15章　まとめと展望　山下晋司・狩野朋子　197
索引　212

装幀——岡澤理奈事務所

第一部

文化遺産と防災のレッスン

1章 文化遺産と防災
——レジリエントな観光のために

山下晋司

◇ねらい
今日、地球規模での災害が頻発し、文化遺産も被災の危機にさらされている。本書では、「レジリエンス」という概念に注目しながら、文化遺産、観光、防災の絡み合いを考える。それを通して、今日の「災害の時代」に文化遺産とともに生きることの意味を学ぶ。

近年、地球規模の気候変動とそれに伴う災害の頻発化・深刻化が大きな関心を引いている。世界では、毎年、約一億六千万人が被災し、約一〇万人の命が奪われ、四〇〇億ドル以上の被害額が発生している。(1) 日本では、二〇一一年の東日本大震災が記憶に新しく、豪雨や台風に伴う水害も毎年のように起こっている。これに昨今のコロナ禍も加えてよいかもしれない。「災害の時代」である。

こうした災害は人命を奪い、コミュニティを崩壊させ、大きな損失を与えるだけではなく、文化遺産をも破壊する。本書では、「レジリエンス」という概念に注目しながら、文化遺産、観光、防災の絡み合いを考える。

一 文化遺産、観光、防災

はじめに、本書のキーワードである文化遺産、観光、防災について問題点を整理しておく。

1 文化遺産

「文化遺産」(cultural heritage) という言葉は、ユネスコによる世界遺産プロジェクトが始まった一九七二年以降、広く使われるようになった。日本では、一九五〇年に制定された文化財保護法による「文化財」(cultural property)という言葉が広く浸透しているが、文化財というと、国宝の美術品や工芸品、神社仏閣などの建造物をイメージしてしまう。これに対し、文化遺産は生活様式、伝統芸能、景観などより広い範囲の文化を含んでいる。

「ヘリテージ」(遺産)は過去のものと思われるかもしれないが、ヘリテージとは未来に向けて残すべきものとして選択されたものである。その意味では、文化遺産として何を残し、保存していくかは、今日の「文化の政治学」と深く関わっている。また、ヘリテージには、個人から地域、国家、世界のレベルまで、建造物、景観、史跡、芸術、芸能、信仰など有形・無形のあらゆるものが含まれるが、次に今日の文化遺産保存プロジェクトのなかで大きな位置を占めているユネスコの世界遺産(World Heritage)について述べておこう。

世界遺産という制度は、一九七二年の世界遺産条約(世界の文化遺産及び自然遺産の保護に関する条約)によって成立したものである。これは文化遺産および自然遺産を人類全体のための世界の遺産として損傷・破壊などの脅威から保護し、保存するための国際的な協力と援助の体制を確立することを目的としている。条約採択後、ユネスコは「顕著で普遍的な価値」(Outstanding Universal Value)を有する文化および自然の遺産を同定・保護・保存することを奨励してきた。二〇二一年六月現在、世界遺産総数は一一五四件(文化遺産八九七件、自然遺産二一八件、複合遺産三九件)に達している。そのうち日本の世界遺産は二五件(文化遺産二〇件、自然遺産五件)である。[2]

世界遺産における「文化」は、生活文化というより、卓越した音楽・文学・絵画などの芸術(art)に近いものが想定されていた。また、ユネスコは世界遺産の普遍性を強調しながらも、ヨーロッパの建造物、記念碑、遺跡を偏重する傾向があり、西洋的価値を普遍的価値と言い換えただけだと批判された。それゆえ、ユネスコは一九九四年に「グローバル・ストラテジー」を策定してバランスのとれた世界遺産登録につとめるようになった。そうしたなかで、考古学的な遺物(dead monuments)よりは「生きている遺産」(living heritage)、「文化的景観」(cultural landscape)、さらに「無形文化遺産」(intangible cultural heritage)をも含めるようになっている。二〇〇一年の世界遺産委員会では「文化的表現の多様性についての世界宣言」が採択され、普遍主義的・芸術的な文化観から文化相対主義的・生活文化的な文化観へと変化してきている(本書2章、コラム2)。

写真1　インドネシア・ジャワ島中部地震（2007年）による世界遺産プランバナン遺跡群の被災（山下晋司撮影、2017年）

世界遺産をめぐる文化概念が時代とともに変化してきているとはいえ、世界遺産条約が遺産を損傷・破壊などの脅威から保護し、保存することを目的としている以上、遺産認定の過程および認定後に、保存（保護）すべき対象（要素、配置、意味）を不変なものとしようとする制度的な圧力は働く。とくに世界遺産エリアにおいてはそうである。そこでは、世界遺産を構成する資産（文化財）に勝手に手を加えることはできない。したがって、誰が誰のために、何を何のために、保護・保存するのかが改めて問われることになる（本書3章）。

2　観光

「ヘリテージ・ツーリズム」という言葉がある。文化遺産を鑑賞することを目的とした観光である。とくにユネスコの世界遺産はブランドとして観光開発の切り札として使われるようになっている。その意味では、文化の政治学と並んで「文化の経済学」も重要な課題だ。

そうしたなかで、人類学の伝統的な研究対象だった民族文化や伝統文化は観光のコンテクストにおいて資源化されていく。観光における文化のありように注目したのは観光人類学の功績であり（山下編 1996）、文化遺産の問題に取り組むことは観光人類学の問題意識を継承し、発展させるものである（飯田編 2017a: 26）。

世界遺産と観光という点について、世界文化遺産の諮問機関であるイコモス（International Council on Monuments and Sites: 国際記念物遺跡会議）は、一九七六年に「イコモス文化観光憲章」を採択し、観光はあらがえない社会的、経済的、文化的事実だとしながらも、観光のネガティヴな影響に対し警戒する立場をとっていた。しかし、一九九九年の「国際文化観光憲章」では、観光と文化遺産の関わりに注目し、観光を活用した遺産管理手法を取り入れるようになっている。ユネスコも二〇〇二年に「世界遺産と持続的観光のユネスコ・プログラム」を発表し、観光を世界遺産の保存のメカニズムのなかに統合することを目的の一つに掲げている。

ヘリテージ・ツーリズムについては、以下に四点ほど論点を整理しておく。

（1）文化遺産は、有形であれ、無形であれ、保存すべきものとしての「オーセンティシティ」（真正性、真実性）が問題になる。しかし、文化は歴史のなかでつねに変化する。ユネスコは一九六四年のベニス憲章に基づき、オリジナルなデザイン、素材、技術にこだわっているが、この基準は耐久性に優れた石材を用いたヨーロッパの文化遺産を前提としたもので、壊れやすい木材を用いた日本の文化遺産やアジア・アフリカの土製（ブロック煉瓦も含め）建築物には必ずしも当てはまらない（本書コラム2）。重要なのは「オーセンティックな再生」という考え方である。奈良の法隆寺は世界最古の木造建築であるが、創建当時からは約半分の材料が解体修復で入れ替えられている。しかし、創建当時と同じ種類の木材、同じ工法で修復されており、「オーセンティシティに関する奈良文書」（一九九四年）では、オーセンティシティは損なわれていないと判断されたのである（安江編 2011: 45-46; 本書コラム4）。

（2）次に、「文化遺産は誰のものか」という問題がある（本書3章）。誰が、何のために文化遺産を使うのか。中国・雲南省の麗江古城は、一九九七年に世界遺産に登録された後、観光開発が進み、多数の観光客と観光ビジネスに携わる外部の業者（漢族）の流入により、本来の住民であるナシ（納西）族は古城から出ていった。古城はいまや観光のために存在しているのだ（本書5、12章）。これは文化遺産を管理するのは誰かという問題とも結びついている。世界遺産の場合は、ユネスコがモニタリングし、最終的には当該国家の責任で管理することになっている。管理不十分となると「危機遺産」のレッテルが貼られ、場合によっては「登録取り消し」になる。近年では、ユネスコは住民主体の遺産管理を強調するようになっている（本書9章）。文化遺産は誰のものかという問いは、とくに文化遺産が政治化し、商品化し、さまざまな利害がからんでくるときに生じる。それゆえ、この問題を解決していくには、利害関係者による調整が必要になり、文化遺産を総合的に管理するヘリテージ・マネジメントが不可欠になる。

（3）「文化の経済学」の観点からいえば、ヘリテージ・ツーリズムは文化遺産を活用した経済活動でもある。そのために、オーセンティシティやインテグリティ（完全性）に抵触しない範囲で建物などの外観の修正やコンテンツの変更が必要となるかもしれない（本書5章）。また、ツーリズムが文化遺産の保全や防災に貢献する可能性もある。例えば、世界遺産エリアの建物に入るには、拝観料や保全協力金が徴収され、それが文化遺産の維持に使われるというようなケースである。

（4）最後に、オーバーツーリズムについて触れておこう。オーバーツーリズムとは、地域のキャパシティ以上に観光客が押し寄せ、当該住民の生活になんらかの支障をきたす現象である。とくに世界遺産を有する人気の観光地においてはこうした問題――「観光災害」――が生じている。本書で取り上げられている中国・麗江（5章）、およびインドネシア・バリ（9章）などはその例である。

3　防災

東日本大震災以後、災害に関する研究が数多く現われた。本書は災害というより防災に焦点を合わせたものだが、防災は工学的な研究が主流で、人文社会科学の文化研究分野ではあまり取り上げられてこなかった。しかし、災害は歴史的・社会的・文化的コンテクストにおいて生じる。かつて寺田寅彦が述べたように、地震や津波といった自然災害も人が住んでいないところでは災害にはならない。人が住み、社会や文化が発達したときにはじめて「災害」になるのである。「文明が進めば進むほど天然の暴威による災害がその激烈の度を増す」（寺田 2011: 12）。これは八〇年以上も前の観察だが、今日の「災害の時代」を見越した卓見である。

災害は一般に非日常の状態として捉えられることが多い。災害により通常の生活は中断され、急激な変化に襲われる。これに対して防災は日常の一部であり、災害の日常化、すなわち日常的なコンテクストで災害リスクを予測することで準備され、計画される。そうしたなかで、日常的な景観そのものが防災システムの一部を構成している場合もある（本書13章）。東日本大震災で被災を免れた寺や神社、古い集落などは小高いところに立地していた。これらは安全な場所に関する「在来知」であるとみなすことができる。防災を平時（日常）と災害時（非日常）の連続性のなかで考えることは本書の主要な論点の一つである（本書11章）。

本書で扱う災害リスクは、必ずしも自然災害によるものだけではない。「観光災害」など人為的な災害もあることはすでに述べた。また、「文化的景観」にとっては開発プロジェクト自体が景観を損ねる「災害」を引き起こすおそれがある（本書14章）。さらに、災害からの復興過程において、国家が提示する復興像が必ずしも地域社会の生活回復につながらないこともある（本書6章）。人文・社会分野で防災を考えていくと、工学系の防災の考え方よりははるかに複雑な様相を呈してくるのである。

災害と観光という点では、被災跡地が「震災遺跡」として観光の対象となるケースがある（本書6章）。東日本大震災や熊本地震後の日本でも被災文化財が問題となり（本書7章、8章、コラム7）、被災地を訪れ支援するボランティア・ツーリズムや被災地がかかえる問題に関心を寄せる

写真2　東日本大震災で被災した宮城県南三陸町防災対策庁舎の残骸　復興ツーリズムのシンボル的存在だった（山下晋司撮影、2012年）

ダークツーリズムも市民権を得てきた（山下 2015）。防災とツーリズムの関わりについては、「防災ツーリズム」も提唱されている（本書コラム10）。これは「防災教育」と「観光」を融合させた新しい取り組みで、これにより東日本大震災の経験を国内外へ発信し、地域創成を後押ししようとするものである。(3)

二　レジリエンス――変化への適応力

レジリエンスとは、あるシステムがダメージを受けた場合の「回復力」「復元力」のことで、ラテン語の *resilire*（跳ね返る）に由来する語である。この概念は今日さまざまな分野で注目されるようになっている（ゾッリ&ヒーリー 2013）。防災の分野においては、レジリエンスはとくに二〇〇〇年代以降注目されている。すなわち、二〇〇五年の第二回国連防災世界会議における「兵庫行動枠組二〇〇五～二〇一五」では、「災害に強い国・コミュニティを構築すること」（Building the Resilience of Nations and Communities to Disaster）が、二〇一五年の第三回国連防災世界会議における「仙台防災枠組二〇一五～二〇三〇」では、「文化遺産と災害に強い社会」（Cultural Heritage and Disaster Resilient Communities）が課題とされ、ともにレジリエンスがキー概念になっている。

ところで、一九八〇年代から今日に至るまで開発分野に基本的枠組みを与えてきたのは、サステイナビリティ（持続可能性）という概念であった。今日喧伝されているSDGs（持続可能な開発目標）はこの概念に基づいている。これに対して、レジリエンスという概念はここ十年ばかりの間に大きな関心を集めるようになった。

サステイナビリティとレジリエンスは、人間社会と自然環境の調和が可能という仮定の下にしばしば同義的に使われるが、どのように違うのか。アラン・リュウら（Lew et al. 2016: 22）は、両者の類似性と差異性について、表1、2のように整理している。このようにしてみると、両者は、仮定、研究の焦点、方法、目標の点で類似性が認められるものの、明らかな差異性もある。すなわち、サステイナビリティが調和的安定的なシステムの持続を目標にしているのに対し、レジリエンスは変化に適応した動的なシステムの構築をめざしている。また、今日のようにプラネタリー・バウンダリー（地球の限界）が語られる時代にはサステイナビリティを維持できない可能性もある。ゾッリとヒーリー（2013: 30）は、サステイナビリティはやがてレジ

仮定	人間社会と自然環境の調和は可能
研究の焦点	社会的生態学的システム、気候変動の影響、グローバル化、コミュニティ開発
方法	気候変動に関する政策と行動、とくにガバナンス、実現ツールとしての教育と学習
目標	システムの存続、安全性と健全性（社会的生物的多様性）、場所と所属に対する感性（ヘリテージ）

表１　サステイナビリティとレジリエンスの類似性（Lew et al. 2016の表１をもとに作成）

	サステイナビリティ	レジリエンス
仮定	安定と調和が常態（あるいは少なくとも可能）	非線形的、予測不可能な変化と混沌が常態
目標	規範的な理想（文化、環境、経済の持続）、世代を超えた平等、公正	戦略的、動態的、自生的システム、学習施設、革新的な文化
研究の焦点	経済開発・成長の環境・社会への影響、資源の過度な使用、二酸化炭素排出量	自然・人為災害の管理、気候変動の影響、ソーシャルキャピタルとネットワーク
方法	「賢明な使用」による資源管理、変化に抗する緩和と保護、リサイクルと「グリーン化」、行動を変える教育	脆弱性の軽減と変化への物理的社会的力の向上（柔軟性、余剰性）、システムのフィードバックと運用、革新のための教育
批判	定義が不明確なままに高度に政治化	社会的環境的変化の原因に言及しない

表２　サステイナビリティとレジリエンスの差異性（Lew et al. 2016の表２をもとに作成）

リエンスに取って代わられるかもしれないと述べている。

さらに、近年の防災研究において、レジリエンスとともに強調されるのは、「よりよい復興」（Build Back Better）である。レジリエンスとは元の状態に戻ることではなく、新たな創造につながるような新しい条件への適応力のことである。その意味で、復興とは地域や都市をよりよく作り直す機会でもある。

三　人類学と建築学の協働

本書は、人間文化を研究する人類学者と建物や空間を研究する建築学者による協働によってできあがっている。本書の編者である山下晋司（文化人類学）と狩野朋子（建築・都市計画）は、これまで本書の執筆者の何人かとともに「世界遺産と防災」をめぐって共同研究のプロジェクトを行なってきた。また、本書の執筆者の一人である大窪健之は、文化遺産防災についてこれまで別々に取り組まれてきた人文社会学と理工学を融合して取り組んでいく必要性を強調している[4]。

文化遺産研究において、建築学と人類学の協働が重要になるのは、文化遺産がたんなるモノではなく、フランスの人類学者ブルーノ・ラトゥールのいう「人間と非－人間の集合体」、あるいはモノと人間の「アクターネットワーク」として存在しているからである。「古都京都の文化財」とはたんにモノ（マテリアリティ）としての神社仏閣のことではなく、それを構成するもろもろの物的な要素、それを支える人びと、都市、景観、文化、歴史の総体（ネットワーク）なのである。

そうしたなかで、両者の協働がとくに重要になるのは、災害後の再建の局面である。というのも、再建とはたんに建物の修復ではなく、モノと人間の「アクターネットワーク」の再構築だからである。この点で、モノに関わる建築学と人間に関心を寄せる人類学の協働が必要になるのだ。

四　防災の公共学——現地社会との協働

人類学においては、社会貢献をめざす公共人類学という分野が一九九〇年代後半のアメリカで登場してきた。日本でも二〇〇〇年代に入って人類学を社会に開いていく試みとして、山下は日本における公共人類学の立ち上げを提唱した（山下編 2014）。とくに東日本大震災以後は、災害にフォーカスした公共人類学的研究がつぎつぎと現われてき

写真3　ネパール・ゴルカ地震（2015年）後のパタンの再建（山下晋司撮影、2017年）

ている。本書の執筆者の一人である高倉浩樹の研究もそうした流れのなかにある（高倉・滝澤編 2014）。

こうした公共人類学の展開を意識しながら、狩野はトルコ・ベルガマで現地の研究者や住民たちとのワークショップを持った。これは大窪らがネパールや京都で実施した手法（本書10章、コラム8）を参考にして、住民参加型のワークショップとして行なわれた。ワークショップでは、防災マップを作成しながら、避難ルート、避難場所、避難生活、文化遺産の保護などを議論し、防災意識の高揚と防災教育につなげようとした（本書11章、15章）。

防災においては、研究と実践は二項対立的に捉えることはできず、防災実践を専門家から一般の人びとへの一方的な知識・技術の伝達とみなすことはできない。防災教育も防災学習も社会のなかで行なわれるのである。こうした目的にとって、ベルガマでのワークショップで行なったような現地社会との協働は、「防災の公共学」に向けた第一歩であった。

五　本書の構成

本書は、三部一五章からなる。[5] 第一部「文化遺産と防災のレッスン」は、文化遺産と防災というテーマへの取り組みをスタートさせる段階である。三段跳びにたとえれば、ホップの段階である。この章に続く2章では近代の歴史の展開のなかで文化遺産を位置づけ、3章では文化遺産の所有主体をめぐる問題を考え、4章では日本の歴史のなかでこのテーマを捉える。この部は全体として文化遺産と防災というテーマへの導入部である。

第二部「文化遺産の被災と再建」では、第一部で学んだことを念頭に置きながら、この文化遺産の被災と再建に関する事例研究を行なう。ステップの段階で、一九九六年の中国・麗江地震（5章）、二〇〇八年の中国・四川大地震（6章）、二〇一一年の東日本大震災（7章）、二〇一六年の日本の熊本地震（8章）における文化遺産の被災と再建の事例が検討される。さらにマスツーリズムによって引き起こされる「観光災害」に対するインドネシア・バリの「コミュニティ・ベースト・ツーリズム」の事例（9章）が取り上げられる。こうして、これらの章では、具体的な事例研究を通して文化遺産の被災と再建に関する理解を深める。

第三部「文化遺産の防災・減災」は、これまでの学びを踏まえて、レジリエントな文化遺産のあり方を模索する応用的な段階、ジャンプの段階である。まず、ネパール・パタンの歴史地区の防災に関するヒアリング調査が取り上げられ（10章）、ついでトルコ・ベルガマの伝統的住居群の防災計画（11章）、続いてインドネシア・トラジャの慣習家屋のレジリエンス（12章）、中国・客家の伝統集合住宅の防災景観（13章）、さらに日本・富士山の「文化的景観」の保全と活用が取り上げられる（14章）。これらの章では、防災概念を拡大して、防災・減災を非日常ではなく、日常の営みのなかにしばしば無意識のうちに埋め込まれている在来知に注目する。最後に、「まとめと展望」として本書の到達点を述べる（15章）。

六　文化遺産と生きる

この章では、文化遺産、観光、防災との絡み合いをレジリエンスの観点から見てきた。この構図のなかでは、文化遺産をいかに災害から守るかということより、文化遺産を地域のアイデンティティの核として持ち続けること自体が地域の防災とレジリエントな観光の発展につながるように思われる。というのも、本書コラム7の執筆者久保田裕道が指摘しているように、文化遺産の防災とはけっして「文化遺産をいかに守るのか」ではなく、「文化遺産で地域をいかに守るのか」という問題だからである（久保田 2018: 66）。そのような意味で本書は、「文化遺産と生きる」（飯田編 2017b）というテーマを追求しながら、今日の地球規模の「災害の時代」を生き抜く力を学ぼうとする試みである。

注

（1）内閣府。https://www.bousai.go.jp/kokusai/kyoryoku/world.html. 二〇二二年七月四日閲覧。
（2）UNESCO World Heritage Centre. https://whc.unesco.org/en/list/. 二〇二二年六月三十日閲覧。
（3）今村文彦 2017「東北の地域創成を後押しする「防災ツーリズム」とは」『明日の翼』9: 12-13. https://www.jal.com/ja/csr/pdf/vol9_12-14.pdf. 二〇二一年三月十五日閲覧。
（4）立命館大学歴史都市防災研究所。http://r-dmuch.jp/jp/aboutus/greeting.html. 二〇二一年十二月十五日閲覧。
（5）本書のいくつかの章（1、5、6、9、11、14章）は、筆者らの旧稿（山下・狩野・郷田・堂下・岩原・田中 2020）を改訂したものである。

参照文献

飯田卓編 2017a『文明史のなかの文化遺産』臨川書店。
——— 2017b『文化遺産と生きる』臨川書店。

久保田裕道 2018「無形文化遺産の防災という考え方――東日本大震災の教訓と無形文化遺産のアーカイブスの試みから」高倉浩紀・山口睦編『震災後の地域文化と被災者の民俗誌――フィールド災害人文学の構築』新泉社、pp.53-68.

Lew, A. A. et al. 2016 "Community Sustainability and Resilience: Similarities, Differences and Indicators," *Tourism Geographies* 18(1): 18-27.

高倉浩樹・滝澤克彦編 2014『無形民俗文化財が被災するということ――東日本大震災と宮城県沿岸部地域社会の民俗誌』新泉社。

寺田寅彦 2011『天災と国防』講談社。

山下晋司 2015「復興ツーリズム――震災後の新しい観光スタイル」清水展・木村周平編『新しい人間、新しい社会――復興の物語を再創造する』京都大学学術出版会。

山下晋司編 1996『観光人類学』（2007年に『観光文化学』として改訂）新曜社。

―― 2014『公共人類学』東京大学出版会。

山下晋司・狩野明子・郷田桃代・堂下恵・岩原紘伊・田中孝枝 2020「特集　文化遺産、ツーリズム、防災――レジリエンスの観点から」『文化人類学』85(2): 242-324.

安江則子編 2011『世界遺産学への招待』法律文化社。

ゾッリ、A&A・M・ヒーリー 2013『レジリエンス　復活力――あらゆるシステムの破綻と回復を分けるものは何か』須川綾子訳、ダイヤモンド社。

◇練習課題

次の課題のうち一つを選び、五〇〇字程度で答えなさい。

1　文化遺産の被災と再建の具体例を調べ、その問題点を挙げなさい。

2　観光は防災にどのように貢献できるか。あなたの考えを述べなさい。

2章　文化遺産と近代

飯田　卓

◇ねらい

文化遺産といえば、多くの読者は世界遺産をまず連想するのではないだろうか。それは正しい連想だが、世界中にはさまざまなタイプの文化遺産があり、現代はその多様化が進む時代である。本章では、何故それが現代において多様化するかを文化遺産の誕生と発展に目を配りながら学ぶ。

本書のテーマの一つである「防災」は、近代化という文明史的プロジェクトが進行するなかで次第に問題化されてきた。例えば、地球温暖化によって自然災害が頻発化・大規模化するようになったのは、近代を通じて大気圏全体に対する人間活動の影響が大きくなったからである。また、度重なる戦争や内戦の後に景観や都市機能などを復興させる技術が発達し、次第に洗練された結果、災害復興や防災にも応用できるようになった。土木技術が未発達な時代にも権力者たちは復興をあと押ししたはずだが、技術的に限界があり、次の災害に備える手段も限られていただろう。防災は近代の申し子なのである。

文化遺産（cultural heritage）もまた防災と同様、近代というプロジェクトの所産にほかならない。もちろん、世界遺産をはじめとする文化遺産のなかには中世や古代、さらには先史時代にまで遡るものもある。しかし、それはあくまで「素材」の話であって、中世に由来する建造物や遺物を文化遺産としてパッケージ化することは、近代を待ってはじめて一般化する。この動きは現在も進行中であり、文化遺産はどんどん増えつつある。

文化遺産が多様化し増えるスピードは、防災技術の発展を上回っている。文化遺産のタイプによっては、大規模災害による損壊どころか、軽微な損傷や故障への対処法すら確立されておらず、今後の解決を待つべき課題がまだまだ多い。文化遺産の防災に関するかぎり、私たちの知識はまだ途上にある。

一　ナショナリズムと文化遺産

文化遺産行政に力を入れている国の多くは、すでに十九世紀後半に文化遺産保護のための法整備をおこなっている。十九世紀後半といえば、ナポレオン戦争やそれに続く普仏戦争がひと段落し、西ヨーロッパの秩序が安定しはじめる頃である。一方、ロシアやトルコはバルカン半島をめぐって対立を深めるようになり、第一次世界大戦で用いられる戦争技術が洗練されていった。その結果、西ヨーロッパでは国民意識（ナショナリズム）が最高潮に達し、東ヨーロッパでも複雑な宗教・民族情勢を背景に国民意識や民族意識が芽生えたのである。こうしたなか、文化遺産は、国民意識が人びとの観念に根づく過程で、お互いの連帯や国民統合の象徴として「発見」されていく（飯田 2017）。

文化遺産に関わる法整備を先駆けたのは、西ヨーロッパの諸国である。イギリスでは一八八二年に古代記念物保護法（Ancient Monuments Protection Act）が、フランスでは一八八七年に歴史的建造物の保護に関する法律（La loi du 30 mars 1887 pour la conservation des monuments historiques）が制定された。これらの法令が対象とするのは、古代遺跡や歴史建造物など、長い歴史と数々の偶然をくぐり抜けて残存した遺構である。法制定後、人びとはこれら遺構の物語に耳を傾けるだけでなく、未来の人たちが同じように対話できるように保護し、継承していかなければならなくなった。ここではじめて、過去と未来を橋渡す現代の人びとが働きかける客体として、文化遺産が概念化されたのである。

イギリスやフランスでは、当初歴史的な遺構が「文化遺産」とみなされた。しかし文化遺産はかならずしも古いものばかりではないし、古さが自動的に文化遺産の価値を決めるわけでもない。トラファルガー広場のモニュメントやパリの凱旋門など当時にすれば新しいものでも、戦勝記念碑として国民統合の価値は十分にあった。これらもすぐに遺産化され、多くの人びとに親しまれてきた。このように考えると、たんなる遺構と遺産の違いは、未来に向けての継承を義務づけられているかどうかということになる。

イギリスとフランスの例でわかる通り、文化遺産の考え方があらわれた当初、その語から連想されるものはまちまちで統一性がなかった。しかし現在は、英語の heritage とフランス語の patrimoine との間にはほとんど違いがない。つまり、国家や言語集団ごとに概念化される文化遺産は、当初は偶然に左右されて多様なかたちをとるが、次第に他のタイプの遺産を含むようになり、国や言語ごとの差異が消失していく。これは特定の言語において文化遺産の意味内容が多様化していくということでもある。このことを次に日本の例から見てみよう。

二　日本の文化財[1]

日本では、未来に向けて継承すべき文化的所産のことを文化遺産と呼ばず、文化財（cultural property）と呼びならわしてきた。国内法では、現在でも文化財という表現が正式である。多くの読者は文化遺産にも文化財にもなじみがあるのではなかろうか。両者に大きな違いはないが、日本の政府や関連団体は文化財という語を多く使い、ユネスコをはじめとする国際機関や海外の団体は文化遺産という語を多く使う傾向がある。

日本における文化財行政の先駆けは、一八七一（明治四）年の太政官布告「古器旧物保存方」である。明治政府の地盤がまだ固まりきらないこの頃に、政府は全国の府県に呼びかけ、保護すべき古物を目録化して提出させた。それをもとに調査をおこない、保存のための助成金が必要な場合には給付をおこなった。この太政官布告はのちにいっそう整備され、一八九七（明治三〇）年の古社寺保存法につながった。

古器旧物に関する布告は、国民意識の発揚をめざしていたのだろうか。一つ言えるのは、明治政府の人びとが古器旧物に対して、新しい工業技術にインスピレーションを与えるよう期待したことである。福地源一郎や福沢諭吉、松木弘安（寺島宗則）、箕作秋坪といった明治初期の知識人が加わっていた文久遣欧使節団は、一八六二年にイギリスを訪問した際に第二回ロンドン万国博覧会を見学し、工業技術が美術やデザインと結びついて展示されるのを目の当たりにした。その後に渡欧した知識人たちは、デザイン的にすぐれた工業製品に加え、ジャポニズムの名のもとに伝統的な日本製品が受容されるのを目撃した。当時の日本において、陶磁器類が重要な輸出品だったことを考えれば、古器旧物の保存とともに明治政府が工業化を進めたとしても不思議はないだろう。

ただし、太政官布告が出された背景には、酸鼻をきわめた廃仏毀釈の動きもある。当時、経済的に困窮した寺社関係者が売却した「古物」は、ジャポニズム趣味にあふれた美術品・工芸品として海外に流出し続けていた。つまり太政官布告は、社寺建築の破損を防ぐとともに、古器旧物の海外流出を防ぐことも意図していたのである。[2] もしそうなら、古器旧物は国民統合のシンボルとまではみなされていなかったかもしれない。

興味深いのは、初期の日本の文化財概念において、動産の文化財が中心的な位置を占めていたことである。イギリスやフランスの場合と異なって、日本では現在的な用に耐える器物も文化財とみなされた。ただし、有形のモノである点はイギリスやフランスの場合と共通している。文化遺産（文化財）の概念はさまざまなタイプの有形のモノとして始まり、やがて有形のモノ全般を指すようになり、さらに無形の要素を含む多様な遺産へと広がる傾向にある。

日本の場合、古社寺保存法（一八九七年、寺社の建造物が対象）とその後継の国宝保存法（一九二九年、寺社以外の建造物も対象）が施行された結果、建造物の補修が公費で賄われるようになった。また、「国宝」という名が示しているように、国民統合のシンボルとして位置づけられていることがわかる。日清戦争で得た賠償金を文化政策にまでふり向けることが可能となり、日露戦争をめぐってさまざまな国民感情が喚起された結果、そうした政策の必要性が痛感されるようになったといえよう。

これらの動きとは独立して、一九一九年に史蹟名勝天然紀念物保存法が公布・施行された。この法律では、イギリスが最初に着目した遺跡の類を日本で初めて史蹟として保護するようになった。また、名勝と天然紀念物（現在では記念物と表記）はアメリカで制度化された国立公園の考え方に近く、ユネスコの制度では世界自然遺産というかたちでひき継がれている。ただし、名勝のほうは「芸術上又は鑑賞上価値が高いもの」と定義されており、アメリカの国立公園とは大きく異なる。自然遺産の一面だけでなく、ユネスコの制度でいえば文化遺産の下位カテゴリーである文化的景観の一面も強いといえよう。また、学術的に価値の高い動物・植物・地質鉱物とそれらが見つかる区域と定義される天然記念物は、ユネスコがＭＡＢ（人間と生物圏）プログラムによって進める生物圏保護区（エコパーク）や、世界ジオパークネットワークをユネスコが支援して進めるジオパークの考え方と類似しているところもある。

一九三一年には国立公園法が公布・施行され、広大な区域の土地が保護されるようになった。国立公園法は国宝保存法や史蹟名勝天然紀念物保護法から独立した法律で、対象となる国立公園は、ふつう文化遺産のなかに含めない。しかし、ユネスコの制度で国立公園に相当する世界自然遺産は、世界文化遺産と対になっている。また、アメリカでは、ヨセミテ州立公園（一八六四年設立）やイエローストーン国立公園（一八七二年設立）などの自然公園が国民統合のシンボルになった（Dunlap 1999）。いろいろな点において、国立公園の歴史は文化遺産と比較しながら捉えるのが適切だろう。

三　文化財から文化遺産へ——一九九〇年代まで

戦前の国宝保存法と史蹟名勝天然紀念物保存法は、一九五〇年に文化財保護法として統合された。現在の管轄は文化庁である。国立公園法は一九五七年に自然公園法に衣替えし、現在は環境省が管轄している。以下では、典型的な文化遺産をめぐる動きとして、戦後に施行された文化財保護法の変化をみていこう。

法律が運用されてわずか四年後の一九五四年、文化財保護法はさっそく改正され、戦前の法律が想定していなかった無形文化財や民俗資料も視野に収めるようになった。無形文化財とは、有形の文化財のような建造物でも遺跡でも動産の文化財（古器旧物）でもなく、舞台などで演奏されたり上演されたりするものである。このうち人形浄瑠璃＝文楽と能楽、歌舞伎は、いずれも一九六五年までに国の重要無形文化財に指定され、二〇〇七年にユネスコ無形文化遺産としてまっ先にリスト記載された。演奏・上演されるもの以外では工芸技術なども含まれる。いずれもモノの物質的な補修でなく、技能継承者への活動資金助成によって保護を図ることが特徴である。このため重要無形文化財を指定する際には、その担い手を保持者（個人の場合）または保持団体（団体の場合）として併せて認定することになっている。いわゆる人間国宝である。他のタイプの文化財でこの制度をもつのは、後述する選定保存技術だけである。

民俗資料は有形の文化財だが、それまでの文化財のいずれとも違い、無形の性格がきわめて強く、モノの補修だけで受け継ぐものではない。例えば、国立民族学博物館（民博）が収蔵する「背負い運搬具コレクション」ならびに「おしらさまコレクション」が、法改正後初めて民俗資料として指定されている。しかし、民博が所蔵する背負い運搬具のうち指定を受けたのは六二点、おしらさまのうち指定を受けたのは三三体にすぎず、これだけを保護しても生活や信仰の保護につながらないことは明らかである。じつは、当時の法律に書かれていた民俗資料の定義は「衣食住、生業、信仰、年中行事等に関する風俗慣習及びこれらに用いられる衣服、器具、家屋その他の物件で我が国民の生活の推移の理解のため欠くことのできないもの」というものだった。生活そのものを保護するのでなく、その推移の理解に必要な資料だけを保護しようというのである。本来ならば、生活や信仰そのものがいちばん良質な資料なのだが、それを保護して変化を妨げると反発を受けかねないし、資料だけであれば少数のサンプルにとどめておくほうが簡便だったのだろう。保護の対象は有形だが、その背景にある庶民の生活や信仰など無形のモノもまた、学術の対象として価値あるものと暗示されていて興味深い。

民俗資料という名称は、一九七五年の法改正で「有形民俗文化財」と変更された。そのとき対になるカテゴリーとして「無形民俗文化財」が、さらに別種の文化財として「伝統的建造物群保存地区」と「保存技術」があらたに概念化された。ここでは紙幅の都合上、無形民俗文化財だけについて述べよう。無形民俗文化財とは、民俗資料[3]について述べたさまざまな「風俗習慣」を指しているが、実際に保護対象として指定を受けている重要無形民俗文化財のほとんどはかぎられた場面でおこなう年中行事などである。年中行事は日常生活と区別しやすく、産業構造の変化にも影響されにくいため、保護対象にしても支障が出にくかったのだろう。無形民俗文化財の保護にあたっては、無形文化財の場合と同様、担い手の活動資金を助成する場合がある。しかし無形文化財の場合と異なり、重要無形民俗文化財に指定する時点では担い手（保護団体など）を特定していなくともよい。

このように、文化財保護法が施行されてから四半世紀のあいだ、文化財のカテゴリーは増えつづけてきた。この時期が広い意味での高度成長期にあたることは特筆してよい。生活の変化と価値観の変化がこの増加に影響しているのだが、このことは次節であらためて述べよう。一九七五年から一九九三年までのあいだ、文化財保護法は安定期に入り、法改正はほどんどおこなわれなくなる。

四　文化財から文化遺産へ——文化的景観と日本遺産

一九九三年に法改正が度重なるようになる背景としては、日本政府がユネスコの世界遺産保護条約を受諾（批准）し、文化財についての日本人一般の考え方が変わってきたことが挙げられよう。世界遺産保護条約は、一九七二年にユネスコ総会で採択され、一九七五年に発効したが、日本政府は一九九二年に至るまでこれを受諾していなかった。一九九〇年代以降の変化をすべてユネスコに帰することはできないが、以下ではユネスコからの間接的な影響を含めて生じた二つの変化を紹介する。第一は文化財カテゴリーに文化的景観というあらたなカテゴリーが加わったこと、第二は文化財保護法に基づいて指定された文化財の活用が奨励されるようになったことである。第二の変化に付随して、活用に供される文化財がしばしば文化遺産と呼びかえられるようになったが（河野 1995）、これも大きな変化かもしれない。

一九九三年、すでに自然遺産としてリスト記載されていたニュージーランドのトンガリロ国立公園が「文化的景観」としての条件も満たすとみなされて再記載された。この結果、同国立公園は、自然遺産としても文化遺産としても価値が高い複合遺産の仲間入りを果たした。日本でも文化財保護法を二〇〇四年に改正した際、ユネスコの制度をモデルとして文化的景観を文化財のカテゴリーに加えた。

文化的景観として保護すべき対象は、一定の区域の土地とそこに含まれるさまざまな地理的要素である。だがそれだけでなく、文化的景観としてのユニークな性質、つまり土地に刻まれた人びとの営みの痕跡を伝えていくことも重要である。棚田景観を例にとれば、農事歴に従って斜面を補修し、稲作をおこなうことが棚田の維持につながる。こうした継承はじつはモノを補修することによる有形遺産の保護ではなく、無形文化遺産や無形民俗文化遺産の継承に近い。無形遺産の継承は、有形遺産の保護よりもむずかしい場合があるが、この問題は最後にもう一度たち返ろう。

一九九〇年代以降に生じた第二の変化、文化財の活用に向けての動きは、一九九六年の法改正あたりで拡大する。このときの法改正では、美術品・工芸品など動産の指定文化財を公開することが奨励され、非所有者がそれをおこなうための道筋が開かれた。また、不動産の建造物に関しては、指定に至るほど古い建造物でなくとも活用しながら保護できるように「登録有形文化財」というカテゴリーを新設して保護措置を受けられることにした。法改正によって整備されたこれらの制度は、世界遺産の行政手法をそっくり移植したものではない。しかし、観光客の利用を制限するのでなくむしろ積極的に受け入れ、地方政府の財源確保や地域社会のエンパワーメントにつなげる発想は、同様の手法で成功を収めた世界遺産の実績が知られるようになるにつれて勢いを得た。とりわけ二〇〇〇年代、日本経済の停滞が長期化して農山漁村の過疎化が深刻化すると、文化財の活用は経済の活性化と地域の立て直しを一挙に実現する特効薬とみなされるようになった。

この間に議論されたのは、単体でなく複数の文化財を時代やテーマごとにグループ化し、地域の歴史を物語る資源として活用する手法だった。二〇〇七年、文化庁のもとに設置された文化審議会が、活用に先んじて文化財を「総合的に把握」する方策を審議した。「総合的に」とは複数の文化財をグループ化してという意味もあるが、もう一つ、周辺の自然環境との結びつきも含意している。文化財を中心に、開発や環境整備にも深く関わる土地利用を計画していこうというのだ。また、「把握」はいまだに指定を受けていない文化財を発掘し、地域を特徴づける資産を目録化することを指している。そして、地方自治体が主体となって資産目録をふまえながら「歴史文化基本構想」を策定し、国の補助を受けながらその構想を実現するのが望ましいと提言された。文化庁は、二〇〇八年度から二〇一〇年度まで全国の地方自治体に募集をかけて「文化財総合的把握モデル事業」を実施し、基本構想策定以前の段階で地域資産の目録化を支援した。

こうして「総合的に把握」された複数の文化財のグループをストーリーとしてまとめ、地域外の人たちの関心を呼ぼうと試みたのが二〇一五年に始まった「日本遺産」事業である。この事業は文化財保護法には直接関係しないが、保護行政以上に注目を集めている。事業推進の結果、二〇一五年には一八件、二〇一六年には一九件、二〇一七年には一七件、二〇一八年には一三件、二〇一九年には一六件、二〇二〇年には二一件、合計で一〇四件のストーリーが、日本遺産として認定された。二〇二一年現在の情報によると、今後は少数の追加認定と認定解除を毎年おこないながら認定数をほぼ一〇〇件で運営していくという。認定を受けた地方自治体は、文化庁による支援を受けながら、観光客誘致と地域振興を図ることになる。

五　無形遺産の保護に向けて

以上、文化財保護法に関わって生じた二つの変化を述べたが、さらにもう一つ、法改正にあらわれない世界的な動きについて述べたい。それは、遺跡や建造物といったモノ中心の文化遺産イメージが変化し、周辺住民や文化の担い手をはじめとする人に焦点が移ってきていることである。これは、ユネスコ世界遺産委員会が一九九四年に打ちだした「世界遺産リストの代表性、均衡性、信用性のためのグローバル・ストラテジー」(Global Strategy for a Representative, Balanced and Credible World Heritage List, 通称「グローバル戦略」)に示されている。この動きの発端は世界遺産リストの不均衡是正――とりわけ地域的な偏りの是正である。このことは西洋的な記念碑中心の文化遺産概念に見直しを迫ることになった。その結果、人びとの生活場面で欠かすことができない「生きている遺産」や人びとの営為を刻印しながら動的に維持される「文化的景観」が新たに重視されることになった。また、世界遺産の維持にも管理にも、住民が積極的に参加することが不可欠となった。これを受け、世界遺産委員会は二〇〇五年にグローバル戦略のガイドラインを改訂し、世界遺産リストへの記載においては住民参加の見通しをつけることも条件とした。二〇〇七年には、世界遺産リストの運用において留意すべき事項を五つのCで示すようになった。信頼性(Credibility)、保全(Conservation)、人材育成(Capacity-building)、コミュニケーション(Communication)、そしてコミュニティ(Community)である。最後に加わった5つめのコミュニティは、周辺住民をはじめ、世界遺産に関わりつつ暮らしを立てる人びとを指している。

ユネスコ無形文化遺産が日本の重要無形文化財や重要無形民俗文化財と異なるのは、その継承(safeguarding)において変化を認めていることである。無形文化遺産保護条約でも、無形文化遺産は「コミュニティあるいは集団によってたゆまず再創造され(recreated)」、その価値は「(そうした担い手たちに)アイデンティティと継続性の手ごたえ(sense)を与え、そのことによって文化的多様性と人類の創造性をはぐくむこと」にあるとされる(第二条)。ユネスコが定義するこのような文化遺産は、人びとの実践の反復によって維持されるが、厳密に同一のやり方で反復されることはまずないため、否応なくゆらぎをはらんだものとなる。ユネスコの考え方だと、ゆらぎは創造につながるものと前向きに解釈される一方、日本の文化財制度だと、芸術性や学術性を損なわない程度という条件付きで変化を認めることになる(小谷 2017)。いずれにせよ、こうした無形の文化遺産をどのように維持するか、またどのように防災対策をしていくか、議論はまだ途上にある。本章の冒頭で「解決を待つべき課題」と書いたのは、主としてこの点である。

この点に関して、筆者は効果的な処方箋を持っているわけではないが、ただ一ついえるのは、周囲の自然環境と人びとの生活環境を継続的にモニタリングする必要があるということだ。有形の遺産を保護する際にも、これらはしばしば問題になる。無形の遺産は、有形の遺産よりも敏感に環境変化を感じとりやすいので、多数の因子を短い間隔で追跡するようにしたほうがよい。遺産一つ一つではなく、それをとりまく環境全体に目を向けること。これはじつは、文化的景観をとらえようとする発想にほかならず、少し角度を変えれば日本遺産が試みようとしていることでもある。

遺跡や古建築、古器旧物などから発展した文化遺産が多様化している現在、無形の要素、あるいは人びとの実践の反復をどのように保護していくべきか、考えるべき点はまだ多い。さらに、有形の遺産をコミュニティ参加のもとで保護する場合も、同様に無形の要素を考慮して防災対策を考えるべきだろう。

六　過去の遺物の仕立てなおし

おそらく二百年前、いやわずか五十年前でも、現在文化遺産となっている各種の年中行事などはことさら意識しなくても受け継がれていた。各地に伝わる無形の遺産、日本で無形民俗文化財として知られていることがらは、ふだん顔を合わせる範囲の人たち（コミュニティ）で協力して生活を成りたたせるために不可欠だったからだ。とりわけ交通や通信が不便な場所、物資が乏しい場所などでは、年中行事や手作り民具が一種のテクノロジーとして生活を成り立たせた。それが文化人類学でいう生活様式としての文化、文化財保護法でいう無形民俗文化財である。

近代化によりそのテクノロジーが無用の長物になってしまった。交通や通信が発達して、さまざまなモノやサービスを僻地でも利用できるようになったからである。そして文化の価値下落は加速している。一九九〇年にアメリカ合衆国でおこなわれた意識調査によると、二一年以上前の時代を過去とみなす人が多かったという。ところが一〇年後の二〇〇〇年に同じ調査をおこなうと、一〇年前はすでに過去だという人が多かった。一〇年間で、「現在」は半分にまで縮減したのである。現在の縮減がかくも速く、刻々と現在が過去の領域に押しこめられてしまうのでは、文化は人とともに歩むまもなく遺産化してしまう（Kirshenblatt-Gimblett 2004）。

こうした文化を過去の遺物と考えるなら、そのまま廃れさせてよいものかもしれない。しかし、あまりに早く手放してしまうことを躊躇する人もいる。そうした人びとは、隣人との信頼関係を確認する場がなくなってしまうことや、懐かしい習慣とともに世界とのつながりまで失うことを怖れている。生存を可能にするという価値に付随する、これまで気づかれなかった文化の価値にも、現代では大きな期待がかけられている。

　二〇一一年の東日本大震災を思い出そう。被災者たちの一部は、家財や肉親を失ったまま避難所生活を始めて直後、もはや少なくなってしまった担い手をかき集めてでも祭りを執りおこなわなければならないと考えた（橋本 2015）。何の役に立つかもわからない年中行事こそ、いつ社会から疎外されてもおかしくない自分たちがたち直るうえでまっ先に拾いあげておかなければならなかったのである（本書コラム7）。

七　文化遺産の本質

　そのように考えると、文化遺産の本質が見えてくる。文化遺産は、普遍的な芸術的価値や学術的価値、テクノロジーとしての価値などいずれも必要としていない。近代という新たな時代を生き抜くうえで、担い手の心を支えさえすれば、担い手はそれを誰かと共有しようとする。次世代の子孫と共有しようとすれば、それは真の意味で文化遺産だし、同時代の人たちと共有しようとすれば、日本遺産のように観光客らの関心を呼ぶ資源となる。そして共有しようとする意思が、経済的な利得を生むか生まないかにかかわらず、文化遺産を文化遺産たらしめる。

　すべての文化にマーケティング価値があるわけではない。しかし、数年前ないし数十年前に自分にとって身近だった「過去の遺物」を懐かしむ思いは、多くの人たちに共通する。古びやすさ・老いやすさにつき合いきれない思いを誰もが抱く現代だからこそ古いものを手放すときの苦悩が共通の体験となりうる。また、その土地独自の生存テクノロジーであれば、他の土地にみられないものかもしれず、そうでなくとも微妙な差異をはらんだものである可能性が高い。現代では、異なる文化伝統を比較して楽しむという文化人類学的態度（クリフォード 2003）または民俗学的態度（Bendix 1997）を誰もが身に着けているため、過去の遺物としての文化は、地域外の人びととつながりを築く手がかりになるはずだ。

　日本遺産の制度は、前記の象徴的な価値よりも経済的な価値を重視しており、文化遺産を用いた地域間交流が経済的価値を生むと期待している。結果が期待どおりになるかどうか、筆者にはわからない。しかし、地域内部の交流を促す効果は期待できそうだし（関 2017）、文化財を地域振興の中心に据えるとり組みは続けてほしい。そもそも世界遺産行政がコミュニティに着目したのも、それが地域全体のエンパワーメントにつながり将来の選択肢を増やすと期待されたからである。東京一極集中の日本社会にあっても、地域の暮らしに役立っていた文化遺産が今ならば簡単に見つかる。文化遺産が各地から失われてしまったとしたら、経済的に価値あるモノが集中する東京にしか人の住む場所はなくなってしまうだろう。

文化遺産の価値をつき詰めてみると、経済的には評価できない、いわばソフトな価値を備えたものが多い。生活の近代化が進展するなかで、そうした文化遺産は、地域内外の人たちのコミュニケーションに用いられるにすぎなくなった。しかしじつはそれこそが育むべき文化遺産の価値であり、広く知られたモニュメントなどよりも地域に活力をもたらす可能性がある。

さまざまなものを遺産とみなすようになった私たちの近代意識は、掬いあげられるものをできるだけ掬っておこうと躍起になっている。偏狭な国家主義や地域主義に陥らないよう注意が必要だが、変化が激しく不透明な時代を見通すうえでは効果的な（少なくともコストがかかりにくい）アクションだといえる。国家的展望というよりは個人の郷愁から始まりやすいこうした運動は、しかし、専門家をも巻き込んだ同時代的潮流として、維持し拡大してよいように思う。

注

（1）日本の文化財の保護と防災の歴史については本書4章およびコラム1、4も参照のこと。

（2）この点は、たとえばトルコなどにおける文化遺産保護の始まりに似ているようである（田中 2017）。

（3）のちに、風俗慣習に加えて民俗芸能と民俗技術も無形文化遺産とみなされるようになった。その結果として有形民俗文化財も、これら無形の文化的場面で用いられる「衣服、器具、家屋その他の物件」と解釈される傾向にある。

参考文献

Bendix, Regina 1997 *In Search of Authenticity: The Formation of Folklore Studies*, Madison: University of Wisconsin.

クリフォード、ジェイムズ 2003『文化の窮状――二十世紀の民族誌、文学、芸術』太田好信ほか訳、人文書院。

Dunlap, Thomas R. 1999 *Nature and the English Diaspora: Environment and History in the United States, Canada, Australia, and New Zealand*, Cambridge: Cambridge University Press.

橋本裕之 2015『震災と芸能――地域再生の原動力』追手門学院大学出版会。

飯田卓 2017「「人間不在の文化遺産」という逆説」飯田卓編『文化遺産と生きる』臨川書店、pp. 12-35.

Kirshenblatt-Gimblett, Barbara 2004 "Intangible Heritage as Metacultural Production," *Museum International* 56 (1-2): 52-65.

小谷竜介 2017「文化財の多様なまもり方――民俗芸能に引き寄せられた人たちのコミュニティ」飯田卓編『文明史のなかの文化遺産』臨川書店、pp. 39-61.

河野靖 1995『文化遺産の保存と国際協力』風響社。

関雄二 2017「遺跡をめぐるコミュニティの生成――南米ペルー北高地の事例から」飯田卓編『文明史のなかの文化遺産』臨川書店、pp. 63-93.

田中英資 2017『文化遺産はだれのものか――トルコ・アナトリア諸文明の遺物をめぐる所有と保護』春風社。

◇練習課題

子どものときの記憶から、当時普通に見られたが今は見当たらないものを思い出してください。何故それが消えてしまったのか、どのようにすれば残すことができたかも考えてみなさい。

3章 文化遺産は誰のものか
——文化遺産の所有主体と防災

田中英資

◇ねらい
災害による文化遺産の破壊やそれにショックを受ける人びとの様子は大きく報道される。なぜ私たちは文化遺産の被災にショックを受け、文化遺産の防災を考えるのだろうか？　本章では文化遺産の防災という考え方の背景にある文化遺産の捉え方について、文化遺産の「所有」という観点から理解する。

パリのノートルダム大聖堂（二〇一九年四月）や沖縄の首里城正殿（二〇一九年十月）の火災は、「大変残念なニュース」として報道された。残念なことだからこそ、私たちは文化遺産の防災の重要性を意識する。しかし、そもそもこうした文化遺産の被災を残念に感じるのはなぜだろうか。

文化遺産の防災としてまず思い浮かぶのは、文化遺産を火災や地震などさまざまな災害などから守ることだ。本章では、誰にとっての何を「守る」ことが文化遺産の「防災」になるのか、文化遺産は誰のものかという観点から考えてみよう。

一　「文化遺産なんてものは存在しない」
——プロセスとしての文化遺産

現在の日本における文化遺産保護を目的とした法律である文化財保護法の制定は、文化遺産の破壊がきっかけのひとつとされている。一九四六年一月二十六日、現存する世界最古の木造建造物である法隆寺の金堂で火災が起こり、古代仏教絵画の代表作といわれた堂内の壁画の大半が焼損した。この事件のほかにも、松前城など各地の重要な文化財が火災によって失われる事件が相次いだ。こうして、火災などの災害から文化財を保護する必要性への社会的関心が高まったことが、一九五〇年の文化財保護法の制定につながったという。なお、一月二十六日は、一九五五年に文化財防火デーと定められている。

災害とは「日常の継続を中断させる事態」であり、「事前に為されなければならなかった対策の不完全さ、不備が露呈する」(足立 2014: 406)。防災という点では皮肉なことだが、法隆寺金堂壁画の焼損事件の例が示すように、火災に加え、地震や水害といった災害は、実際のところ、文化遺産を意識する重要な機会になっている。また、被災した旧家の屋根裏や蔵から出てきた古文書や古美術品に、歴史的価値が見出されることもある。これは、被災によってごみ同然に処分されそうになったものに文化遺産としての価値が認められたということだ。

もちろん、文化遺産とは考えられていなかったものが「文化遺産」になる機会は、災害に限らない。例えば、二〇一四年に世界遺産に登録された富岡製糸場は、一八七二年の操業開始時点では、当時の最新の設備を導入した世界最大規模の器械製糸工場であった。日本の近代化に貢献した産業遺産としての価値が見出されるようになったのは、工場としての操業を停止する二十世紀末になってからである。

このように、文化遺産とは、過去や歴史に焦点を当てた後づけの価値である。仮に存在しているとしても、最初から文化遺産だったものはない。その意味で、そもそも「文化遺産なんてものは、存在しない」(Smith 2006: 11)。ここで重要なのは、誰が何に対してどのような価値を見出すかは、文化遺産をめぐるさまざまな集団(政府、自治体、専門家、地域住民など)の立場によって異なるということだ。近年の文化遺産研究では、有形・無形の文化が「文化遺産」になっていくプロセスについての研究が進んでいる(木村 2020: 3–5)。プロセスとしての文化遺産に注目すると き、それを考えるひとつの物差しが、文化遺産は誰のものかという観点である。

二　文化遺産は誰のものか
——文化ナショナリズムと文化インターナショナリズム

文化遺産の被災が「残念なこと」とされるのは、まず、文化遺産はそれが所在する国や地域の歴史や文化を代表するものと考えられているからである。そういうものだからこそ、文化遺産は政府によって保全されるが、なかにはユネスコ世界遺産に登録されるものもでてくる。しかし、そうなると今度は「全人類の遺産」として保全されるべきだとも考えられるようになる。ゆえに、世界遺産に登録されたノートルダム大聖堂や首里城の被災は、パリや沖縄の人びとにとってだけでなく、人類全体にとっても「残念なこと」とされるのだ。文化遺産とは誰のものか、国や地域を代表するものとしての文化遺産、「全人類の遺産」としての文化遺産という、ふたつのアプローチからみていこう。

1　文化ナショナリズム

まず、文化遺産はそれぞれの国や地域の歴史と文化を代表するという発想は、現代世界における国家のあり方である国民国家と関わりが深い。国民国家とは、「一定の領域を政治的に支配する、主権を備えた国家の住民が、共同体としての国民的一体性の意識を共有している国家」（綾部 2006: 83）と定義できる。歴史的には、十八世紀末から十九世紀にかけてヨーロッパで成立し、二十世紀の二回の世界大戦を経て世界各地にひろまっていった。なお、日本に国民国家体制が成立するきっかけは明治維新である。

文化遺産に関して重要なポイントは、国民国家○○に居住する国民（ネイション）は、同じ国民として同じ権利と義務を有し、「自分は○○人である」という国民意識（ナショナル・アイデンティティ）を共有していることが期待されているという点だ。個別の国民国家の形成過程は異なっているため、国民意識の共有の前提が何かは、それぞれの国の歴史をたどっていく必要はある。その一方で、国民と呼ばれる集団に共通する特徴も指摘できる。それは、お互いに同じ権利と義務をもった仲間の共同体として国民が成立する時、その国民の共同体は、時間的にも空間的にも均質で、古い歴史をもち、過去から将来にわたって不変であると考えられているということだ。この考え方に立つと、「国民」としての「日本人」は、「日本」という国のどこに暮らしていようと、過去から現在、そして未来にわたって「日本人」である。それゆえ、なぜそのような形で国民意識が生まれるのかという点に着目した政治学者ベネディクト・アンダーソンは、国民を「イメージとして心に描かれた想像の政治共同体である」（アンダーソン 2007: 24）と定義した。

そのような国民意識の共有において、文化遺産が表現する文化や歴史は重要な役割を担っている。それらは国民という集団の古さ、継続性を示し、その国民がどのような人びとなのかを決める指標となるからである。さらに、文化遺産の存在は、特定の国民という集団が太古の昔から連綿と存在してきたという証拠になる。ゆえに、国民国家にとって文化遺産は国民意識に関わるかけがえのないものとみなされてきた。だからこそ、日本の文化遺産が被災した場合、日本ではそれが「大変残念なこと」として報じられる。

文化遺産は、国民・民族の歴史や文化を表現しており、それをうみ出した集団にとってかけがえのないものと考えるアプローチを、アメリカの法学者のジョン・メリーマンは、「文化ナショナリズム」（cultural nationalism）と呼んだ。そして、文化遺産を生み出した集団（国民・民族）が、それに対する排他的な権利を持つという考え方に結びつくと指摘している。

2 文化インターナショナリズム

自国の文化遺産に限らず、国外の重要な文化遺産の被災も「残念なこと」として受けとめられる。さらに、ある国において文化遺産の保全が脅かされる事態がおこると、文化遺産の適切な管理ができていないということで、その国は国際的な非難を浴びることもある。

一万二千年の歴史があるとされ、中世イスラム時代の建築が多く残っていたトルコ東南部の都市ハサンケイフは、下流に建設されたウルス・ダムによって、一部の移設された建造物を除いて水没した（写真1）。ダムの建設による

写真1　水没前のハサンケイフ（田中英資撮影、2011年）

ハサンケイフの水没に抗議して、英国政府やヨーロッパの企業が支援を打ち切るなど、国際問題となった（CNN 2019）。ハサンケイフの例が示すのは、それが所在する国が文化遺産を自由に扱えるわけではないということだ。この場合、文化遺産とはある国民や民族にとって過去から受け継いできたものというだけではなく、人類全体にとって価値があるものとして共有すべき「全人類の遺産」であると考えられている。このような文化遺産へのアプローチを「文化インターナショナリズム」（cultural internationalism）という（Merryman 1986）。

文化インターナショナリズムでは、文化遺産のもつ価値は、それを生み出した集団のアイデンティティを超越した普遍的なものであることが強調される。そのため、より多くの人びとがその文化遺産にアクセスできるべきだと考えられるようになる。

文化ナショナリズムと文化インターナショナリズムは、しばしば対立的に捉えられる。特にそれが顕著になるのは、欧米の博物館・大学などに展示・保管されている文化遺産の返還問題である。文化遺産の返還問題のなかでも特に有名な事例である、英国ロンドンの大英博物館に展示されているパルテノン神殿の彫刻の返還問題から、文化ナショナリズムと文化インターナショナリズムの関係について、考えてみよう。

三　パルテノン神殿の彫刻はどこにあるべきか

ルネサンス以降、ヨーロッパの上流階級の間では、古代ギリシャ・ローマ文化はヨーロッパ文化の源流とされ、その知識は必須の教養とされた。そのため、古代ギリシャ・ローマ文化が栄えたイタリアの遺跡から出土した美術品の収集が盛んになった。十九世紀にはいると、当時オスマン帝国領だったギリシャやアナトリア（現在のトルコ）など古代ギリシャやローマ帝国にゆかりのある地域で大規模な考古学調査も行なわれるようになった。

一方、十九世紀前半にオスマン帝国の支配から独立したギリシャでは、国民国家建設にあたって、古代ギリシャ文化遺産がギリシャの国民意識の中核に位置づけられた。ヨーロッパ文化の源流とされていた古代ギリシャ文化をギリシャ国民意識に結びつけることで、ギリシャがヨーロッパの一員であることを示そうとしたのである。この文脈で、首都アテネのアクロポリスの丘に建つパルテノン神殿は、古代ギリシャ文化を代表するものとして位置づけられた。

現在残っているパルテノン神殿の建物は、紀元前四四七年に完成したものである（写真2）。今でこそ大理石の白さが目立つが、もともとは建物に彩色が施されていた（Hamilakis 2007: 248）。都市国家アテネの衰退後、ローマ帝国の時代にキリスト教が公認され、次いで国教とされると、パルテノン神殿はキリスト教の大聖堂に改装された。十五世紀にオスマン帝国の支配下に入ると、モスク（イスラム寺院）となり、尖塔（ミナレット）が追加された。しかし、十七世紀にヴェネツィア共和国とオスマン帝国との間で籠城戦が行なわれた際に、ヴェネツィア軍の砲撃を受けて大破してしまった。十八世紀にアテネを旅行したヨーロッパ人の記録によると、廃墟化した神殿内部にモスクや民家が建てられていたようだ（Hamilakis 2007: 250）。ギリシャの独立後、古代ギリシャ時代の姿に戻す史跡整備が進められ、民家やモスクは撤去された。

一七九五年、オスマン帝国の都コンスタンティノープル（現在のトルコのイスタンブール）に赴任した英国の外交官、第七代エルギン伯爵トマス・ブルース（以下、エルギン卿）は、パルテノン神殿に残っていた彫刻のうち、状態の良いものから約半分を取り外し、英国に送った（Hamilakis 2007: 250–251）。なお、エルギン卿がパルテノン神殿から彫

写真2　アテネ（ギリシャ）のパルテノン神殿（田中英資撮影、2012年）

刻を収集できたのは、一七九九年に当時の皇帝セリム三世から許可証を得たことによるとされている。

しかし、財政上の問題からエルギン卿は彫刻を手放すことになった。最終的にこれを取得したのが大英博物館である。大英博物館は一八一七年から彫刻を「エルギン・マーブル」（Elgin Marbles）として公開した（写真3）。エルギン卿が彫刻を英国に持ち帰ったことは、当時の英国でも大きな社会的関心を集めた。エルギン卿を称賛する声もあった一方で、古代ギリシャ文化の神聖な遺産としての彫刻をギリシャから持ち去ったとして、こうしたエルギン卿の行為を批判する声も大きかったという（Hamilakis 2007: 253-254）[1]。

ギリシャにおいて彫刻の返還を求める声は、ギリシャ独立直後からあったようだ（Hamilakis 2007: 256）。しかし、ギリシャ政府が返還要求に動いたのは、一九八三年であった。当時の文化大臣だった元女優のメリナ・メルクーリが返還要求を主導し、彫刻の返還は「ギリシャ国民」の問題としてとらえられるようになった（Hamilakis 2007: 256）。ギリシャ政府の返還のポイントは次の(1)から(4)にまとめられる（田中 2013: 43-48）。

(1)　彫刻はパルテノン神殿というギリシャの象徴的な文化

写真3　大英博物館に展示されているパルテノン神殿の彫刻（田中英資撮影、2019年）

遺産の中核であり、ギリシャの国民意識とは切り離せない重要なものである。

(2) 文化遺産は、それがつくられた場所にあるべきで、彫刻は英国ではなく、パルテノン神殿のあるアテネで保全・展示されるべきである。

(3) 当時のギリシャはオスマン帝国占領下にあり、ギリシャの人びとの意向とは全く関係なく彫刻は持ち出されており、オスマン帝国政府の許可は違法である。

(4) ユネスコ世界遺産としての完全性を保持すべきである。

これに対して、大英博物館の主張は次の(1)から(3)にまとめられる。現在にいたるまで返還には応じていない。ただし、ギリシャ政府の返還要求に対する社会的な関心に配慮した大英博物館は、展示やリーフレットなどの出版物、ウェブサイトなどで用いる名称として、「パルテノン・マーブル」(Parthenon Marbles)を使用するようになっている。

(1) 神殿彫刻は、当時のアテネを支配していたオスマン帝国政府の法的な許可のもと持ち出された。

(2) 神殿彫刻は英国に持ち込まれたことで破壊から守られた。

(3) 大英博物館は、神殿彫刻が代表する古代ギリシャ文化のみならず、世界各地から収集されたそのほかの多様な文化を示すコレクションと合わせて、人類共通の文化遺産を展示する場である。

特に(3)は重要で、大英博物館における彫刻が展示室ドゥヴィーン・ギャラリーで配布されているリーフレットには、返還問題に対する大英博物館の姿勢として、以下のような記述がある。「大英博物館は、二〇〇万年以上前の人類史の夜明けから現代に至るまで、世界各地の文化が成し遂げてきたことを物語る場であります。〔中略〕比類なきこのコレクションとともに展示されるという文脈のなかで、パルテノン神殿の彫刻は古代アテネ文化を代表するものです。毎年、数百万人もの人びとが、無料でこちらを訪れ、神殿彫刻の芸術性に敬服します。特に、エジプト、ペルシャ、ローマといった、古代ギリシャが出会った諸文明にどのような影響を与えたのか、またどのような影響を受けたのかについての洞察を得ているのです」(The Trustees of the British Museum, 2019)。

ギリシャ側の(1)から(3)が文化ナショナリズム的な発想であるのに対して、大英博物館の主張(2)と(3)は文化インターナショナリズム的な主張である。一方、ギリシャ側の(4)は文化インターナショナリズム的である。しかも、ギリシャ政府が(4)を近年特に強調していることは、注目に値する

（田中 2013: 45）。ユネスコ世界遺産としての「完全性」（integrity）とは、世界遺産としての顕著な普遍的価値を構成するために必要な条件がすべて揃っていることと説明できる（本中 2017: 49）。この場合、彫刻はユネスコ世界遺産としてのパルテノン神殿の構成要素であり、神殿の建物と一体となっていることで世界遺産といえるという主張である。神殿の建物はアテネだが、彫刻はロンドンにあるという状態では、完全性を満たせないということになる。

このように、文化遺産は誰のものかという対立が起こった場合、単純な文化ナショナリズムと文化インターナショナリズムの対立とはならないことが多い。それは、文化遺産の所有主体（パルテノン神殿の彫刻の事例では、ギリシャ政府と大英博物館）がそれぞれにとって都合のよいアプローチを適宜選択しながら、所有を主張するからである。文化ナショナリズムであれ、文化インターナショナリズムであれ、文化遺産の所有主体が問題となっている文化遺産の所有を主張するためのアプローチだとすると、何のためにそれらのアプローチが用いられるのだろうか。そして、そのことから文化遺産の防災についてどのように考えることができるだろうか。

四　文化遺産の「適切な」保全

前節で取り上げたパルテノン神殿の彫刻の返還問題の事例では、彫刻は誰にとっての文化遺産なのか、また、誰がどこで保全するべきなのかといったことが争点になっていた。英国とギリシャ双方の主張からは、対立する側には「適切な」彫刻の保全ができないことを問題化していることも示唆される。

まず、英国に持ち出されたことで彫刻は破壊から守られたとする先の大英博物館の主張(2)は、十九世紀初頭に持ち出されたことで、その後のギリシャ独立戦争などの混乱やそれに乗じた略奪行為による破壊を免れたという指摘である。これは、彫刻がギリシャにあれば「適切な」保全ができなかったという主張につながる。

一方、近年のギリシャの主張(4)は、ユネスコ世界遺産としてのパルテノン神殿の完全性の観点から返還を求めている。これも、世界遺産としての完全性の保持こそが「適切な」彫刻の保全であるという主張に結びつく。

なお、大英博物館の主張(2)を覆す事実も指摘されている。一九三〇年代に行なわれた彫刻の洗浄作業によって、創建当時の彩色の痕跡が研磨によって削り取られ、失われてしまったことが明らかになったのだ（Hamilakis 2007: 261–262)。ギリシャ側は、この問題について大英博物館を強く批判した。大英博物館も、返還問題とは別の問題としつつも、この洗浄が彫刻の損壊につながったことは認めている。

このように、文化遺産の返還問題は、単に文化遺産は誰のもので、どこにあるべきかという問題にとどまらず、その所有主体が当該文化遺産を「適切に」「正しく」保全できるかも議論の焦点になる。ギリシャ側も英国側も、相手側の彫刻の保全のあり方を問題化しながら、自らの主張を正当化している。つまり、両者にとって文化遺産としての彫刻の保全は当然の前提であり、問題になっているのは、どこで、誰が保全するのか、どのように保全するのかといった文化遺産の扱い方なのだ。

ここで重要なのは、文化遺産は守られるべきであるということが前提となっていても、どんな扱い方があるべき「保全」なのかは、その文化遺産の所有を主張する主体によって変わってくるという点だ。それぞれの所有主体は、自らの扱い方が「破壊」ではなく「保全」であることを強調する。つまり「保全」なのかどうかで、さまざまな文化遺産の扱い方の間に明確な境界線が引かれることになる。つまり、文化遺産の所有をめぐる対立は、文化遺産の扱い方を「保全」と「破壊」で区別する境界線の引き方の違いと捉え直すことができる。

五　文化遺産の所有主体からみる防災

文化遺産とされたものに対する扱い方に着目し、文化遺産は誰のものかを考えることは、文化遺産の防災をめぐる議論にも応用できる。文化遺産とは、守るべき対象というだけでなく、文化遺産という価値をいかに保全するかを決めていくプロセスとして捉えられる。その意味で、文化遺産の防災とは、行政、所有者、地域住民、専門家といった主体、法制度、地域社会の政治・経済状況が関わり合うなかで、「正しい」とされた防災のあり方が選びとられていく過程である。

日本において大規模災害によって被災した文化遺産の保全を支援する体制が整備され始めたのは、一九九五年一月に起こった阪神淡路大震災以降である。ここで想定されている文化遺産とは、文化財保護法で規定されている指定文化財だけでなく、広い意味で歴史的な街並み、景観を形づくる未指定の古い建造物も含んでいる（本書4章）。指定文化財は国の文化財保護法から自治体の文化財保護条例によって法的根拠をもった社会的な共有財として位置づけられる。しかし、未指定のものの場合、そうした法的な位置づけがない。そのため、指定文化財と比較して、未指定のものは復旧のための所有者の費用負担が大きい。こうした指定か未指定かによる公的支援のあり方の違いが、被災した文化遺産の消失につながる要因であることも指摘されている（足立 2014: 407-408; 本書8章）。また、未指定の文化遺産は、居住目的や事業目的など、通常は所有者の生活の場として実際に使用されている。文化遺産の防災の必要性に対する関係者の共通理解は存在しても、何をすることが防災なのか、正解はひとつとはかぎらない。

しかし、近年の防災研究では、災害を受けた地域のレジリエンスに注目が集まっている。特に、被災した地域の回復に何が貢献するのかを考えたときに、文化ナショナリズム的な発想から文化遺産が地域社会のアイデンティティの核とみなされることは重要である。熊本地震で大きな被害を受けた熊本城は、被災地熊本の復興の象徴として復旧工事が進められている。全体の復旧が完了するには長い時間がかかる予定だが、耐震性を強化する形で、二〇二一年春にまず天守閣の復旧工事が完了した。被災文化遺産をいかに復旧するかに、その文化遺産が象徴する地域の将来が重ね合わされているという意味で、文化遺産の防災は、それ自体が地域の防災と密接に結びついている。

さらに、熊本城では、修復現場への立ち入りが制限される一方で、訪れる人が修復の過程を見学できるようにもなっている。これは、被災地を超えたさまざまな人びとが、熊本城へのツーリズムを介して、被災地の復興状況に触れ、防災を意識することにつながる。修復中の熊本城を訪れる人びとにとって、この城の文化遺産としての価値は、文化インターナショナリズム的なものとなるだろう。このように、防災とツーリズムには文化遺産の所有主体をめぐるアプローチを結びつける作用もある。

文化遺産は誰のものかという観点に着目して文化遺産の防災を考えることは、文化遺産に関わる関係者たちの間にある防災という言葉に目を向けることになる。そこから一歩進んで、被災した地域のレジリエンスやツーリズムを通した地域復興に文化遺産がどのような役割を果たしているのかについて考察を深めていくことにもつながるのだ。

注

（1） 後のギリシャ独立戦争に義勇兵として参加した詩人バイ

ロン卿は、「ミネルヴァの呪い」と題した詩で、エルギン卿の行為を痛烈に批判している。

参照文献

足立裕司 2014「災害から歴史的環境を守るために――緊急時の体制を構築する」奥村弘編『歴史文化を大災害から守る――地域歴史科学の構築』東京大学出版会、pp. 403-422.

アンダーソン、B 2007『定本 想像の共同体――ナショナリズムの起源と流行』白石隆・白石さや訳、書籍工房早山。

綾部恒雄 2007「民族と国家」綾部恒雄・桑山敬己編『よくわかる文化人類学』ミネルヴァ書房、pp. 82-83.

CNN 2019「ダム建設で沈む古代都市、10月には立ち入り禁止に トルコ」八月三十日 https://www.cnn.co.jp/travel/35141898.html,（二〇二一年八月十五日閲覧）

Hamilakis, Y. 2007 *The Nation and Its Ruins: Antiquity, Archaeology, and National Imagination in Greece*, Oxford University Press.

Herzfeld, M. 1987 *Anthropology through the Looking-glass: Critical Ethnography in the Margin of Europe*, Cambridge University Press.

木村至聖 2020「〈遺産化〉とは――遺産研究と社会学的アプローチ」木村至聖・森久聡編『社会学で読み解く文化遺産――新しい研究の視点とフィールド』新曜社、pp. 3-10.

Merryman, J. H. 1986 "Two Ways of Thinking about Cultural Property," *The American Journal of International Law 80* (4): 831-853.

本中眞 2017「真実性（オーセンティシティ）と完全性（インテグリティ）――顕著な普遍的価値を厳密に把握するための条件」西村幸夫・本中眞編『世界遺産の思想』東京大学出版会、pp. 46-58.

Smith, L. 2006 *Uses of Heritage*, Routledge.

田中英資 2013「文化遺産の返還問題における所有の主張とその根拠――ギリシャ・パルテノン神殿の返還問題を事例に」『福岡女学院大学紀要人文学部編』23: 25-53.

The Trustees of the British Museum 2019 *The Parthenon Sculptures*, The British Museum.

◇練習課題

文化ナショナリズム、文化インターナショナリズムの考え方、パルテノン神殿の歴史を整理したうえで、あなたならパルテノン神殿の彫刻はどこでどのように展示されるべきだと考えるか。理由も含めて八〇〇字程度で具体的にまとめなさい。

4章　日本の文化遺産の保護と防災
——その歴史を知ろう

益田兼房

◇ねらい

古代から世界中で、祖先や歴史、暮らしや宗教に関わる考え方や記憶、宝物や建物などは大切にされており、災害があっても、そのつど修復や再建をして次世代に継承されてきた。本章では、日本の文化遺産の保護と防災の歴史を知り、文化遺産防災学の可能性を学ぶ。

世代から世代へと伝えていく文化遺産は、有形の遺産の場合、材料は風雨や紫外線などでの自然劣化は避けられず、また事故や災害などで破損消滅することもありうる。自然劣化への対応は、定期的な維持管理や修理の技術や材料など、国内でも多様な取組みが古来なされており、海外でも地域ごとに異なる伝統に基づく文化的多様性がある。これらは文化遺産保存修復学の課題である。

他方で、突発的な人災の事故や紛争、自然災害も、毎年世界各地で大きな被害を起こしている。とくに日本は自然災害が多く、文化遺産防災に関しさまざまな経験や教訓を得てきた。地域の文化遺産の価値の低下をなるべく減らし、被災後の混乱状況のなかでも修復・再生・継承へと繋げるには、事前の準備が必要になる。危機に備えることで、文化遺産防災の知識や技術や経験を、地域の歴史を活かしたまちづくりに役立てることが可能になるのである。

本章では、文化遺産の、保存と防災に関する歴史と、近年の文化財保護法（コラム1参照）改正を含む内外の取組みについて、日本の木造建築文化遺産を主にとりあげつつ、今後の課題を考えてみたい。

一　日本列島の災害多発性と木造建築文化

1　地震火山列島の日本

日本列島は、ユーラシア大陸の東縁沿いに、南北約三千キロメートルにわたって伸びる地震火山列島である。その地質的形成に関わったのは、太平洋・フィリピン海・ユーラシア大陸・北米大陸プレートの四枚の主要プレートの衝突とされる。地球上の地震エネルギーの八割は環太平洋地域で発散されているが、そのなかでも四枚ものプレートがある日本列島とその周辺海域は、世界的にも危険な地震多発地域となっている。それらのプレート間での潜り込み速度に応じて地下に歪みが蓄積し、内陸地震の静穏期と活動期を半々に経て、主に太平洋側で海溝型の大地震・津波がほぼ百年程度で繰り返し来襲する宿命にある。

建築文化遺産に大量の大被害を与えてきたのは、一九九五年阪神淡路大震災、二〇一六年熊本大震災のように、主に都市直下の活断層による内陸直下型地震である。さらに日本列島は、毎年の台風での豪雨洪水や傾斜地での土石流が起きやすく、地震前後の台風豪雨や津波火災は複合災害として激甚化しやすい。

2　温帯気候の木造建築文化

気候帯としては、日本列島は四季を通じて年間平均一七〇〇ミリ以上の降雨と高い湿度の温帯にあって、樹木が育ちやすく、国土の七割近くは森林である。これはOECD先進国では、フィンランドに次いで二番目に高い森林率とされ、木材は豊富な資源であった。そのため、良質な石材が身近に得難い日本の本州などでは、手軽で安価に入手できる木材による、通風が良く地震時の避難安全性が高い、木造柱梁の軸組構造建築が主流となってきた。南西諸島のように、隆起珊瑚石灰岩が入手しやすく、台風対策として石材を石垣や基礎に用いる地域もあるが、そこでも住宅や寺院宮殿などの主要建築は全て軸組木構造であった。

3　頻繁な修理と防災

一方で、高温多湿多雨の気候は、木造建築の耐久性に大きく影響する。例えば、災害で倒壊し雨にぬれた建築木材は急速に腐朽し、時に再利用が困難になる。木材や茅葺き屋根などの植物性素材では、腐朽劣化の進行は早く、シロアリなどの虫害もあり、毎年頻繁な手入れを必要とする。四季を通じて、災害復旧対応もふくめて、勤勉で計画的な維持管理の技術や習慣が必要となる。

日本の場合、この維持修理の頻繁さが、自然災害への備えや災害後に必要な迅速な復旧復興作業を可能としてきた。全国各地に、優れた大工・屋根屋・左官などの職人集団が大社寺周辺に存在し、また大工組が各地で組織され（太田ほか編 1999: 362）、技術は継承修練されて、突発事態に対応できる組織体制を伝統的に維持していたといえよう。

二　近世以前の建築遺産の形成と保存継承

文化遺産保護は、近代国民国家にとっては国家アイデンティティ確保のための政策だが、西欧や日本では伝統社会との宗教的断絶を伴った近代化の開始時期に、一種の償いとして国の法制度が始まった。文化遺産の保存継承の方法は、世界各地とも固有の歴史と伝統に根ざしている。日本でも伝統的な遺産継承方法は、はるか古代からの宗教的理念とも関連しつつ、二〇年ごとの式年造替を続ける伊勢神宮や、聖徳太子以来の歴史を守る法隆寺など複数存在しており、気候風土に適応した修復や災害復興の技術や職人などの体制も各時代で維持されていた。以下では、近世以前の日本の文化遺産の継承状況の事例を歴史的に見てみよう。

1　京都清水寺の災害再建と継承

京都の国宝で世界遺産の清水寺本堂と伽藍境内の場合、多くの災害再建を繰り返しながら、保存継承されている。「清水寺縁起」によれば、征夷大将軍として陸奥蝦夷征伐をした坂上田村麻呂が、多くの殺生に関わったことを悔いて、清水（活断層破砕帯のミネラル地下水）湧くこの地を選んで創立し、平安京遷都直後の七九八年に本堂を建立したとされる。

本堂は、本尊観音像を安置する内陣前に礼堂を配し、全体を大きな檜皮葺屋根で覆う構成で、礼堂前に舞台を高い櫓で築いて接続する、平安時代末期以前の規模形式を伝える（写真1）。

建立以来一六二九年の火災までの約八百年間に九回の焼失記録があり（福山 1983）、再建を繰り返してきた。現在の建築は一六三三年、徳川三代将軍家光の援助により再建されたものであり、一八九七年に特別保護建造物、一九五二年に国宝、九四年に世界遺産となった。

伽藍は、京都東山の地震活断層が形成した西側山腹に位置し、西の下方に広がる鴨東の町並みが火災になれば、参道町並みが火縄となって焼け登り類焼しやすい場所にある。

写真1　世界遺産・国宝 清水寺本堂　屋根は可燃性の桧皮葺き。麓の火災での延焼危険性があり、着火防止用の屋根水膜装置（ドレンチャー設備）を設置（益田兼房撮影、2004年）

境内東側は地質的に崩れやすい活断層の急斜面で、本堂南に深い谷があり、地滑りや土砂災害が多い。

観音様のおわす景色の良い別天地として、清水寺は京都でも一番人気のある名所寺院である。各時代の清水寺参詣曼荼羅絵図からは、今と同じように参詣者が途切れることなく訪れていたことがわかる。清水寺の災害対策は今も続いており、舞台からの身投げ人の救護や消防訓練などの防災取組みは、中世僧兵の末裔らしき門前町内の住民たちが継承している。

災害と共存する日本の文化の、象徴的な存在ともいえる世界文化遺産であり、今後も末永く人類共通の遺産として守り続けていくことが、世界から日本に期待されているといえよう。

2　江戸期の町並み集落の被災と景観形成

近世になると、幕藩体制のもと全国的に城下町がつくられ、寺請け檀家制度で全ての町や村に寺院が普及した。一方で幕府の寺社法度により、本山末寺の体系が全国的に整備され、江戸や京都には各宗派の大本山の伽藍がいくつもそびえることになった。

世界有数の人口規模となった日本最大の都市江戸は、

「火事と喧嘩は江戸の華」といわれたほど多くの火災を経験しつつ、次第に巨大化した。町屋の外側に、延焼しにくい瓦葺き屋根や漆喰壁を用いて、二階の扉廻りを装飾的な防火仕様とした土蔵造は、江戸時代後期から下町の大店で普及した。火消しの「め組」などの地域の消防組織は、消火水利は井戸や堀割などしかなく、鳶口（とびぐち）での取壊し破壊などの延焼防止活動が中心だったらしい。

地震はナマズが起こすと考えられた江戸期は、種々の「鯰絵」が残る。これをみると、広く地域全体に平等に被害を与える大地震を、経済的不平等を是正する神の処罰とみなして歓迎したり、再建事業で巨利を得る建設業界が物価高騰に苦しむ一般庶民の憎悪の対象になった状況がわかる。頻繁な地震や火災は、人命とともに経済的文化的な蓄積を失う悲劇であるが、一方で市街地の建築更新を定期的にもたらし、都市の経済活動の一部に組み込まれてもいた。

注目されるのは、これら繰り返す災害での新陳代謝の結果、町並みや集落の景観は破壊されるのではなく、江戸時代後期以降は建築意匠や景観の洗練の度合いを次第に増して、成熟した調和ある都市景観水準に達していったと考えられていることである。

江戸時代末期に日本を来訪したシーボルトなどの西欧人の記録では、江戸の町並みの美しさは西欧都市に引けを取らないと評価され、瀬戸内海の多島海の島々の集落などの美しさとともに絶賛している。しかし、近代化の過程で日本はその文化的蓄積の大半を失うことになる。

三　近代化と政府の文化遺産保護行政

1　明治初期の混乱と文化遺産の破壊

明治日本の新政府は、天皇を現人神（あらひとがみ）として最高に権威づけるため、明治元（一八六八）年に神仏を分離する太政官布告を発し、廃仏毀釈を全国で推進した。また明治四年、財政的窮地にあった明治政府は上地令（じょうちれい）を発し、江戸時代まで社寺に与えられてきた領地を上地と称して国家が奪う措置が布告された。経済的基盤を失った僧侶たちは、宝物類を売却しても生活できずに還俗し、とくに檀家のない大寺院の伽藍は維持できず、本堂も雨漏りや崩壊が進行した。

そうしたなかで、このままでは日本政府は世界に恥をかくとして、貴重な宝物類を豊かな欧米に流出させないための文化遺産保護の法制度が識者から要求された。非西欧諸国の独立時の状況と同様に、混乱による文化遺産の損失と保護体制の整備が日本でも起きたのである。

2　古社寺保存法の制定と修理防災

東京大学造家学科で法隆寺建築を調査した伊東忠太は、「国家は古建築物を保存すべし」と論じ、西欧諸国は法律によって歴史的な美術品や建築を保存しており、日本も立法で対応すべきであると主張した（稲垣編 1999: 26, 203）。伊東は、応仁の乱以前創立の古社寺を対象とする「古社寺保存金」の修理補助事業に関わっており、一八九七（明治三〇）年の古社寺保存法の制定に貢献した。

古社寺保存法では、「歴史の象徴、由緒の特殊、又は製作の優秀」の観点から、国は、美術工芸品は「国宝」、建造物は「特別保護建造物」（特建）として官報告示すること、「国宝」の売却禁止、古社寺保存金の交付などを定めた。特建の保存修理については、内務省技師関野貞らが古社寺保存金での解体修理復原技術を開発し、法制定後は特建が多い京都府や奈良県などで修理監督や修理技術者を育成した。これにより破損した寺院本堂建築などの修理事業は拡大した。しかし特建の防災対策は充分でなかったため、特建に指定告示後に間もなく焼失して指定解除される事例が、一九〇二年祐福寺塔婆（指定告示後一〇カ月で焼失）、一九〇五年大鳥神社本殿（同三年）、一九一〇年重蔵神社本殿（同四年）と相次いだ。

四　戦前期の文化遺産防災と空襲大量焼失

1　法隆寺の消火栓設置と関東大震災被害

これらの火災事故を受け、一九一二年に黒板勝美や関野貞らは、まず法隆寺での防災施設整備を政府に訴えた。しかし、貴族院でその国庫補助金予算が承認実施されたのは、一九二三（大正一二）年の関東大震災で東京下町大火災を経験した後のことだった。

法隆寺の防火設備設置事業では、まず消火水利の貯水ダムを裏山に建設した。そのダム取水塔から西院伽藍境内へと自然流下式の送水管を設置し、五重塔の雷火災消火も可能な高圧消火栓と、減圧弁を付けての低圧送水消火栓網を、広い法隆寺境内全体に巡らせた。これは日本での近代的で広域の建造物消火栓網設備の最初の事例となった（稲垣編 1999: 389）。

関東大震災では、震源地に近い鎌倉で円覚寺舎利殿が全壊し、建長寺仏殿なども傷んだが、倒壊した部材を安全確保して復旧修理工事を行ない、全て翌年に完成した。国宝建造物の焼失はなく、東京の浅草寺本堂などは解体修理などで対応している。

2 国宝保存法制定と防災の進展

一九二七年の銀行取付けなどの金融恐慌で、旧大名家などの華族が所有する美術品が手放され、海外流出の危機が始まった。古社寺だけでなく、個人法人行政などが所有する文化遺産についても保護する機運が高まり、一九二九年に国宝保存法へと法改正された。この国宝保存法下で建造物防災は、一定の技術的進歩があった。例えば、国宝建造物の解体修理時に防災設備を組み合わせて施工した結果、大火を逃れた京都の三十三間堂の例がある。

文化財防災設備分野の老舗でこの防災工事を担当した能美防災によれば、一九三〇年からの解体修理工事と並行して、防火壁・自動火災報知設備（自火報）・屋外火災報知器・地下貯水槽・消火栓が設置され、夜警も配備された。この最新式の防火体制下で、三六年に本堂床下で未明に小火災が発生したが、床下配置の自火報が作動し、消防署が急行して火災の拡大を止めた。この防災設備の有効性立証は、自火報の全国的普及に大いに貢献した。

3 第二次大戦空襲による大量焼失と指定解除

国宝保存法の時代に起きた最大の悲劇は、米軍の空襲などによる大量の国宝建造物の焼失である。一九四一年十二月の日本軍による真珠湾奇襲攻撃で第二次世界大戦は始まり、一九四五年八月十五日の日本政府無条件降伏までに、沖縄を除く国内だけで四三〇市町村が空襲を受けた。

旧城下町空襲を中心とする、国宝建造物合計六六件二〇六棟の戦災焼失は、当時の国宝全棟数の約一二％に及ぶ。古社寺保存法以来二〇二〇年までの一二四年間での、戦災以外での焼失指定解除を受けた全四二棟と比較すると、その五倍もの国宝建造物がわずか一年弱で失われた。焼失した国宝の建造物と宝物の写真や指定説明などの記録は、一九六三年から六六年にかけて分野別に、文化財保護委員会が出版している（文化庁編 2017）。

近世と明治の約三百年間の建築的遺産の大半は城下町に集積していたが、近世の社寺建築や民家で形成される町並みは未調査で、国宝保存法の保護対象でもなかった。そのため、旧城下町空襲で、日本は近世の都市建築遺産の大半を失い、歴史を活かしたまちづくりの基礎となる歴史的都市景観を失った。同時期の都市遺産が蓄積する欧州諸国とは比較にならない、文化的に貧弱な国になった。

五　文化財保護法制定と社会変化への対応

1　法隆寺火災と文化財保護法制定

戦後占領下の一九四九年一月二十六日未明、解体修理と壁画保存のための壁画模写作業中であった法隆寺金堂内部で火災が発生し、内陣壁画や内陣の柱や組物が焼損した。敗戦で誇りを失い、文化国家としての再建を国際社会で目指していた当時の日本にとって、大きな打撃であった。文化遺産の保護政策充実を掲げて、山本有三参議院議員（文部委員長）らの議員立法で、翌一九五〇年に文化財保護法が制定された。

この新法は、それまでの国宝保存法・史蹟名勝天然紀念物保存法などを一つにまとめ、さらに無形文化財を追加する、画期的なものであった。しかし敗戦国日本の国家財政は貧弱で予算は乏しかった。既存の国宝（旧国宝）は、いったん全て重要文化財（重文）として指定し、国として保護責任をもつのは、新規に重文のなかから一割ほど指定する国宝（新国宝）に限定し、ほかの九割は重文指定に留め、保存管理は所有者の責任とした。国は予算が許す範囲内で、国宝や重文の建造物の保存修理や管理防災の事業に、国庫補助できることとなった。

2　文化遺産防災の進展と社会対応

法隆寺火災事故がきっかけで法制定されたこともあり、新法では文化遺産防災は管理の一部として強化され、管理団体の指定や環境保全の規定ができた。しかし最も改善したのは、文化財行政と自治体消防となった消防行政の連携が進んだことだった。一九五五年からは毎年、全国の文化財所在地で、法隆寺の火災の起きた一月二十六日に消防と文化財行政の両者が参加する「文化財防火デー」が制定されて消火訓練を行なうなど、社会的な普及啓発が進んだ。

初期消火の推進に貢献したのは、消防法令の一九六七年改正で別表1「特定防火対象物」の第一七項に新たに文化財を追加し、重文建造物での自動火災報知設備（自火報）設置を義務化したことだった。文化庁文化財保護部建造物課の防災部門は、「自火報・避雷針・消火栓設備」の防火セットの設置を目標に、全国の国庫補助事業を推進した。避雷針・消火栓・貯水槽・エンジンポンプは、八割近い重文木造建造物に設置され、耐震強化されつつある。その後、火災対策は、放火対策の防犯設備を強化し、総合的な防災計画の作成を推進、さらに二〇一九年首里城火災を経て世界遺産国宝などの防火対策ガイドラインや防火訓練マニュアル整備へと進むことになった（梅津 2020: 12）。

3 伝建地区での面的防火対策の普及

高度経済成長に伴う地方過疎化のなか、一九七五年の文化財保護法改正で、歴史的町並みや集落を周囲の環境とともに保護する、伝統的建造物群保存地区（伝建地区）の制度ができた。二〇二一年時点では、北海道から沖縄まで一二六地区計四〇二四ヘクタールが国選定の重要伝建地区となっている。ここでは茅葺き屋根民家集落や木造商家が連続する町並みなど、大火の恐れがある場合は、地区全体の自火報と消火栓が必要となる。

最初に茅葺き屋根集落全体の消火栓網設備を設置したのは、一九七六年選定の岐阜県白川村荻町集落で、法隆寺方式が基本にある（稲垣編 1999: 419）。以後、多数の伝建地区が、地域住民による初期消火延焼防止の技術により安全性が高まった。さらに直下型地震時の同時多発火災の危険性が阪神淡路大震災で確認され、この住民消火方式の重要性が一層高まっていく。伝建地区での耐震対策の総合的な強化は、最近では二〇二〇年の「伝統的建造物群の耐震対策の手引き」が詳しい（清永 2020: 30）。

六　防災分野での整備活用と国際交流拡大

1 阪神淡路大震災と文化遺産の地震対応

一九九五年一月十七日早朝発生の阪神淡路大震災は、マグニチュード七・二の大地震で、神戸ほかの都市直下断層が震源であった。一九四八年の福井地震を最後に五十年近く続いた内陸地震静穏期は終わり、日本列島は今後五十年近く続く内陸地震活動期に入ったのである。福井地震と同様に、神戸で起きた都市直下地震による同時多発火災は、京都や奈良などの歴史都市への強い警告となった。

文化遺産被害は大きく、激震地の阪神淡路地域だけでなく姫路・京都・奈良などの広域で、多くの国宝重文建造物が倒壊・傾斜・破損した。これにより、国の文化財防災政策は、火災から地震・台風災害へ大きく広がった。特に不特定多数の市民が建物内部に入って、本来用途と違う方法で店舗などに活用保存する場合、重文建造物の地震倒壊で死亡するのを防ぐため、生命安全確保を重視した構造補強など、整備活用事業支援を拡大することになった。

瞬時に完全倒壊した重文建造物の旧神戸居留地十五番館（写真2）は、中華料理店として活用中で、昼食時の地震

写真２　重要文化財旧神戸居留地十五番館の阪神淡路大震災倒壊（益田兼房撮影、1995年）

写真３　重要文化財旧神戸居留地十五番館の震災復旧（災害復旧修理工事報告書より、1998年）

発生なら五十人近くが死亡していた可能性もあった。倒壊部材は全て修理作業所に運んで原位置を確認し、安全上の構造補強などを加え、木材部分は八割近くを再用して元通りに再建した（写真３）。激震地で被災し解体修理が必要な全ての重文建造物の復旧工事で、修理委員会を設置し、地盤改良・構造解析補強などの新技術が導入された。

日本列島が地震活動期に入ったとの認識から、文化庁は重文建造物を活用する際の耐震安全性に関する全国指針を作成し、耐震診断調査や構造補強工事支援を推進することになった。近年に至る継続的対策の概要は文化庁の震災対策部門の報告に詳しい（西岡 2020: 23）。

神戸市の北野山本伝建地区では、多くの異人館で煉瓦造の暖炉煙突が屋根上で折れ、一トン近い煙突爆弾となって床や地面に激突した。所有者の恐怖心を鎮め、国庫補助での安全な修理復旧支援をするために、全国からボランティア修復建築家が集まった。一方で、地区外の大量の歴史的建造物は文化遺産価値の評価がなかったために、次々と国籍不明の意匠のプレファブ建築に建て替わり、歴史的町並み景観を破壊していった。

2　登録文化財制度とヘリテージマネージャー

明治開港の歴史都市神戸にとって、洋風建築の消滅は、社会共有の記憶の喪失になりかねない。全国的な国土景観保存のため、価値を素早く認定し次の永続的保存への糸口にすべく、築五十年以上の歴史的建造物を対象とする「登録文化財」制度が、翌一九九六年の法改正で実現した。

一方、各地で文化財登録や災害時ボランティア活動を推進するには、歴史的建造物の価値と活用に関心ある建築家を、多数育成する必要がある。こうして文化遺産の保存管理者「ヘリテージマネージャー」（略称ヘリマネ）の養成講座が、まず兵庫県で自発的に始まり、やがて全国へ広がった。文化庁の整備活用支援事業による、都道府県建築士会主催のヘリマネ養成講座は、ほぼ全国を一巡した状況とみられる。

3　文化遺産防災の国際交流

日本の戦後の文化遺産分野の国際交流は、一九六四年のベニス憲章会議に関野克建造物課長が参加し、翌年設立のイコモス（国際記念物遺跡会議）に加盟したことに始まる。文化庁としては、一九九二年のユネスコ世界遺産条約加盟から本格化したが、国際交流活動はイコモスなどを通じて個々の大学や専門家が、世界各地の専門家と深めてきた。

文化遺産防災分野のイコモス国際学術委員会はＩＣＯＲＰ（Risk Preparedness）が担当している。

文化遺産を戦争などの人為的危機から守るユネスコの国際条約は、第二次大戦の悲惨な教訓から一九五四年に定めたハーグ条約とその第一議定書、およびユーゴ内戦の教訓から定めた一九九九年の第二議定書があり、傘下に国際ＮＧＯブルーシールド（ＢＳ）がある。政府は二〇〇七年にこの条約などを批准し、その国内法として「武力紛争の際の文化財の保護に関する法律」を制定している（高橋 2010）。

自然災害大国日本の国際貢献については、三回もの国連防災会議の開催と国際的な防災政策方針の作成支援がある。二〇一五年の第三回会議では仙台枠組を採択したが、文化遺産分野でも国際専門家会合を開催し「文化遺産と災害に強い地域社会」勧告を採択した（下間編 2016: 1）。国連などの文化遺産防災政策は、当面二〇三〇年までこの勧告が基本となる。

筆者の直接知る限りの、近年の文化遺産と危機管理関係の主要な国際的事項を年表にすれば、次のようになる。

一九九二年　日本政府、世界遺産条約批准、法隆寺姫路城の登録申請書提出、世界遺産委員会に出席
一九九二年　イコモス事務局長が世界遺産委員会で、ネパール・カトマンズの中世僧院で日本の私立大学などが解体修理している方法を批判
一九九四年　ユネスコ世界遺産オーセンティシティ奈良国際会議開催、奈良文書採択（コラム4参照）
二〇〇一年　アフガニスタン・バーミヤン大仏像を、タリバン過激派が爆破
二〇〇五年　神戸の第二回国連防災世界会議で文化遺産防災勧告採択、国際防災研修の重要性を指摘
二〇〇六年　立命館大学歴史都市防災研究センター、ユネスコチェア国際防災研修を開始
ユネスコ・イクロム・イコモス専門家、国際研修講師陣として以後毎年参加
二〇一〇年　イコモス文化遺産防災国際学術委員会ＩＣＯＲＰ、立命館国際研修を機に活動再開
二〇一一年　東日本大震災、全国のヘリテージマネージャーら文化遺産救援、国際発信
二〇一五年　仙台の第三回国連防災世界会議で仙台防災枠組採択、文化遺産防災専門家会合が国際勧告採択
二〇一五年　世界遺産のネパール・カトマンズで大地震、復旧国際支援、各種国際会議
二〇一六年　熊本大地震、日本イコモス現地調査と復旧

支援、英文活動報告書作成配布
二〇一七年　ユネスコ・ハーグ条約のブルーシールド（BS）国際委員会、ウイーン会議開催
二〇一九年　世界遺産のパリ・ノートルダム大聖堂木造屋根焼失、首里城正殿など焼失
二〇二〇年　米大統領のイラン文化遺産攻撃声明に、イコモス・イコム・BSが中止を要請

最後の事項は、河野俊行（九州大学教授）国際イコモス会長がイコム会長と連携し、トランプ米大統領声明から半日で連名の国際共同声明を出し、ハーグ条約違反を指摘した速攻がめざましく、米政府国防省ペンタゴンもすぐに攻撃中止の確認声明を出す効果を挙げている。

日本は災害大国としての経験が豊富で、文化遺産防災分野は平和推進の国際交流を進める上で効果が高い。今後の国内外各地の国際観光資源としての歴史的地区の整備活用や住民参加のまちづくりでも、文化遺産防災は有効である。文化遺産防災学の確立が望まれる次第である。

参照文献

文化庁編 2017『戦災等による焼失文化財』戎光祥出版。
福山敏男 1983「清水寺本堂」『寺院建築の研究（下）』中央公論美術出版。
稲垣栄三編 1999『新建築学大系50　歴史的建造物の保存』彰国社。
西岡聡 2020「文化財建造物の耐震対策について」『月刊文化財』九月号、第一法規。
太田博太郎ほか編 1999『新建築学大系2　日本建築史』彰国社。
清永洋平 2020「伝統的建造物群の耐震対策の手引きについて」『月刊文化財』九月号、第一法規。
下間久美子編 2016『第三回国連防災会議の枠組みにおける国際専門家会合　文化遺産と災害に強い地域社会　報告書』独立行政法人国立文化財機構。
高橋暁 2010『世界遺産を平和の砦に――武力紛争から文化を守るハーグ条約』すずさわ書店。
梅津章子 2020「国宝・重要文化財（建造物）等の防火対策ガイドラインについて」『月刊文化財』九月号、第一法規。

◇練習課題

あなたの知る歴史的な町並みや集落での、観光振興、歴史的建物の活用を考えるとき、どんな災害が想定され、誰がどう備えればよいか、防災の計画案の骨子を考えて、答えなさい。

コラム1　文化財保護法

一九五〇年に、それまでの文化遺産関係の法律や規則をまとめて、全ての文化財分野をカバーする文化財保護法が成立した。社会的需要に応じて改正しており、二〇二一年改正が最新となる。対象の文化財は、図1のように分類される。

最近の法改正では、文化財所有者や地方自治体が、文化財保存活用計画や文化財保存活用地域計画を作成でき、観光やまちづくりなどへの文化財活用を促進している。近年の大地震では、レストランや博物館に転用の建造物が倒壊し、構造補強で再建復旧した。文化財建造物や伝建地区などを、価値を保存しつつ安全性を高め利活用を促進する計画を、事前に自主的に作成したい社会的需要の高まりが、背景にある。

この法律を執行する文化庁文化財部は、図2のように二〇一八年から三課体制に変わり、専門の部門ごとに研究職の調査官が担当する。指定・選定・現状変更などの価値に関わる決定は、文化審議会文化財部会の五専門調査会が審議答申する。

さらに、独立行政法人国立文化財機構の傘下に、研究職専門家がいる国立博物館や文化財研究所などがあり、地方自治体では主に教育委員会の文化財担当組織が、連携して事業を行なっている。管理防災・整備活用の分野は、国交省・総務省などの法律や組織との連携も多い。（益田兼房）

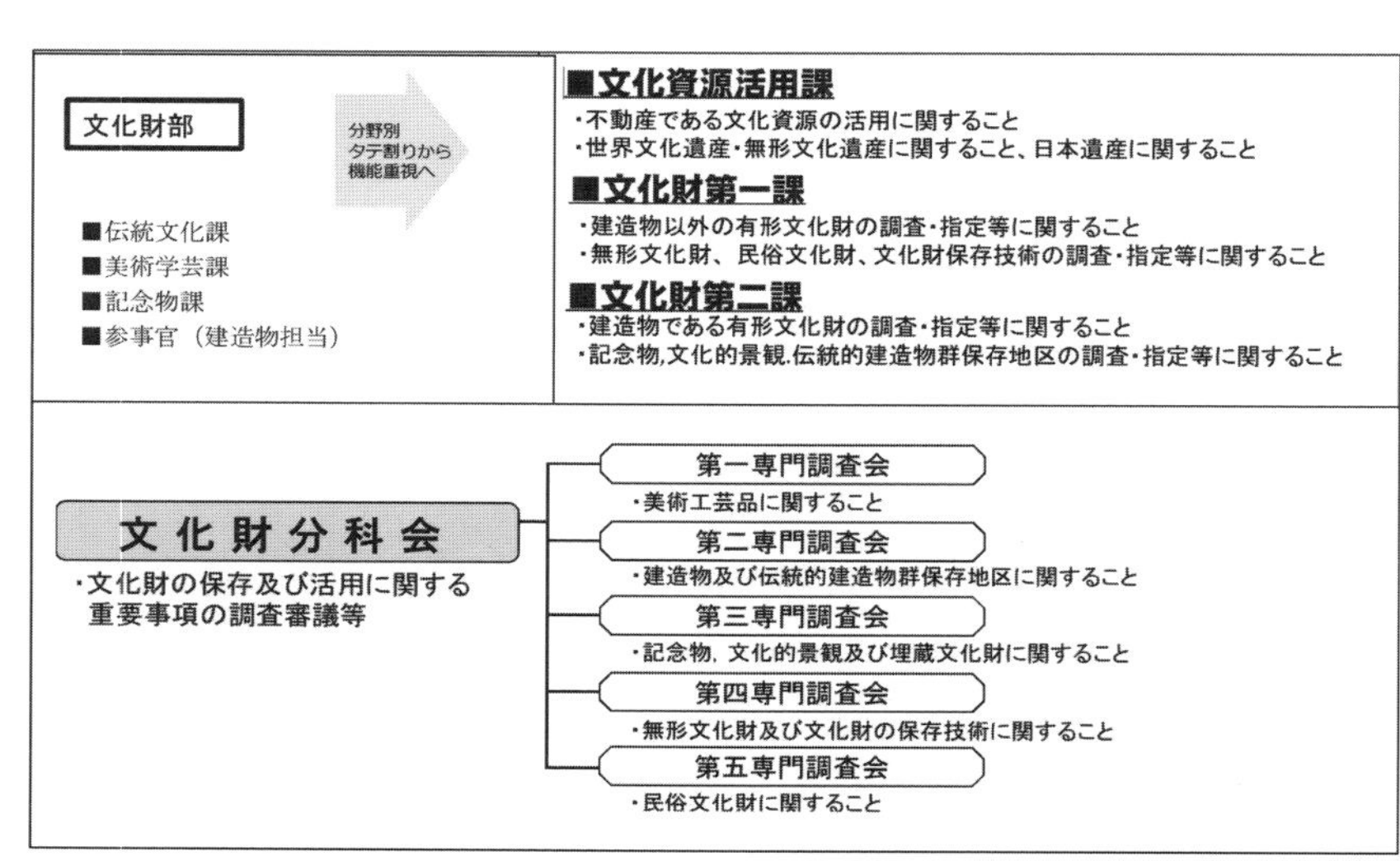

図2　文化庁文化財保護担当組織と文化審議会文化財分科会組織（出典：文化庁文化財部ホームページ https://www.bunka.go.jp/seisaku/bunkazai/index.html）

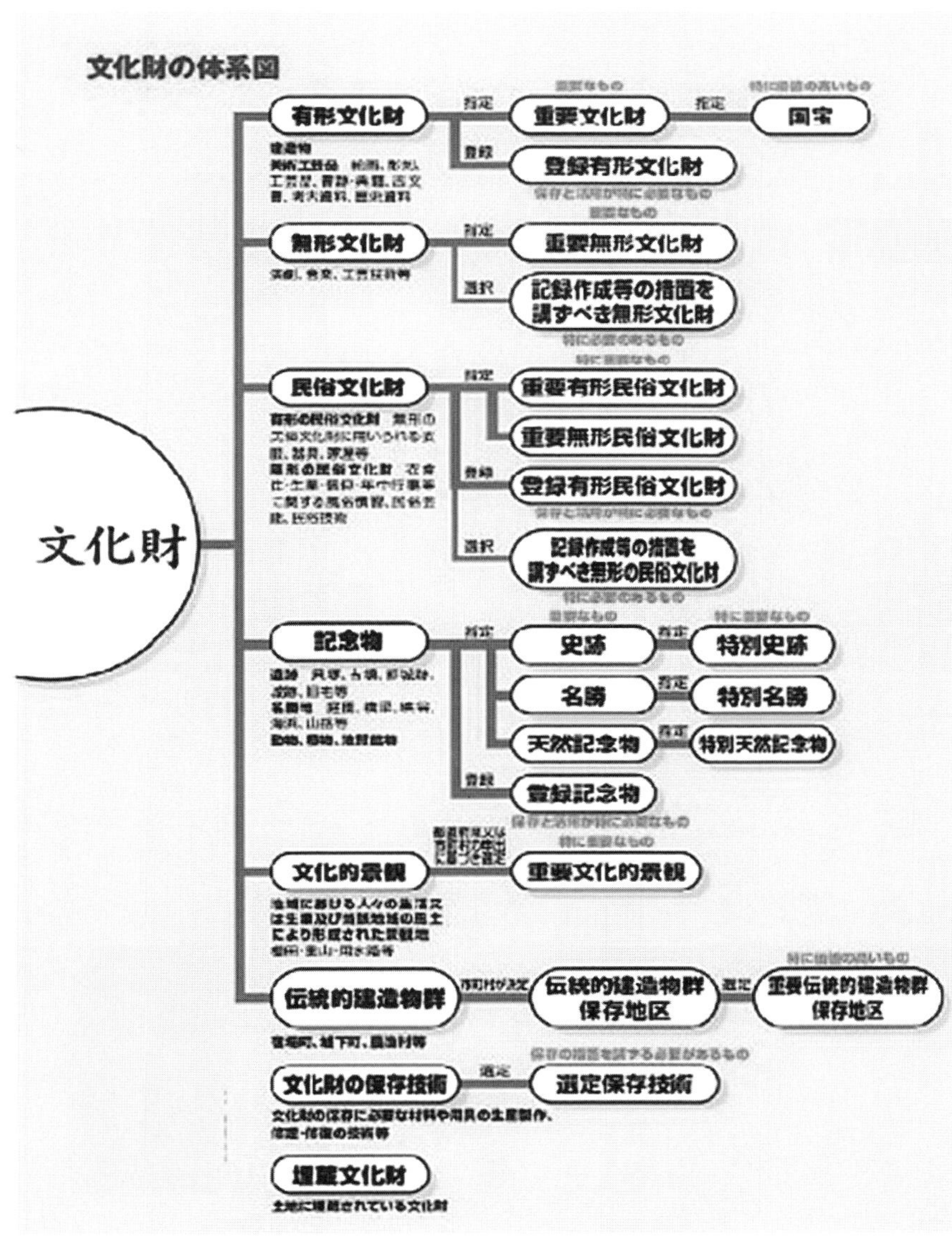

図1　文化財の体系図（出典：文化庁文化財部ホームページ　https://www.bunka.go.jp/seisaku/bunkazai/index.html）

コラム2　ユネスコ世界遺産の考え方

世界遺産とは

　世界遺産とは、一九七二年のユネスコ総会で採択された「世界の文化遺産及び自然遺産の保護に関する条約」（世界遺産条約）に基づき、世界遺産一覧表に登録された遺跡や景観そして自然など人類が共有すべき顕著な普遍的価値（Outstanding universal value）をもつ場所のことである。ここでいう顕著な普遍的価値とは、「世界遺産条約履行のための作業指針」によれば、「国家間の境界を超越し、人類全体にとって現代及び将来世代に共通した重要性をもつような傑出した文化的な意義及び／又は自然的な価値」とされている。

　世界遺産条約の採択からすでに五十年近くが経過し、二〇二一年八月時点で一一五四件の世界遺産が登録されている。世界遺産への登録は、世界遺産条約の締約国が作成している暫定リストのなかから推薦候補を決め、ユネスコ世界遺産センターに推薦する。世界遺産センターは、助言機関（文化遺産についてはＩＣＯＭＯＳ、自然遺産についてはＩＵＣＮ）に調査と評価を依頼する。助言機関は評価を勧告し、それをふまえて世界遺産委員会が審議のうえ、登録の可否が決定される。

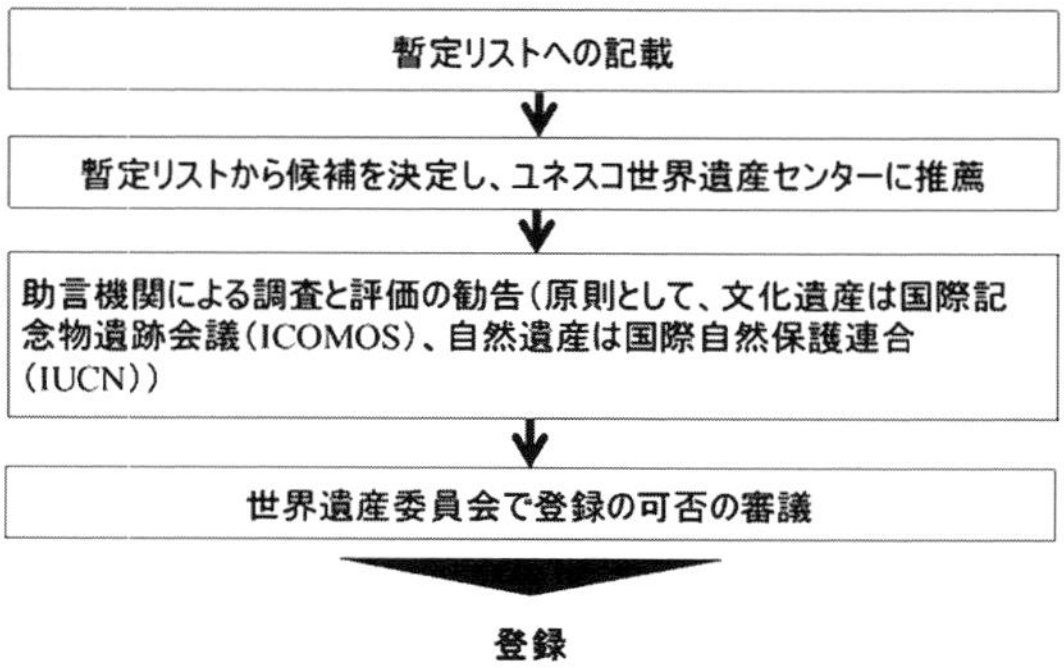

世界遺産と文化の多様性

　多くの国が参加している世界遺産条約は、ユネスコの条約のなかでも最大の成功例といわれる。その一方で、西洋中心的な価値観を土台にしており、世界の文化的多様性の複雑さを反映しきれていないと批判されてきた。

　例えば、世界遺産の評価基準の一つであるオーセンティシティ（真実性）については、石造のヨーロッパの建造物を基準に、創建当時のものであることが重視されてきた。その結果、耐久性の弱い木造や土造り中心のアジア・アフリカ地域よりも石造中心の欧米諸国に世界遺産が多くなるという地域的な偏りが指摘されるようになった。

　しかし、伊勢神宮で行なわれている式年遷宮のように、アジア・アフリカ地域では建造物の更新によって創建当時からの建材と技術が受け継がれている例もある。そのため、一九九四年に採択さ

暫定リストへの記載

↓

暫定リストから候補を決定し、ユネスコ世界遺産センターに推薦

↓

助言機関による調査と評価の勧告（原則として、文化遺産は国際記念物遺跡会議（ICOMOS）、自然遺産は国際自然保護連合（IUCN））

↓

世界遺産委員会で登録の可否の審議

↓

登録

れた「オーセンティシティに関する奈良文書」によって、創建当時のものか否かだけによらず、当該文化遺産が帰属する文化的文脈に基づいてオーセンティシティを認めるようになっている。また、一九九二年には「自然と人間の共同作品」としての文化的景観が導入されるなど、記念碑や遺跡、建造物中心の評価から多様な文化の諸側面を世界遺産の価値として評価するようになっている。

世界遺産の政治性

　世界遺産における多様な文化諸側面を認めるようになるなかで、登録のあり方にも変化がみられるようになった。複数の構成資産をもって世界遺産登録が行なわれる例（シリアルノミネーション）が増加している。なかには、シルクロードのように、構成資産が複数であるだけでなく、複数の国にまたがるトランスバウンダリーサイトの登録もみられるようになった。現在の締約国の領域と過去に興亡した文化の範囲は、必ずしも一致していないからこそ国境を超えた普遍的価値の意味がある。ただし、国境を超越するトランスバウンダリーサイトの登録は、構成資産が所在する国々の足並みをそろえることが大きな課題とされている。

　また、文化遺産が表現する過去の歴史的な出来事に対して立場によって評価にずれが生じることも、世界遺産が抱える問題である。原爆ドームの世界遺産登録をアメリカ合衆国が反対したことや明治日本の産業革命遺産の世界遺産登録の際の日韓両国の対立などはその典型例だ。

　世界遺産の考え方は、何を世界遺産とみなすのか、誰にとっての世界遺産なのかといった問題をはらんだ、関係主体の交渉の産物である。立場によって評価にずれが生じる文化遺産に対して、誰がどのように「顕著な普遍的価値」を見出すのか、世界遺産の価値の揺らぎに目を向けていくことが重要である。

（田中英資）

参照文献

中村俊介 2019『世界遺産——理想と現実のはざまで』岩波書店。
西村幸夫・本中眞編 2017『世界文化遺産の思想』東京大学出版会。

コラム3　レジリエンスの概念

レジリエンスへの注目

レジリエンスという概念は、個人の心の回復から、ビジネスの継続、人類の進化や地球環境問題まで、幅広い文脈で多義的に用いられている。日本語訳も一定ではなく、回復力、復元力、強靭性などさまざまだ。定義も多様だが、大まかにいえば、大きな衝撃や変化、困難が生じた際に、新たな環境に適応すること、またその力を意味している。変化に適応する方法は、ダメージを回避すること、もとの状態に戻ること、新しいものを生み出して変化することなどいろいろである。

1章にあるとおり、災害の分野で、この言葉を広く普及させたのは第二回国連防災世界会議において採択された「兵庫行動枠組（ＨＦＡ）」（二〇〇五年）である。続く二〇一五年の第三回国連防災世界会議では「仙台防災枠組二〇一五－二〇三〇」が採択され、「よりよい復興」（Build Back Better）という言葉とともに、レジリエンスがクローズアップされた。同時期に設定された「持続可能な開発目標」（ＳＤＧｓ）にも、レジリエンスの考え方が色濃く反映されている。レジリエンスが重視された背景の一つには、自然災害は社会や文化と切り離されたものではなく、密接に結びついたものであるという認識がある。自然条件だけでなく、地域の経済格差や貧困、政治の腐敗など社会・文化的要因が結びつくことで被害は拡大される。レジリエントでないことの背景には社会構造的な課題が潜んでいるのだ。

レジリエントであること

レジリエンスと両輪をなす概念としてヴァルネラビリティ（vulnerability）がある。脆弱性、可傷性、被傷性などと訳され、傷つきやすさを意味する言葉である。これまで行なわれてきたのは、災害に対する脆弱性を測定し、それを低減し、備える取組みだ。しかし、客観的な条件としては同じように脆弱であっても、災害の影響が長期化する場合とそうでない場合があり、そこには例えば、地域コミュニティの存在など、何らかのレジリエンスが関わっている。災害に備えるだけでなく、生じてしまう災害の影響を軽減させる具体的な方法を考える際に、レジリエンスは重要な視点を提供する。

ここで一つ重要なことは、レジリエントであるための方法は一つではないことだ。例えば、日本政府は国土強靭化（ナショナル・レジリエンス）政策のもと、東日本大震災の津波被害を受けた地域に巨大防潮堤の建設を進めている。地域住民からは、高い防潮堤をつくってほしいという声がある一方で、海が見えなくなる、海に出るのが不便になる、コンクリートに囲まれて生活したくない、他のことに税金を使ってほしいといった声もあり、各地の対応はさまざまである。何が、いつ、誰にとって、何のためにレジリエントであるかは、注意深く観察する必要がある。

観光とレジリエンス

A・リュウ（Lew 2014）は、自然災害や経済危機のように突然の変化をもたらす「ファスト・ディザスター」（fast disaster）と環境問題のようにゆっくりと長期間にわたって変化を引き起こす「スロー・ディザスター」（slow disaster）を区別し、それによって適応のための方法も異なることを指摘している。また、ファスト・ディザスターとスロー・ディザスターのいずれにおいても、素早い適応＝「ファスト・レジリエンス」（fast resilience）と長い時間をかけた適応＝「スロー・レジリエンス」（slow resilience）の双方が存在することが指摘されている（Orchiston and Espiner 2017）。同じ災害においても、国家のレベルとコミュニティのレベル、ビジネスのレベル、個人のレベルでの適応の方法とそのペースは同じではない。

本書のテーマの一つである観光は、さまざまなレベルの変化に晒されており、変化の速度も突然のものからゆっくりとしたものまである。また、変化が生じる社会的・地理的規模も多様である。新型コロナウイルスの流行による変化は、突然に、全地球的に生じたものである。レジリエントな観光とは被害を受けても回復力のある観光の多様なあり方だ。今まさに変化によって生じた新しい条件に適応できるレジリエントな観光の姿が探究されている。

（田中孝枝）

参照文献

Lew, A. 2014 “Scale, Change and Resilience in Community Tourism Planning,” *Tourism Geographies* 16(1): 14-22.

Orchiston, C. & S. Espiner 2017 “Fast and Slow Resilience in the New Zealand Tourism Industry,” in Lew, A. & J. Cheer (eds), *Tourism Resilience and Adaptation to Environmental Change*, Routledge, pp. 102-126.

第二部

文化遺産の被災と再建

5章 中国・麗江古城の被災と再建
――空間解析的アプローチ

郷田桃代

◇ねらい

地域一帯が文化遺産となるとき、ハードウェアとしての建築や空間はいかに継承され、ソフトウェアとしての人びとの暮らしはいかに存続されるのか。本章では、中国雲南省・麗江の事例を通して、建築や空間の変化、人びとの暮らしの変容を学び、防災に寄与できる地域資源について考える。

近年、世界の各地で地域固有の伝統的住居群が消失している。建築技術の発展と普及が生み出す機能的な住居は、人びとに快適な生活を与える代わりに、地域性をかき消してしまう。そうしたなかで、ある地域一帯が文化遺産に指定され、そこに含まれる多くの建築が継承されることは、その豊かな地域性を残す好機とみることができる。その一方で、建築や空間が継承されたとしても、観光化の急速な進展などによって、人びとの暮らしが変容し、かつての生活が存続できないこともある。本章では、中国雲南省麗江の事例を通して、個々の建築や建築の集合体としての地域について空間解析を行ない、伝統的住居群の理解を深める。そのうえで、地域一帯が文化遺産となるとき、ハードウェアとしての建築や空間はいかに継承され、ソフトウェアとしての人びとの暮らしはいかに存続されるのかを学び、建築や空間の変化、人びとの暮らしの変容を捉えるとともに防災の可能性について考える。

一　文化遺産としてのコミュニティ

建築計画や都市計画の分野においてコミュニティといえば、人びとが住まう一定の物理的、空間的な範囲として、フィジカルな面を強調しがちである。しかし、コミュニティが文化遺産となって地域全体が保存の対象となる時、真に継承すべきは何かという課題に直面し、建築学の視点だけでなく、コミュニティの社会的側面に注目する人類学の視点からも考える必要がある。

コミュニティ自体が文化遺産に登録される事例は多々ある。日本では、一九七五年の文化財保護法の改正で伝統的建造物群保存地区の制度が発足し、城下町、宿場町、門前町といった歴史的な集落や町並みの保存が図られ、重要伝統的建造物群保存地区が指定された。世界的にみれば、古くからヨーロッパ各地の旧市街には建築外壁を保存する慣習や制度がみられるが、一九七二年の世界遺産条約の成立以降、世界文化遺産として歴史的地区が対象にされるなど、都市の歴史的建造物群が文化遺産として保存され、住居を含む地域一帯が登録されるケースが多くみられる。本章で取り上げる中国の麗江古城もその一つである。

二　世界遺産・麗江古城

麗江古城は、中国南西部の雲南省に位置し、一九九七年に世界文化遺産に登録された。世界遺産エリアは、大研古城、白沙古鎮、束河古鎮の三地区で構成され、そのうち最も大きい大研古城の資産エリアは、北部の黒龍潭を含め面積一一〇ヘクタールで、多数の建物を含む旧市街一帯が面的に広範囲で登録されている。

麗江は、古くから交易街道（四川・雲南とチベットを結ぶ茶葉古道）の要衝として栄えた町である。少数民族の納西（ナシ）族が居住する中心的地域で、漢族・チベット族など周辺民族の文化を吸収・融合し、独自の地域文化が形成された。多くの文化的要素が融合した建造物や昔からの水路が残り、歴史的な街並みと景観が保たれている。そのため、世界遺産登録基準の(ii)建築、科学技術、記念碑、都市計画、景観設計の発展に重要な影響を与えた、ある期間にわたる価値観の交流又はある文化圏内での価値観の交流を示すものであること、および(iv)歴史上の重要な段階を物語る建築物、その集合体、科学技術の集合体、あるいは景観を代表する顕著な見本であること、また(v)ある一つの文化（または複数の文化）を特徴づけるような伝統的居住形態若しくは陸上・海上の土地利用形態を代表する顕著な見本、又は人類と環境とのふれあいを代表する顕著な見本であること、から世界遺産に登録されたのである。[1]

三　建築・地域の空間性

大研古城は、西側に位置する獅子山とその麓の一帯で、城壁がなく、道や水路が入り組んだ空間構造を有している。水源である北部の黒龍潭から流れる玉河は、古城の北端で三本の水路に分かれて東南方向へと流れる。道は交易市場であった四方街を中心に放射状に拡がり、そこからさらに細い路地が幾重にも伸びる。こうした水路や複雑な街路網に沿って、多くの建物が密集して建てられている。建物は、多く「三坊一照壁」の三合院、四合五天井などの形式の住居が多く（山村 2005）、院子とよばれる中庭の周りを二階建ての建物が取り囲む形をとっている。それらは、概ね木造軸組に煉瓦造や土の外壁を組み合わせた構造で、瓦屋根を有している。元来、この地域の建物の配列原理は、生活用水である水路、交易を担う道、地形に従ったものと考えられる。こうして建物と建物の間の狭い路地、曲折した道、水路の流れに沿った道などが発生し、固有のまち並みをつくりだしている（写真1）。

写真１　麗江古城の俯瞰　瓦屋根の建物が密集して建てられている（郷田桃代撮影、2016年）

四　地域の空間解析

麗江古城においては、四方街を中心とした半径四五〇メートル以内という範囲で、図1に示される空間の調査と解析を行なった（中村・郷田 2017）。特に指摘したい点は、まず、道の接続を評価するためのネットワーク解析によれば、四方街付近の道において、中心性指標（近接中心性、媒介中心性[2]）の値が高く、古城はそもそも四方街付近の道へ集中しやすいという空間構造を有していることがわかる。また、範囲内の三四本の道から無作為抽出された一一四地点の幅員の計測によれば、幅員二～四メートルが圧倒的に多く、大研古城の道の空間スケールは全般的に小さいものである。

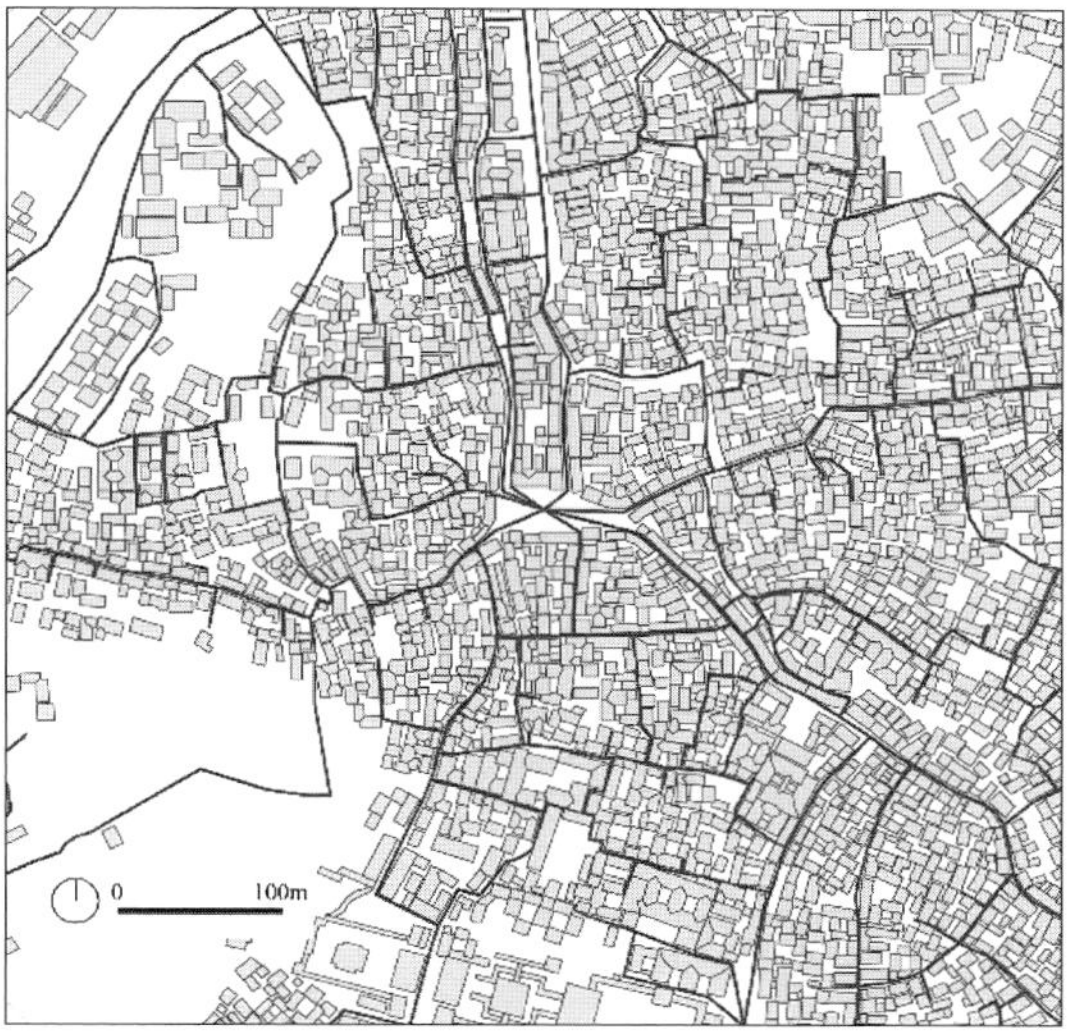

他方、一二カ所の特徴的な道空間の実測調査によれば、道や水路あるいはその両者の両側が建物の壁で取り囲まれた空間のほかに、小さい広場や水場、不整形のたまり空間も存在する。この地で有名な湧き水を貯めた「三眼井」もそのような空間の一つである。このように古城内は狭い道空間が多くを占めるなかで、ところどころに小さいオープンスペースが存在している。

図1　大研古城・四方街を中心とした街路・建物分布図（中村・郷田作成）

五　災害リスク

雲南省は約三十年周期で大地震に見舞われる地震地帯に属している。実際、この地域は一九九六年に発生した大地震で、建物の倒壊、壁や瓦の崩落など大きな被害を受けた。世界遺産登録に合わせて復旧は図られたが、麗江古城が地震災害のリスクを抱えていることを示すことにもなった。大地震時に復旧に当たった麗江古城博物院長・黄乃鎮に二〇一六年に行なったヒアリング調査では、古城内に居住し四合院の建物にいたが、建物は外向きに倒れたため無事であったことや、高い土台や壁が崩れ、道路にいた人は被害に遭い、交通も遮断されたこと、また、建物は木造の骨格は残り、レンガや土でできた壁が崩れ、瓦も滑り落ちたことが指摘された。これらは、地震時の古城内の建物の倒壊可能性について示唆を与えている。また、麗江の伝統的な住居は予め柱を傾けた構造を持っており、これは地震に耐える工夫ともいわれている（月舘 2005）。

一方、木造・木質の建物が広範囲に密集している麗江古城は、地震だけなく火災のリスクも抱えている。実際、二〇一一年七月十二日や二〇一三年三月十一日に古城内で火災が発生し大きな被害があったという。二〇一六年八月の現地調査時には防火対策として、灰皿が置かれた小休憩場所を設け、古城内での喫煙場所を限定していることや、路上各所に屋外消火栓やホース格納箱が設置され、防災設備を搭載した小型自動車なども確認された。世界遺産エリアでは、防火の対策がある程度なされているようである。

六　コミュニティの変容

麗江市を訪れる観光客数は、二〇〇〇年の約二九〇万人から二〇一六年には約三一二〇万人となり、この一六年間に一〇倍以上に増えている。特に二〇一〇年以降急激に増加している[3]。

麗江市には今もナシ族が居住しているが、古城の観光地化に伴い、古城内に住んでいたナシ族は観光業目的の外部者に家屋を賃貸し、自らは周辺の新市街に移り住む傾向にある。そのため、古城内の多くの専用住宅がホテルなどに用途変更され、古城の人口構成はナシ族の先住者中心であったものから漢民族などの外部流入者が多く占めるようになった（山村・張・藤木 2007; 高倉 2017）。特に近年の大研古城の観光化・商業化は加速している。二〇一六年八月の現地調査時には、終日、多数の観光客がみられたが、とりわけ古城内への入場が無料となる夜間は観光客で溢れかえっていた。先住者が流出し、外部流入者で占められた街に、日夜、大量の来街者が流入しているのである。こうして、麗江古城のコミュニティは元来の生活中心から観光中心へと大きく変容している。麗江古城はもはやナシ族の古鎮

（古い町）でなく、多くの観光客が訪れる国際的な観光都市なのである。

七　空間コンテンツの変化

古城内の建物は、元々は街路に面し店舗をもつ建物と住居である。店舗を持つ建物は聯排式（リエンパイ）とよばれる長屋形式が多い。一方、伝統的な住居は、三坊一照壁の三合院、四合五天井などの形式で、院子（中庭）を建物がとり囲む形をとる（山村 2005）。図2の住居は、中庭を介して四つの建物が向きあい、その建物の連結部分に小さな庭がある空間構成で、中央の中庭と四つの庭を合わせて五天井（ここでの天井とは庭のこと）をもつので、四合五天井の形式といわれる。築三百年の民居を改修したもので、現在は一階、二階に客室を設け、客桟（民宿）として運営されている。

院子を取り囲む二層の棟による空間スケール、半屋外空間の「厦子」や居室の空間構成、開口や壁の装飾などが保存され、維持されている。専用住居がホテルに用途変更されたものの、伝統的な住居が持つ空間性は概ね残され、活用されている好例である。もっとも、建築の詳細をみると改変は多々みられる。これまでの研究からも指摘されているように、伝統的な建物として概ね保存されている事例でも、詳細にみれば開口部や付属物などに関わる建築意匠の変化は少なからずあって、伝統的な建築の「オーセンティシティ」（真正性）についての議論は尽きない（山村・張・藤木 2007; 藤木・柏原・山村 2008）。

伝統的な建築の外観は保存されているものの、内部は改変され、レストラン、バー、ディスコなどとして使用されている例もある。ここにおいて空間として維持されているのは建物の「殻」だけである。建築の改変や空間コンテンツの変化は文化の継承という点でどこまで許容されるべきか、世界遺産麗江においては難しい問題を含んでいる。しかし、これら事例はコンテンツを変化させることによって、少なくとも「遺産」としては存続できることを示している（写真2）。

観光開発と文化保護の両立を図るべく、二〇〇六年に施行された雲南省麗江古城保護条例には、建築の保全、先住民の居住促進、経営活動の規制などが盛り込まれている。また、居住地を含む旧市街一帯が面的に広範囲で登録されている麗江古城では、古城の環境保護と建築物の保存・改修について、一定の制約事項を示したガイドライン「麗江古城伝統民居保護維修手冊」がある。制約はあるものの、

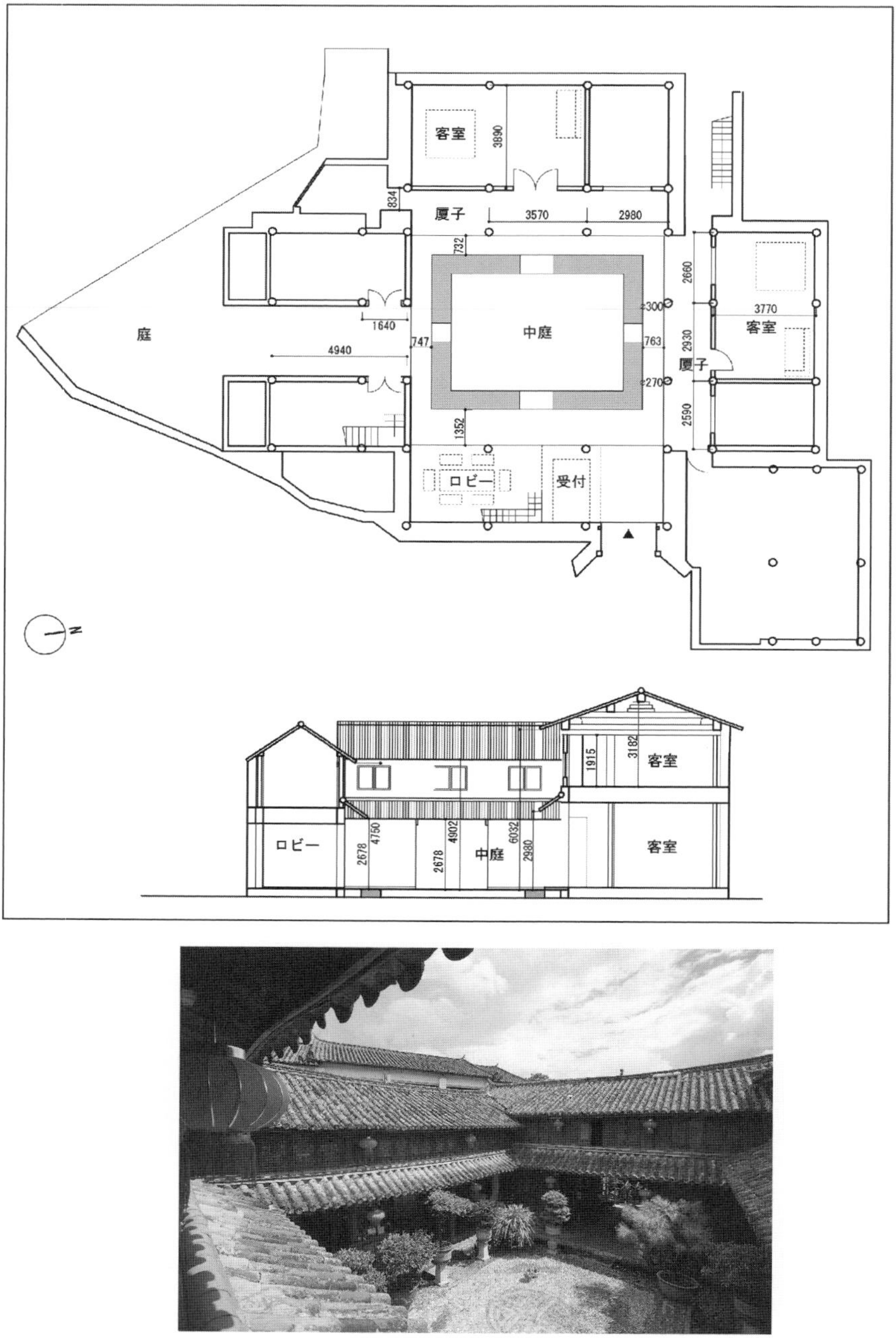

図２　伝統的住居を客桟（民宿）に改修した事例（実測調査により作成、2016年）

写真２　麗江古城のまち並み　観光開発が進むなかでかつての建物は土産物屋やレストランに変わっている（郷田桃代撮影、2016年）

建物自体の改変は可能であり、建物内部の改修の自由度は高い。これに対し、道の形態や建物の配置の変更は許容されにくく、その結果、古城全体の空間構造は変わっていない。

八　空間解析から見えてくる防災の可能性

世界遺産としての麗江古城は、居住地から観光地へ変化しながらも、世界遺産エリアであるが故に一定の空間性が維持されている。しかし、このことが防災面で二つの大きな問題を引き起こしている。

一つは、地域固有の空間性に関わるものである。すなわち、水路と複雑な街路網、そこに建築物が密集するという空間性に対して、観光客などの来街者数、特に夜間の来街者数が過多となり、災害時に被害が増大する可能性がある。世界遺産として建築・空間が不変であるが故に、従来の都市防災能力を超えてしまっているのである。

もう一つは、先住者であるナシ族が減少し、漢族など外部からの流入者が増加して、そのコミュニティが大きく変容したことによるものである。外部からの流入者は概して防災意識が薄く、防災コミュニティの形成は困難であると懸念される。

このような点を認識した上で、世界遺産エリアの防災の可能性について指摘しておきたい。大研古城内は狭い道空間の各所に小さいオープンスペースがある。災害時の避難や延焼防止という点ではこのような空間があることはきわめて有効である。また、オープンスペースの一つである「三眼井」や「一眼井」は湧き水を貯めた場所で、古くから住民がそこで水を汲み、食物を洗い、洗濯を行なうなど、日常生活に利用してきた公共空間である（畔柳・市川・孫・鈴木 2012）。現在でも、近隣住民や商業従事者に日常的に利用されており、観光客のたまり場にもなっている。こうした水を媒介とした社会的空間として、住民、商業従事者、観光客のつながりの機会をつくり、防災コミュニティの形成に寄与できるかもしれない（写真３）。

四方街には、川をせき止め、氾濫した水で一面を洗い流して清掃する習慣があるといわれる。実際、現地調査時にある路上一帯をホースの水で洗い流す様子が観察された。居住者コミュニティが消失した今、このような習慣的、日常的な路上の水まきにおいて、消火栓や消火ホースを活用することにより、非住民の商業従事者に対して防災の教育的効果を期待できる。

写真３　水利用の習慣が残る「三眼井」（郷田桃代撮影、2016年）

九　レジリエントな空間

地域一帯が文化遺産となったことで、ハードウェアとしての建築や空間はどのように継承されているのか。まずは変化しない空間性を捉えることが重要である。ここで用いた空間解析は、地区や街の理解を深めるために、膨大な地図情報や数値情報を組み合わせたり重ね合わせたりして、パターンや関係性を読み取っていく分析手法である。本章では、このような空間解析的アプローチを行なうことで、麗江古城という建物の集合体としての伝統的住居群の理解を深めて、その空間特性が防災に寄与できるかについて考えた。

麗江古城は、一九九六年の地震災害からの復興の過程で、それが世界遺産登録と重なったことで、歴史的なまち並みや伝統的な建物が保護・再建された。これにより後に経済発展をもたらされ、麗江古城の世界遺産化は成功例と位置づけられている（楊 2011）。今日、歴史的なまち並みや建物は、消失する傾向にあることを考えれば、世界文化遺産として空間が残されること自体が重要である。

では一体、麗江古城では、何が保存されて何が変容しているのだろうか。そもそも世界遺産には、広範囲に多数の建物を含んだ地域一帯が構成資産として登録されるケース、特にその建物が住居であり、地域一帯が居住地（コミュニティ）となっているケースがあり、麗江古城も含まれている。今日、麗江古城が観光地化し、観光業を担う漢族が多数流入する一方、もともと住んでいたナシ族は古城から流出している。そうしたなかで、従来どおりのコミュニティを存続させることはきわめて難しい。しかし、世界遺産エリアにおいて、井戸のあるオープンスペースなどには人々の伝統的な生活慣習が残っている。急激に観光化し、コミュニティが変容してもこうした空間には潜在力があり、これらの「レジリエントな空間」を防災の拠点とし、地域コミュニティ再生の核として使うことが有効と思われる。これらのレジリエントな空間は、伝統的住居が群として集合しているからこそ、生き続けていることも、忘れてはならない。

注

（1）公益社団法人日本ユネスコ協会連盟 https://www.unesco.or.jp/activities/isan/decides/　世界遺産の登録基準、二〇二二年四月三十日アクセス。

（2）「近接中心性」「媒介中心性」はともに、ネットワーク分析において、ネットワークの形態の特徴を示し、「中心性」の尺度となるものである。「近接中心性」は、他の点との距離が近いほど中心性が高いという仮定により、また、「媒介中心性」はその点を通る経路が多いほど、中心性が高いという仮定により算出される指標である。

（3）麗江市文化和旅遊局（丽江市文化和旅游局）。

参照文献

藤木庸介・柏原誉・山村高淑 2008「観光地化が伝統的民家の使用に及ぼす影響について——世界遺産都市・中国雲南省麗江旧市街地を事例として」『日本建築学会計画系論文集』73(629): 1499-1506.

狩野朋子・郷田桃代 2020「レジリエントな空間と防災——ネパール・パタン、中国・麗江、トルコ・ベルガマの世界遺産エリアの事例から」『文化人類学』85(2): 254-271.

畔柳昭雄・市川尚紀・孫旭光・鈴木直 2012「中国雲南省麗江・大研古城の住民生活と水利用に関する調査研究——三眼井に見られる水利用の変容　その1」『日本建築学会計画系論文集』77(672): 359-367.

中村美香・郷田桃代 2017「街路ネットワークに着目した麗江旧市街地の空間特性に関する研究」『日本建築学会大会学術講演梗概集（建築計画）』pp. 1061-1062.

高倉健一 2017「住民不在の世界遺産——文化の担い手への配慮なき遺産保護の限界」飯田卓編『文化と生きる』臨川書店、pp. 211-232.

月舘敏栄 2005「中国中庭のある住まい——南の三合院、北の四合院」藤井明・畑聡一編『東アジア・東南アジアの住文化』財団法人放送大学教育振興会、pp. 65-89.

山村高淑 2005「聯排式住居と三坊一照壁」布野修司編『世界住居誌』昭和堂、pp. 64-65.

山村高淑・張天新・藤木庸介編 2007『世界遺産と地域振興——中国雲南省・麗江にくらす』世界思想社。

楊路 2011「中国の世界遺産「麗江古城」と観光」安江則子編『世界遺産学への招待』法律文化社、pp. 126-150.

◇練習課題

1　古くからのまち並みや住居が残る町について、建築や空間の形・寸法・材料を調べ、その町の魅力を挙げなさい。

2　その建築や空間は、地震や火災などの災害によりどのような被害を受けるか、考察しなさい。

6章 国家のレジリエンス、地域社会のレジリエンス

――中国・四川大地震後の復興とディザスター・ツーリズム

田中孝枝

◇ねらい

本章では、二〇〇八年に発生した四川大地震後の国家主導の復興とディザスター・ツーリズムの展開に焦点を当てる。国家の表象するレジリエンスと生活再建の実態にはずれがあることを学ぶとともに、災害によって生まれる遺産をめぐるツーリズムのもつ意味を考える。

一 災害が生み出す遺産とツーリズム

災害は文化遺産の破壊をもたらすが、他方で新たな「遺産」を生み出すものでもある。東日本大震災後にも多くの災害遺構が生まれ、その保存をめぐってさまざまな議論が生じてきた。当然ながら、すべての地震被害が保存されるわけではなく、保存されるべきものが選定され、意味を付与される社会的なプロセスがあり、それは災害の意味をめぐるせめぎ合いの過程でもある。災害によって生まれた遺産はツーリズム(1)の対象にもなるが、これは、レジリエンスの観点からみれば、新たな環境への適応によって、新たな人の動きが創造されたととらえることができる。

災害を対象とするツーリズムの多くは、ダークツーリズム(dark tourism)の一部として研究が進められてきた。ダークツーリズムとは、「死や災害、暴力にまつわる場所を対象とした観光」(Lennon and Foley 2000: 3)であるが、その内容は多様であり、人の死や悲しみを対象とする幅広い観光を包含する言葉として用いられている。ダークツーリズムのなかでも、自然災害の被害を対象とするツーリズムは、ディザスター・ツーリズム(disaster tourism)と呼ばれることもある。

本章では、二〇〇八年に発生した四川大地震後[2]の国家主導の復興とディザスター・ツーリズムの展開に焦点を当て、震災から十余年が過ぎた時点における国家の表象するレジリエンスと生活再建のずれを考察し、地震遺跡をめぐるツーリズムのもつ意味を考える。

二　四川大地震後のスピード復興

四川大地震は、二〇〇八年五月十二日に発生したマグニチュード七・九の地震である。四川省の省都である成都市から約七十キロメートルの阿壩藏族（アバチベット）羌（チャン）族自治州汶川（ブンセン）県映秀鎮付近の深さ一九キロメートルが震源とされている。汶川地震紀念館[3]の展示によると、死者八万七一四九人、負傷者三七万四六四三人という甚大な被害をもたらした。特に、家屋の倒壊により下敷きになって命を落としたケースが多く、なかでも学校校舎の倒壊による教師と生徒の犠牲者が全体の一割以上を占めたことから、手抜き工事が世論の批判の対象となった（大谷 2009）。

四川大地震からの復興は、「超スピード復興」と呼びうるその速さが特徴とされる（大谷 2012）。二〇〇八年八月に北京オリンピックの開催が控えていたことも、そのスピードに拍車をかけた。二〇〇八年九月に発表された四川大地震後の「再建全体計画（四川地震後恢復重建総体計画）」では、三年のうちに被災地住民の生活や経済活動を被災前の水準に回復することが目標とされ、最終的には二年半で復興達成が宣言された。

こうしたスピーディな復興は、「中国復興モデル」として盛んに喧伝され、特に強調されたのは人民解放軍の献身的な救助と「対口支援」の有効性であった（松岡 2012）。対口支援とは、大きな被害を受けた四川省、甘粛省、陝西省の県や市の復興を財政力の強い省（市）が分担して支援するというものである。それぞれの省・市が競うように復興援助を行なった結果としてスピード復興が成し遂げられた。

三　地震被害の保存と観光化

1　震災後の開発

四川大地震後の再建全体計画のなかでは、地震後の産業振興の重要な柱の一つとして観光が位置づけられた。新たな観光の資源として、少数民族や農村とともに地震遺跡が挙げられ、災害以前は縁もゆかりもなかったものが地震遺跡として結びつけられることとなった。ここではとりわけ大規模な地震被害の保存が行なわれた北川(ホクセン)地震遺跡に焦点を当ててみよう。[4]

綿陽市北川羌族(ホクセンチャンぞく)自治県（以下、北川県と表記）の県城（県庁所在地）であった北川には総人口一六万一〇〇〇人が居住していたが、八〇％以上の建物が地震で倒壊し、二万人近い死者が出たとされる（大谷 2012）。山崩れと土石流によって街の半分以上が埋まってしまった当地の再建は、地震被害の保存と新しい土地での「災害に強い街」の創建という二つの軸に沿って行なわれた。もとの北川から二〇キロメートル離れた安県に新しい県城として「新北川」[5]が創建され、住民の集団移転が行なわれた。山東省の一七の県の対口支援により、新北川には新しく行政機関や住宅が建設されただけでなく、チャン（羌）族の民族文化観光・商業センターや山東産業パークなど、産業発展のための施設がつくられた。被災したチャン族地区は中国西部の低開発地域にあり、西部大開発[6]の対象とされてきた。震災前からインフラ建設や特色ある観光業の開発が進められ、出稼ぎや移住などで少しずつ人びととの生活が変容しつつあるなかで震災が起こり、開発が一気に推し進められることとなった。

他方、居住者のいなくなった「老北川」では、まず震災によってできた唐家山堰止湖が保護区に指定され、発災から二年後の二〇一〇年五月には、倒壊した建築物などを一・二平方キロメートルにわたって保存した北川老県城地震遺跡（以下、地震遺跡と表記）が一般公開された。また、五年後の二〇一三年五月には五・一二汶川特大地震紀念館（以下、地震紀念館と表記）と地震科学普及体験館（地震科普体験館）が開館した。さらに、周辺地域では、少数民族のチャン族、渓流下りや農園などの自然を観光資源とした北川チャン族観光エリア（北川羌城旅游区）の開発が進められていった。

2 地震遺跡

地震遺跡には、かつての北川が被災したままの状態で保存されている（写真1）。犠牲者の遺体は、発災後、感染症の蔓延を防ぐため、基礎工事で掘られていた深い穴に埋められた。その場所が現在では共同墓地となっており、政府の追悼行事などもここで開かれる（写真2）。行方不明者も合わせると二万人近い人びとが、今もこの地に眠っている。遺跡内には犠牲者への配慮を呼びかける小さな看板が、そこかしこに立てられている。また、弔いのための線

写真 1　北川地震遺跡の様子（田中孝枝撮影、2017年）

写真 2　地震遺跡の共同墓地。震災前、後ろには北川中学校があった（田中孝枝撮影、2017年）

香や蝋燭、爆竹、花を供えることのできるスペースが多くあり、こうした物品を販売する小さな店もある。

倒壊した建物の前には、倒壊前の写真と簡単な説明、そこで亡くなった人の数が記されている。警察署や銀行など公務員やそれに準ずる人びとが働いていた建物の前には、犠牲者の顔写真も掲げられている。また、奇跡的に助かった人や家族・友人を助けた人など「英雄の物語」を紹介する看板がところどころに立てられている。

成都市内の旅行会社では、地震遺跡がルートに入ったツアーが販売されており、ツアーの参加者たちは団体で地震遺跡を訪れ、短時間で去ってゆく。彼らは弔いとはかけ離れた雰囲気で、騒々しく倒壊した建物の間を通り過ぎてゆく。このように、地震遺跡は弔いと見学の二つの目的をもつ場となっている。

3　地震紀念館

地震紀念館は二階建てで、六つの展示エリアに分かれており、次の三つの効果をもつことが企図されている。(1)中国の発展の道のりとそのモデルの展示、(2)社会主義的な価値観の担い手の養成と実践、(3)地震の科学的研究と防災・減災教育の拠点になること、である。四川大地震後の復興を通して中国的な発展モデルや社会主義的価値観を展示・宣伝することを大きな目的としており、展示のキーワードは「抗震」である。抗震という言葉には、人びとが「震災に打ち克つ」という意味と「耐震」という二つの意味がある。四川大地震後の復興過程では、前者の意味での抗震、そして中国人民が心を一つに団結して震災という苦難を乗り越えることを意味する「抗震救済の精神」がキーワードになった。

館内に入ると最初に目に飛び込んでくるのは、当時の胡錦濤国家主席が被災地を訪問した際に人びとを鼓舞した「どんな困難も英雄である中国人民を打ち倒すことはできない」(任何困難都難不倒英雄的中国人民)という言葉の刻まれた碑である。その言葉の裏側には「抗震救済の精神」が刻まれている(写真3)。

紀念館で最も多くのスペースが割かれているのは、鉄軍、人民武装部、公安、武装警察、消防などによる救援活動とその成果である。当時使用された道具や各部隊の紅い旗が大量に展示されており、被災者を救助する軍服姿の人びとの写真と天井から吊り下がった無数の紅い旗に囲まれた洞窟を歩いているような気分になる。最後には、新北川をはじめ、災害後に創建された新しい街や住居、学校、病院が紹介され、いかに現代的で耐震性に優れ、かつてよりよいものになったかが強調される。「最も美しいのは民家」、「最も満足しているのは庶民」、「最も現代的なのは病院」、「最も安全なのは学校」というフレーズとともに大きな写真パネルが展示され、そこに写る人びとは満面の笑みを浮かべている。ここにはスピード復興を可能にしたとされる対口支援の具体的な役割分担表や当時の支援事業を指揮した事務所の看板なども展示されている。

そして「抗震救済と災害後再建の偉大な勝利」（抗震救災和災後重建的偉大勝利）がなし遂げられたことは、共産党、社会主義、改革開放、偉大な祖国、各民族の人民、人民軍といった「中国の特色ある社会主義の新たな勝利」であることが宣言され、展示は終わる。

写真３　胡錦濤国家主席の言葉を刻んだ碑
（田中孝枝撮影、2017年）

4　黒色旅游と紅色旅游

地震遺跡は当初、黒色旅游（ダークツーリズム）の資源として被災エリアの保存、周辺施設の開発が企図されたが、二〇一一年には全国紅色旅游経典景区、および全国愛国主義教育模範基地に指定された。紅色旅游（レッドツーリズム）とは、中国共産党に縁のある地をめぐる観光のことであり、二〇〇四年に「二〇〇四～二〇一〇年全国紅色旅游発展計画綱要」が出されて以降、紅色旅游重点旅游区、推奨ルート、景勝地の指定が進められてきた（張 2008）。二〇〇三年のＳＡＲＳで打撃を受けた国内観光業を立て直すための振興策であったが、中国共産党による社会主義教育・愛国主義教育が絡み合うかたちで急速に発展した。紅色旅游の対象の多くは抗日戦争（日中戦争）や国共内戦、中国共産党の指導者に関わるものであるが、紅色旅游景勝地の対象選定基準の一つには「全国各民族人民が共産党の指導の下に、愛国的統一戦線を樹立し、一心同体に、共通の敵に奮い立ち団結した奮闘精神を映し出す」というものがある（張 2008: 179）。北川チャン族観光エリアも地震という「敵」を前に中国共産党が偉大な指導力を発揮し、人民が団結した地として、紅色旅游の対象になっている。このように、四川大地震後の北川周辺の観光開発は、黒色旅游と紅色旅游が絡み合うかたちで進められた。

もっとも、中国では黒色旅游と紅色旅游は関連づけられることが多く、観光資源として重なる部分も少なくない。しかし、その多くは戦争や内戦などの人為的な災害に関わる場所であり、北川の例が興味深いのは、自然災害の被災地においても同様に、黒色旅游と紅色旅游が結びつけられている点である。先行研究では、戦争など人為的な災害をめぐるダークツーリズムにおいて敵や加害者、人びとの死が、いかに政治的に構築されるかが詳細に検討されてきたが、自然災害の被災地をめぐるツーリズムの政治性にはこれまで注意が払われてこなかった（Chen & Xu 2017）。北川の地震遺跡は、中国共産党のリーダーシップのもと、中国人民が「敵」である震災に打ち克ったことを記念する政治的な場なのである。

四　表象されるレジリエンス

地震紀念館の展示が印象づけようとするのは次の三つのメッセージである。第一に中国共産党の強い指導力である。これは展示パネルに明記されるとともに、展示のストーリーそのものの骨格となっている。展示されるのは発災から政府が復興達成を宣言するまでの二年半である。復興の時間は国家によって限定されていて現在につながるものではなく、そのことが共産党の強いリーダーシップというメッセージをより強化している。

第二に災害が開発・発展の機会になったことである。展示では、災害後に創られた新しい施設や設備がいかに災害前より近代的で科学的なものであるかがアピールされる。科学は自然をコントロールするものであり、「地震に打ち克つ」という自然への対抗的な姿勢が強調される。ここで示されるのは、開発から取り残されていた西部の少数民族エリアが災害によって発展したことであり、災害によって人びとはむしろ幸せになったことなのである。

第三に災害時の人びとの連帯である。軍による献身的な救助、全国からの支援、海外同胞や外国からの支援へと続く展示が人びとに追体験させるのは、非常時に生じた人びとの連帯である。こうした人びとの連帯が、共産党のもとでの国民の団結と同義に扱われ、ナショナリズムが喚起される。

このような中国独特の復興のストーリーにおいて示されているのは、災害という「影」の側面ではなく、共産党の強い指導力や開発・発展の機会としての震災、中国人民の連帯と団結といった「光」の方である。四川大地震の被災地は、紅色旅游という文脈で、災害に打ち克った中国共産党の「光」を示す場へと塗り替えられ、愛国主義と分ちがたく結びつけられたディザスター・ツーリズムが生み出されたのである。

このように、地震遺跡の保存と地震紀念館の展示は、共産党が率いる国家の立場から、復興を宣言した二年半という時点において、素早いインフラ開発による再建をマクロに切り取ることで、国家が大規模地震という脅威に対してレジリエントであることを示そうとしている。また、被災者たちは共産党の強いリーダーシップのもとで団結して地震に打ち克った国民として集合的に描かれることで、彼らもまた大規模地震という脅威に対してレジリエントな存在として表象されている。北川という被災の空間は、復旧できないものとして遺跡となり、地域の人びとは強制的に移住させられた。かつての生活の場は被災地として国家に回収され、震災という非日常は地震遺跡として過去のものになった。こうして被災地は災害に打ち克つナショナリズム、国家のレジリエンスを示す場として再構築されたのである。

ここで重要となるのは、誰が、何を、何のためにレジリエントであると認定するのかである。人類学の立場からレジリエンスについて考察したバリオスは、国連の用いるレジリエンス概念について次の四点を指摘している。(1)社会は常に変化しているにもかかわらず、衝撃を受ける以前の社会を安定した不変のものととらえていること、(2)災害に対する脆弱性は、植民地化などの歴史を経て生み出されたという政治性を覆い隠していること、(3)自然災害にも開発など人間の行為が影響していることから目を背けさせること、(4)「よりよい復興」は誰にとって、何のために行なわれるかによって多声的なものであるにもかかわらず、それを無視していることである（Barrios 2016）。レジリエンスを考察する際には、変化をどのようにとらえ、適応をいかに方向づけるかを決定する権力や権威の存在を無視することはできない。また、誰の立場から、どのようなタイムスパンでレジリエンスをとらえるかによっても、みえるものは異なってくる。「レジリエントであること」を語ることは、それを語る主体にとって不都合な「レジリエントでなかったこと」を覆い隠す可能性があるのだ。

五　生活再建のなかの観光

ここまでみてきたのは、国家主導で建設された地震遺跡と地震紀念館の展示が発信するメッセージである。しかし、近代的なインフラが素早く再建されても、人びとの生活が同じペースで再建されるわけではない。対口支援によって競うように建設された道路や学校、住宅が、住民にとっては過剰供給であったことも少なくない。観光は、国家政策において産業復興の柱の一つであるとともに、人びとにとっては住まいや生業など、生活の再建に深く関わるものであることから、ここでは観光を通してみえる国家のレジリエンスと生活再建のずれに光を当ててみたい。

震災後の生活再建において、観光は何よりも生計手段の一つとなった。老北川で被災した人びとのなかにも、地震遺跡や地震紀念館でガイドに従事したり、周辺で土産物店や飲食店を開いたりと、生計のために地震遺跡を生活の一部としている者もいる。老北川の元住民のガイドは、地震遺跡がかつて自分たちの生活の場であったことを理解していない訪問者が多く、「なぜ壊れて汚い建物をそのままにしているのか」と観光客の子供が親に尋ねるのを聞いて深く傷ついたことがあると話した。彼女が家族と住んでいたアパートは一部倒壊しているものの、外から部屋が確認できる状態で残っている。彼女は身近な家族を亡くしてはいないが、ここでガイドをするのは辛いといい、一年経たないうちに仕事をやめた。

他方、震源地の映秀鎮でガイドをするある女性は、弟と父、祖父母を震災で亡くした。彼女自身も、倒壊した小学校の下敷きになっていたところを叔父に助けられ、一命を取り留めた。犠牲者の遺体は裏山に掘られたいくつかの大きな穴に埋められたが、自分の家族がどこにいるかは分からないと、目に涙を浮かべながら話した。彼女はすでにガイドとして五年働いている。最初は涙で何も話すことができなかったが、最近では自分なりに話ができるようになったという。今でも辛いことに変わりはなく、出稼ぎをすることも考えたが、唯一残された家族である母親はこの地を離れたがらない。母親と一緒にいるために、ガイドの仕事を続けているという。彼女たちにとって地震遺跡は個人的な弔いの場であると同時に、見学の場でもあり、そこには単純ではない葛藤があるが、地震遺跡を見学の場にすることで生計を立て、生活再建の道を歩んでいる。

地震遺跡を資源とした観光開発という政府の方針には、

被災地区の住民だけでなく、外部の人びとからも、さまざまな疑問が投げかけられている。特に大きな議論を呼んだのは、北川地震遺跡での入場料の徴収である。二〇一一年十月二十六日『中国青年報』に掲載された文章が発端となり、追悼のための施設で入場料をとるのは、公共の利益、公衆の感情に反するという激しい批判が寄せられた。入場料の徴収により遺族が利用できなくなる可能性があること、また、災害を売り物にしていることが批判の論点となった。入場料の使途が不明確であったことも非難に拍車をかけ、入場料は徴収されなくなった。

このような観光の現場から明らかになるのは、地震遺跡にいくつかの矛盾が存在していることだ。まず、公的な弔いと私的な弔いである。地震遺跡は、地震という「敵」の犠牲になった国民を、国家が集合的に弔う場であると同時に、遺族が亡くなった個人を弔う場でもある。しかし、公務員など一部の人びとを除き、そこに個別の犠牲者の名はなく、家族の遺体がどこに埋められたのか、分からない人も少なくない。国家による公的な弔いの場であることが優先されることに対する人びとの大きな不満や批判が存在している。

また、訪問者は地震遺跡をみて学ぶことを目的としているとは限らず、観光地としての設備が整うほど、弔いの場としての雰囲気が損なわれることになる。地震遺跡が弔いと見学の二つの目的をもつ場であることの矛盾が、政府主導の震災復興の妥当性へと人びとの目を向けさせ、観光開発への批判という形で表面化するのだ。

四川大地震では死者の多くが学校にいた子供や教師であり、震災後は手抜き工事をめぐる激しい批判が巻き起こった。また、多くの人びとが亡くなった場所をそのまま遺跡とすることに対しても抵抗が続けられている。震災後に止めどなく噴出する政府への不満を封じ込めようとするのが、紅色旅游という愛国主義の論理なのだ。災害からの復興を可能にした「抗震」のナショナリズムは、中国のディザスター・ツーリズムを動かす大義の一つになっている。しかし、観光の現場では国家による地震遺跡の観光地化に対して疑問が投げかけられている。ツーリズムは共産党の愛国主義という論理によって、災害後復興のさまざまなほころびを覆い隠す一方で、政府の論理を疑問視する場を開いてもいるのである。

六　ツーリズムがつなぐもの

復興は終わりのないプロセスであり、被災地域の住民たちは災害後の新たな環境への適応の道筋を手探りで進んでいる。国家のレジリエンスは、国家が威信をかけて国外に示すものとなっており、国家主導の素早いレジリエンスが観光を通じて表象されることは、「国の光を示す」という観光の原義に照らすと当然のことともいえる。しかし、地震遺跡のツーリズムの現場は、国家のプロパガンダを喧伝する場として災害後復興で生じたさまざまな矛盾を覆い隠しているようでいて、じつは人びとと災害との接点をつくりだし、政府の強権的な復興政策を生活者の側から問う場にもなっている。ボレーは、東日本大震災後の記念碑の役割を考察するなかで、記念碑が記念行為や防災といった目的を達成するかどうかではなく、過ぎゆく時間のなかでその役割が変化するプロセス・状態をとらえることが重要であると述べる（ボレー 2018）。遺産の意味は現在において絶えず再構築されるものであり、それは地震遺跡においても同様である。地震遺跡は、国家が大規模自然災害に対してレジリエントであることを表象する場になっているが、そこで示される国家のレジリエンスは、生活者の視点からはレジリエンスとはいえないものである。ツーリズムは、政治、経済、文化とあらゆる領域を横断し、結びつけるものであるがゆえに、多様なアクターによる地震遺跡の意味づけがせめぎ合う場をつくりだし、そのずれを浮かび上がらせるのだ。災害からの復興は、国家のレベルと生活のレベルでずれを生じさせながら、一つの動的なプロセスとして進められていく。地震遺跡のツーリズムは、災害の意味が絶えず問い直される場をつくりだしており、多様なアクターがせめぎ合うなかで、その意味が変容するプロセスをとらえることが重要なのだ。

注

（1）本章では、「ツーリズム」と「観光」双方の言葉を用いるが、別概念として使い分けているのではなく、各文脈において日本語としてより自然なものを用いている。
（2）中国国内では汶川地震などいくつかの名称が用いられているが、本章では四川大地震を用いる。
（3）中国語の表記にならい「紀念」を用いる。
（4）地震遺跡や地震紀念館の内容については、田中（2020a）でより詳細に記述している。
（5）正式には「永昌鎮」と名付けられた。
（6）西部大開発とは、東部の沿海地域と西部の内陸地域の格差を縮小し、西部地域を経済発展させることを目的として、二〇〇〇年に開始された国家プロジェクトである。

参照文献

Barrios, R. E. 2016 "Resilience: A Commentary from the Vantage Point of Anthropology," *Annals of Anthropological Practice* 40(1): 28–38.

ボレー、S・P 2018「災害後の持続可能なコミュニティの構築に果たす記念碑の役割――東日本大震災と津波を事例に」高倉浩樹・山口睦編『震災後の地域文化と被災者の民俗誌』高棹健太訳、新泉社、pp. 163–180.

Chen, S. & H. Xu 2017 "From Fighting against Death to Commemorating the Dead at Tangshan Earthquake Heritage Sites," *Journal of Tourism and Cultural Change* 16(5): 552–573.

Lennon, J. & M. Foley 2000 *Dark Tourism: The Attraction of Death and Disaster*, Continuum.

松岡正子 2012「中国復興模式」『季刊民族学』138: 95–99.

大谷順子 2009「四川大地震に見る現代中国――阪神淡路大震災と福岡西方沖地震との比較を交えて」『九州大学アジア総合政策センター紀要』3: 23–37.

――― 2012「中国の災害復興政策――四川大地震から三年目の検証」『大阪大学大学院人間科学研究科紀要』38: 39–58.

田中孝枝 2020a『日中観光ビジネスの人類学――多文化職場のエスノグラフィ』東京大学出版会。

――― 2020b「中国・四川大地震後の地震遺跡とツーリズム」『文化人類学』85(2): 308–324.

張恩華 2008「中国の「紅色旅遊」――共産主義から消費主義へ、革命から余暇へ」『中国21』愛知大学現代中国学会編、風媒社、29: 161–182.

◇練習課題

災害によって生まれた遺産がツーリズムの対象になっている具体例を調べ、人びとがその地を訪れる理由について、あなたの考えを一〇〇〇字程度で述べなさい。

7章 無形文化遺産と防災

――東日本大震災における被災と復興

高倉浩樹

◇ねらい

近年、防災と文化遺産の関係が着目されている。災害人類学や無形文化遺産の研究、さらに国際防災政策の展開を追いながら、民俗芸能や祭礼など地域に継承されてきた無形文化遺産が防災にどのように役立つか、東日本大震災の事例を通して考える。

防災といえば、津波に備えて高台移転したり、食料を備蓄したりといった物質的な準備を思い浮かべる人がほとんどであろう。民俗芸能や祭礼は地域社会の伝統、あるいは娯楽であり、防災とは関係ないと多くの人は思うかもしれない。確かに、最近日本で頻出しているゲリラ降雨による水害のような場合、災害を防ぐのに必要なのは、正確な降雨予測と土壌崩落に係わるハザードマップであり、無形文化遺産は関係ないと思うだろう。しかし東日本大震災のような被害の規模が大きく、復興に長期間を要するような場合、災禍はたんに一過性の自然の外力によるものだけでない。経済や社会的な要素を含んだより複雑なものが長期にわたって人びとを苦しめることになる。

その意味では、災害が襲ってくるときに命を守るという点とより長期にわたって続く苦しみを緩和するという二つの点において、防災を考えることが必要である。災害を防ぐという点では、津波や地震が発生した時の予防や直後の対応と、災害後に長く続いてしまう困難や苦痛への対応、つまり、災禍の緩和の二つを考えなくてはいけない。無形文化遺産と防災というときの「災」は後者を中心に考えるというのが本章の出発点である。

一　文化や社会への視座

近年、災害リスク削減について、文化的・社会的な視座からの有効性をめぐって、さまざまな考察が行なわれてきた。その一つは、在来知――住民の間で受け継がれてきた特定の地域固有の知識あるいは知恵――に対する研究である。これは二〇〇四年のスマトラ島沖地震による津波被害がきっかけとなったといわれている。その代表例は、国連の組織である国際防災機関（ＵＮＤＲＲ）が二〇〇八年に刊行した報告書「災害リスク削減のための在来知――アジア太平洋地域の経験から学ぶ実践と教訓」であろう(1)。ここで災害リスク削減のための効果的な道具として、在来および地域の知識が着目されている。

現代的な感覚からすれば、在来知が本当に防災に役に立つのかと疑ってしまうかもしれない。しかしながら、ある特定の在来の知識は災害に明確に関連していることもまた事実である。この報告書のなかでは、新疆ウイグルにおける干魃に強い伝統的灌漑技術やカシミール地方の地震に強い伝統的家屋などが取り上げられている。それらを記述し、科学的観点から評価し、さらに文化を超えて適用できるかが検討される必要があるというのがその主張だった。

在来知に着目するのは、減災にかかわる技術と教育のコスト削減に有効だからである。全く新しい科学技術を導入するよりは、在来技術を再評価し、減災に向けて必要な情報を補足するというアプローチが可能であるし、また従来から知られている知識は全く新しいものよりは人びとにとって親しみやすく、行動実践により結びつきやすいからである。さらにそうした地域固有の防災効果をより普遍的なものにできるかどうかが重要なのである。

その成功例の一つは、「津波てんでんこ」であろう。これは岩手・三陸地方の伝承であり、東日本大震災後のマスコミの報道などで改めてその価値が着目されたことが知られている。津波の際には迅速な高所への避難こそが最優先されるべきであり、家族や兄弟であっても一緒に避難することなしに一人一人が素早く逃げることが命を救うという教えである。この知識は災害リスクマネジメントの必要性を先駆的に予見した知識として、防災科学の点からも評価されている（矢守 2012）。岩手の口頭伝承が、津波防災文化として国や地域を超えて活用することが可能となったからである。

社会科学の研究者の多くは、防災に関わり、物理的なインフラ整備よりも、社会的なインフラ、すなわち社会関係資本の重要性を指摘している。例えば政治学者のダニエル・アルドリッチ（2015）はネットワークや規範、信頼といったものが相互利益のための行動と協力を促進すると主張している。確かで信頼ある人間関係（社会関係資本）が充実していれば、結果として災害に対応する柔軟な対応力（レジリエンス）が生まれるのである。災害人類学を牽引するスザンヌ・ホフマンとアンソニー・オリバー＝スミス（2006）は、災害における脆弱性とレジリエンスについて、文化や社会から考えることは、政策的な議論につながると述べている。というのも、人びとは災害の危険について単なる受動的な被害者ではないからである。人びとがどう行動するか、どのような社会を作るのかによってリスクは増大したり、避けたりすることができるからである。

こうした考えは、近年の国際的な防災政策の潮流と軌を一にしている。例えば、国連の第二回国連防災世界会議は二〇〇五年に防災行動に関する国際的指針を定めた。採択文書である「兵庫行動枠組」では、災害の完全な予防を追求するよりも災害が来ることを前提にした減災の必要性が指摘されている。さらに、国だけではなく地域社会もレジリエンスの強化の対象となりうること、防災に係わる文化の構築の必要性が述べられているのが重要である。減災の担い手として地域社会が着目されていることはとりわけ肝要である。

二〇一五年の第三回国連防災世界会議で採択された「仙台防災枠組」では、災害リスク削減のために、経済・法・健康・技術などと並んで文化的手段を含む包括的・統合的な対策をとることの必要性が述べられている。ここでは減災を担うステークホルダーとして従来明記されてきた地域社会だけでなく、先住民族もその対象になり、さらに彼らの伝統知や在来知を災害リスク管理に取り込む必要性が指摘されている。そして、レジリエンス強化のために文化遺産を守ることが必要だといわれている。防災において、文化遺産は単に人びとが守る対象なのではなく、被災した人びとやその地域社会の災禍を防ぐ媒体として機能していることに注意が向けられるようになったのだ。

二　防災と有形文化遺産

ここであらためて文化遺産と自然災害の関係について振り返ってみよう。有形の文化遺産ならば、津波や噴火、台風によって被害を受ける可能性があるということは容易に想像できる。それゆえに、災害に備えての文化遺産の保護・保全策を立てるということが重要な政策課題となる。阪神淡路大震災や東日本大震災の後に、必要性が研究者らによって指摘されるようになった。例えば、日本学術会議は、二〇一四年に「文化財の次世代への確かな継承――災害を前提とした保護対策の構築をめざして」[2]という提言を公表している。このなかで、災害時に最優先される人命救出と比べて、文化財救出はその重要性は認識されるものの、組織的・行政的支援の体制が不足しており、国レベルの常設機関や専門家の配置が必要だと述べている[3]。

そうした一つとして、歴史文書に係わる資料レスキュー活動というのがある。農村の旧家などでは蔵に数百年分の文書が残されていることが多い。地震や津波などで蔵が被害を受けると、当然有形の文書は破損・汚損したりする。資料レスキューとは、研究者が行政や地域の人びとと協力し、被災者である持ち主に接触し、文書類を廃棄させずに、洗浄・修復・記録し、持ち主に戻す作業のことである。なぜこれが行なわれるかといえば、被災した文書群はその地域の歴史を示す重要で価値ある文化遺産だからである。文書群が失われることは、まだ読まれていない、つまり知られていない地域の歴史が喪失されることを意味する。

他方、このレスキュー活動は単に地域の歴史遺産の保護だけではなく、被災者たちの心理的・社会的支援にも貢献していることが指摘されている。というのも文書保全は、文書の個人的・社会的価値を確認することで、所有者の主体性と自尊感情を明確にするからである。特に家族の歴史が地域の歴史、さらにそれは国を含めた広い歴史とつながっていることを自覚できる点は重要である。また人びとには過去・現在・未来を見据えながら将来の展望が可能になる点が指摘されている。加えて、資料レスキューは、地域住民・ボランティア・研究者など専門家による協働がなくては実現できないことから、結果として被災地域の社会関係資本を強化することにも繋がる（荒武・高橋 2019）。このようにして有形の文化遺産の保全は、災害に対する地域社会のレジリエンスを強化するのである。

三　無形文化遺産

しかし、無形文化遺産はどうであろうか。形がないものであるがゆえに文化遺産そのものは自然災害で直接破壊されるわけでない。とすると、災害は関係ない、あるいは防災とは無関係と思われるかもしれない。そこであらためて無形文化遺産とは何かを考えてみたい。

無形文化遺産と有形文化遺産は単に無形と有形の違いだけでない。有形の文化遺産として比較的よく知られているのは、ユネスコの世界遺産の考え方（コラム2参照）である。そこでは世界遺産とは「顕著な普遍的価値」を有すると認められたものとされている。その評価をするのは専門家集団である。世界遺産の保護とは、破壊させずに次世代に継承していくことを意味する。それゆえに、有形文化遺産が改変されれば取り消しということもあり得る。事実、二〇二一年七月にイギリスのリバプールの港湾地区の世界遺産登録が抹消された。理由は再開発計画によって歴史的価値が損なわれると専門家に判断されたためである。つまり有形文化遺産の「形」の変更は許されないのである。

これに対し、無形文化遺産についてユネスコは「実践・表象・表現・知識及び技術ならびにそれらに関連する器具、オブジェ、器物、文化的空間であって、地域社会（communities）や集団、場合によっては個人がみずからの文化遺産の一部として認めるもの」と定義している。なぜこれが重要かというと、芸能や祭礼は文化の多様性を示す実例であり、異文化間の対話・交流にも役立つからである。これは世界遺産の「普遍的価値」とは異なっていることに留意する必要がある。また無形文化遺産には四つの性質があるとされる。それは(1)伝統的あるとともに現代的であること、(2)包括的であること、(3)代表的であること、(4)地域社会に基盤をおくということである。[4] 有形の文化遺産と異なり、無形文化遺産は生きている伝統であるがゆえに変化し更新されることが当然視され、（専門家だけではなく）無形文化遺産を担う地域社会の判断の重要性が強調されているのも特徴である（飯田 2017）。

自然災害は有形のモノを破壊するが、同時に無形文化遺産に関連する人びとやそれが行なわれる場所である文化的空間、そしてコミュニティに大きな被害をもたらす。そのことで知識や技能、技術は失われるかもしれない。こうした文脈において、私たちは無形文化遺産についても災害からの保護や保全の準備をする必要がある。一方で、有形の文化遺産と同様に、無形文化遺産が果たす防災の役割について考える余地がある。とりわけ、無形文化遺産が変化を当然視していること、人びとや空間・地域社会と離れがたく結びついていることは、有形の文化遺産とは別の形で防災の意義を考えなくてはならないことを示している。

四　東日本大震災

従来、文化遺産の研究者は自然災害に備えていかに保存・保全するかについて注意を払ってきた。これに対し東日本大震災は、無形文化遺産が災害によって被害を受けたとしてもそれは単に否定的な結果におわるのではなく、社会の創造性や新しい価値の形成を促す側面をもっていることを気づかせる機会となった（Littlejohn 2021）。その背景にはマスコミや研究者が着目した災害復興における民俗芸能や祭礼の実施がある。なぜこのような現象が生じたのか。その理由の一つは被災地の多くが農村部とくに一定の歴史的伝統をもつ小規模な沿岸集落に集中したという地理的な条件にある。もう一つは無形文化遺産のなかに慰霊に係わる宗教的な機能を備えていたことがある。

例えば、岩手県三陸地方の調査からは、仮設住宅に暮らす津波災害からの生存者が、自らの生活も十分再建されない状況のなかにあっても、犠牲者の魂を慰霊するための百日供養を二〇一一年五月から六月にかけて獅子踊りによって行なったことが報告されている（Hayashi 2012）。芸能などの無形文化遺産はそれを担うコミュニティが執行するか

写真１　津波被災地で披露される宮城県東松島市の大曲浜獅子舞　多くの観客が撮影しているのが分かる（小谷竜介撮影、2012年）

しないかを決める。文化遺産としての価値を社会に実現できるかどうかは、その担い手の人びと、そして彼らと密接に関わる別の人びととの関係にかかっているのだ。宮城県雄勝地域の調査では、避難所での神楽の公演は、地域社会の当事者たちにとっては緊急事態ならではの非日常的行動だったと認識されていた。それは場所もやり方も通常とは異なっていたからである。しかしそれが行なわれたことで、震災前のノーマルな感覚を当事者たちに再確認させたのである（Lahournat 2016）。

この「ノーマルな感覚」とは緊急事態下において「もう一つの時間」を喚起する効果である。というのも、被災した生存者は避難所のなかで自分たちの生活感覚を失っていくからである。その原因の一つは被災者に提示される「支援メニュー」にある。政府やNGO、NPO、ボランティアたちは、善意をもってそのメニューのなかから何らかの選択を被災者に迫り続けるのである。この過程は不可逆的で一方的に進められている時間である。福島の相馬野馬追の調査で指摘されたのは、そうした復興の時間に対して祭礼こそが震災前に人びとの間に存在していた回帰的な時間を思い出させ、被災する前の日常感覚を提供することだった（植田 2013）。筆者は福島県の双葉町といわき市の郷土芸能の調査を行なったが、そこで分かったのは地域社会のなかに埋め込まれてきた歴史文化的な深みの感覚を参加者たちが感じる事実だった。祖先から継承された文化遺産を身体的に経験することで、人びとは「いま・ここで」存在する社会的つながりとは別なものが過去に存在していたことを実感する。復興の対象となる地域社会について、現在の文脈だけでなく過去や未来とつなげて考えなければならないことを郷土芸能は人びとに示していたのである。このように無形文化遺産は、被災して混乱のなかにある人びとに対し、復興実務とは異なる代替的感覚を喚起させ、地域的文脈に根ざした創造的復興の機会を提供する可能性をもっている。

五　社会的つながりとツーリズム

災害と文化、文化遺産と災害について関係する先行研究を整理しながら、国際的な防災政策の潮流と呼応するかたちで、なぜ無形文化遺産が災害復興に貢献できるかについて考えてきた。重要なのは、無形文化遺産は有形の場合と異なりそのままの形を維持することが保全の前提になっていないことである。生きている伝統として、コミュニティ

写真2　震災後に宮城県坂元町の小学校で始まった「子ども神楽」教育　従来は別々だった中浜神楽と坂元神楽の二つの保存会が共同で講師を努めるなど、新しい無形文化遺産が出現しつつある（高倉浩樹撮影、2015年）。

自身が自ら変化・更新を決めていくという点に無形文化遺産の防災につながる鍵がある。これは地域社会が受動的に防災政策の対象になるのではなく、自らが防災を担うステークホルダーとなっていくからである。実際に、民俗芸能や祭礼は、地域社会が自ら歴史文化的構造を自覚する媒体であり、また災害後において被災前の日常性を喚起する力があり、さらに社会的結束力をもっている。それゆえに長期にわたって継続する災禍の苦しみに対応するための選択可能な資源となりうるのである。

とくに重要なのは、無形文化遺産のもつ社会結集力が、被災前からの地域社会だけでなく、災害に対応して新たに参入した行政・NGO／NPO、ボランティアにまで及ぶことである。本章で着目した民俗芸能や祭礼は宗教的行事であるが、同時に娯楽であるということは重要である。というのも、こうした無形文化遺産は、災害の有無にかかわらず、常に見る／見られるという関係、つまり観客という存在を前提とした文化的空間を構成しているからである（高倉・滝澤 2014: 220）。この点で被災した人びとが災禍に対応しようとする際に、無形文化遺産があれば、それを媒体にして外部との社会的つながりを作り出すことが可能となっている。本書1章で山下晋司は観光を通して災害経験を学ぶことの可能性を論じている。被災した無形文化遺産へのツーリズムがこれに加われば、防災の対象と担い手をより幅広い社会集団へ橋渡しすることができるかもしれない。

六　政策提言へ向けて

私は決して無形文化遺産が防災にとって万能だと言いたいわけではない。東日本大震災にあっても祭礼を無理に復活させないという選択も行なわれていた（高倉・滝澤 2014: 166）。つまり無形文化遺産を活用するかしないかはあくまで地域社会の選択だということである。その意味では防災において無形文化遺産は役立つかという問いは適切ではない。地域社会に防災・減災につながるような無形文化遺産があるかどうか、あるならばいかにしてそれが実現できるのかを考えていくことが肝要なのである。

防災政策を構想する際、行政はこのことを意識し、地域社会・市民組織・研究者などと連携を図ることが今後一層求められている。とりわけ過疎化・高齢化がすすむ地方の防災において、地域に伝承されてきた文化遺産の価値を再認識し、これを対策の一つのメニューに組み込むことは真剣に検討されてよい。ユネスコの無形文化遺産制度の理念はこの点において重要な指針となるはずである。こうした考えから防災政策を準備することは、国際的な防災政策の潮流とも合致し、また災害大国・日本として防災・減災のあり方をリードすることにつながるのではないかと思うのである。

注

（1）https://www.preventionweb.net/files/8072_3646IndigenousKnowledgeDRR.pdf（二〇二一年十二月十一日閲覧）

（2）http://www.scj.go.jp/ja/info/kohyo/pdf/kohyo-22-t193-6.pdf（二〇二一年十二月十一日閲覧）

（3）直接の因果関係は不明だが、二〇二〇年十月に国立文化財機構のなかに文化財防災センターが設立された。https://ch-drm.nich.go.jp/（二〇二一年十二月十一日閲覧）

（4）https://ich.unesco.org/en/what-is-intangible-heritage-00003（二〇二一年十二月十一日閲覧）

参照文献

荒武賢一郎・高橋陽一編 2019『古文書がつなぐ人と地域』東北大学出版会。

アルドリッチ、D・P 2015『災害復興におけるソーシャル・キャピタルの役割とは何か』石田祐・藤澤由和訳、ミネルヴァ書房。
Hayashi, I. 2012 "Folk performing art in the aftermath of the Great East Japan Earthquake," *Asian Anthropology* 11(1): 75-87.
ホフマン、スザンナ・M、A・オリヴァー＝スミス 2006『災害の人類学』明石書店。
飯田卓編 2017『文化遺産と生きる』臨川書店。
Lahournat, F. 2016 "Reviving tradition in disaster-affected communities: adaptation and continuity in the kagura of Ogatsu, Miyagi Prefecture," *Contemporary Japan* 28(2): 185-207.
Littlejohn, A. 2021 "The potential of intangible loss: reassembling heritage and reconstructing the social in post-disaster Japan," *Social Anthropology* 10: 1-16.
高倉浩樹・滝澤克彦編 2014『無形民俗文化財が被災するということ――東日本大震災と宮城県沿岸部地域社会の民俗誌』新泉社。
植田今日子 2013「なぜ大災害の非常事態下で祭礼は遂行されるのか」『社会学年報』42: 43-60.
矢守克也 2012「〈津波てんでんこ〉の四つの意味」『自然災害科学』31(1): 35-46.

◇練習課題

無形文化遺産のどのような性質が防災に貢献するのか、具体的事例を取り上げながら、一五〇〇字程度でその可能性を論じなさい。

8章 被災した歴史的建造物の復旧
――熊本地震のケースから

矢野和之

◇ねらい
歴史的建造物を失うことは、その地域の文化に根差した「品格」の消滅にほかならない。特に未指定の歴史的建造物は災害後に一気に解体され消滅してしまう。本章では、二〇一六年熊本地震の経験からその対策を考える。

熊本地震は、二〇一六年四月十四日二十一時四十五分に前震（マグニチュード六・五）が起き、次の夜十六日一時二十五分に本震（マグニチュード七・三）が起きるという内陸直下型地震であった。多くの指定・登録文化財、未指定文化財がこの本震で大きな被害にあった（写真1）。筆者は、震度七を記録した熊本県阿蘇郡西原村出身の文化財保存の専門家で、自分の家（登録有形文化財）が被災するというある意味で貴重な体験をした。

建造物の場合、国や地方指定文化財、または登録有形文化財については被災状況が速やかに把握され、多少時間がかかるにしても修理も確実に行なわれる。しかし、未指定文化財の場合は、歴史的建造物であっても災害後に解体されてしまうことは、これまでの地震災害でおきたことである。未指定文化財とは、国や地方自治体によって指定や登録はされていないが、文化財の価値を有するものである。文化財保護法改正（二〇一八年）において「未指定を含めた文化財をまちづくりの核とし、社会総がかりでその継承に取り組んでいることが必要」と記されているように、地域の文化を形成する重要なものである。熊本地震では、戦災を逃れた熊本市内の町屋、農村部の江戸後期から昭和初期にかけての古い住宅などが多く被災しており、歴史的建

写真1　倒壊した農家（熊本県阿蘇郡西原村）（矢野和之撮影、2016年）

造物を一気に失うことは、それまであった地域の「品格」の消滅にほかならない。

災害から守るべきものとして生命や財産、生活があるが、文化の継承も極めて重要な要素である。文化を形づくるベースとなる文化財は、被災後に速やかに復旧復興することが望ましい。被災前より文化的、経済的にもより良い環境となることが求められるが、本章ではそれを達成するために今回の熊本地震の経験を通じて見出された課題を整理する。

一　被災文化財支援の開始時期と復旧復興スケジュールの想定

筆者が所属する日本イコモス国内委員会は、地震後三週間過ぎて現地調査に入った。被災直後は人命の安全確保や生活支援が最優先され、その時点で被災調査に入っても邪魔な存在となる。二週間から一カ月後くらいが、被災した住宅などを解体するか修理するかの検討を開始する時期であると考えたからである。被災調査開始のタイミングは重要で、その後の復興支援を含めて適切なタイムラインを想定しておかなければならない。被災文化財建造物の場合はおそらく一、二カ月、遅くとも半年が限界で、それを越えると復旧への意欲が失われていく。被災後にはすぐに緊急危険度判定、罹災証明書判定のための被害認定の調査が入り、復旧支援、公費解体支援が動きだすので住民が何らかの選択をすることが求められるからである。

また、被災直後は、官民さまざまな機関がそれぞれバラバラに入っていた。これらの機関の情報を整理し統括できるよう、「被災文化財連絡調整会議」のようなものを予めつくっておき、調査および復旧復興のタイムライン、つまり初動期、応急期、復旧期、復興期のそれぞれ体制と行動内容を想定しておくことが不可欠である。この組織は、調査だけでなく復旧復興支援にそのまま移行できるようにしておくことも必要である。

未指定文化財修理などへの支援は、支援対象リストと支援制度が予め決まっていれば、被災一カ月以内には調査結果に応じて修理などの相談にのり始めることが可能である。これは初動期の被災者の安心と希望に繋がり、応急期には公的支援の形が明らかになって、復旧期に技術者の関与で具体的なスケジュールと資金計画などが見えてくる。指定文化財に近いスピードで対応できることにより、多くの歴史的建造物が救われることになる。

ただ、当時はこうした支援制度は確立しておらず、未指定文化財の支援方法が実質的に決まって発動したのは、地震一年後からであり、この間に多くの未指定文化財の歴史的建造物が失われていった。もちろん、これら文化財の復旧プロセスには生活再建と地域コミュニティの再興と一体となって進めなくてはならないのは当然で、被災時未指定であった西原村の宮山神社の復旧ができたのは、地域コミュニティが健全であったからにほかならない。

二　被災した文化財（歴史的建造物）の調査と復旧

被災した歴史的建造物の文化財指定などの種別ごとに、調査や復旧へのさまざまな動きがあった。

1　国指定文化財

熊本地震では国指定文化財の被災状況の報告は当該市町村から県を通じて文化庁へいち早くあがり、文化庁の係官も現地で確認し対応した。重文江藤家住宅、重文阿蘇神社などは、文化財建造物保存修理主任技術者（以下、主任技術者）を有する専門機関（文化財建造物保存技術協会、文化財保存計画協会など）が入り、国庫補助事業で順調に修理が進んでいる。ただし熊本城のように被害が甚大で、石垣の復旧が必要なものは、相当な時間がかかるであろう。災害復旧では国庫補助金の上乗せが図られているが、ケースによって柔軟な対応が必要である。

2　国登録有形文化財

登録文化財に関しては、当該市町村を通じて把握し、文化庁は係官を派遣して迅速に対応した。熊本地震では、今まで設計監理費の補助のみで工事費への補助がなかった登録有形文化財に対し、熊本県による「熊本地震被災文化財等復旧復興基金」（以下、「熊本地震復興基金」とする）（図1）から支援が得られるようになった。今後、災害時におけるこのような補助制度が常設されれば、登録文化財への登録モチベーションが高まっていくだろう。

修理の設計監理は、今後日本建築士会が展開するヘリテージマネージャーなどが担い、主任技術者が技術指導を行なうシステムが確立することが望ましい。ヘリテージマネージャーは、阪神淡路大震災後に登録文化財制度（一九九六年文化財保護法改正により創設）を支える人材として、兵庫県教育委員会と建築士会が養成講座を開講して定義づけしたもので、その後全国に広がった。主任技術者からヘリテージマネージャーへの技術移転がなされることで、平常

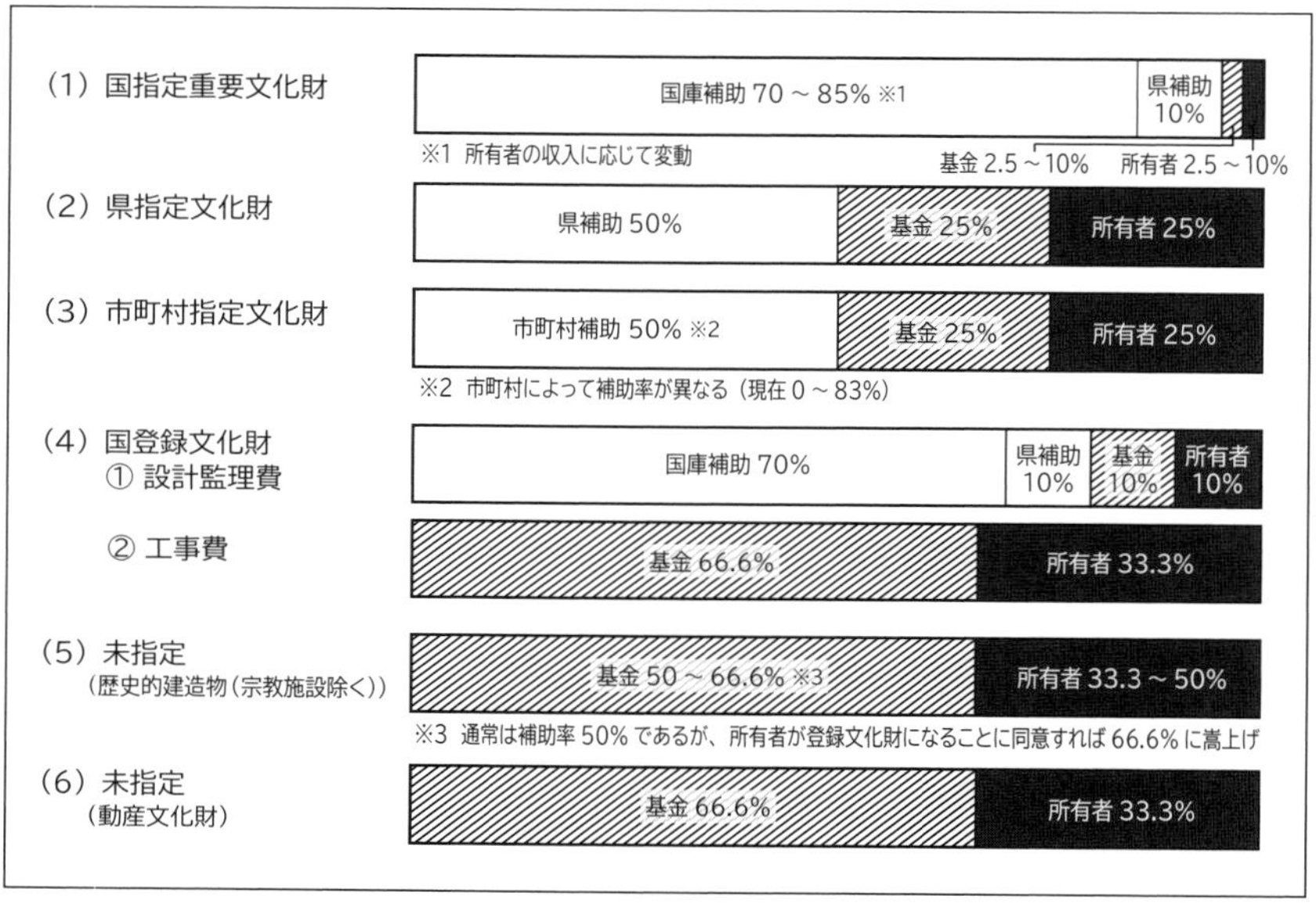

図1　文化財災害復旧への補助制度（民間所有者）の財源（熊本県第3回災害文化財等復興基金配分委員会資料〔2017年8月31日〕をもとに作成）

時の修理設計のレベルアップに寄与すると思われる。登録文化財のうち、現在まで熊本地震によって登録解除されたものはない。ただし、被災調査と修理設計までは終わったが、資金の面から修理工事が開始できていないものもあり、工事費が莫大なものに対しては基金からの補助の割り増しを考えないと、十分な修理はできないこととなりかねない。

3　地方指定文化財

熊本県や市町村指定に関しては、建造物の指定が財政的理由と専門職の少なさで進んでおらず、課題が浮き彫りにされていた。なかでも熊本県指定の民家は財政的理由から修理できずに指定が抹消されて解体された。これは地方指定文化財の災害対策が脆弱であったためといえる。このことから少なくとも地方指定文化財建造物の修理は、主任技術者などの専門家の関与および補助金の上乗せ、民間からの寄付や復旧・復興に関する基金を使えるようにすべきであろう。そうすれば、文化財修理で不可欠な記録と可逆性を十分に確保した修理となる。

今回、西原村の宮山神社や益城町の皆乗寺などのように急遽地方指定にして補助を得て、寺院や神社の建造物を修理することが可能になったが（写真2①〜③）、今後、地方指定文化財を拡充するためにも注目すべき事例である。

4　景観重要建造物、景観形成建造物など

指定文化財ではないが、景観保全や街並み保全を目的とした制度のなかに、対象になる建造物に対する外観の修理や修景への支援がある。これまでは支援額が少なく、地震などの災害復旧には有効ではないと考えられていたが、これらの制度で地震前に修理を行なった町屋などの被害が少ないことが判明しており、蟻害などを受けた構造に関わる部分の修理が幸いしていたものと考えられる。ただしこの支援を受けていても解体された建造物もある。今後、指定物件の復旧支援のあり方を再考し、景観行政と文化財保護行政が連携できる仕組みが必要だと思われる。

5　未指定文化財

熊本地震の場合、被災の多くが未指定・未登録の建造物であった。このため、町屋や農家などの住宅や近世社寺建築が大きな被害を受けた。これら未指定文化財を救うために「熊本地震復興基金」が力を発揮した。それは、将来登録文化財にすることを同意した場合には三分の二、そのほかの場合には二分の一の補助が得られるという画期的な制

①　**被災時は未指定**（苅谷勇雅撮影、2016年）

②　**被災したなかでの子供相撲大会**（矢野和之撮影、2017年）

③　**村指定後修理工事竣工**
工事中の調査によって享保20（1735）年の建造と判明（武田学撮影、2021年）

写真２　宮山神社（熊本県阿蘇郡西原村）

度で、これにより救われたものも多い。もっとも、所有者の高齢化により、将来的には地方指定および国指定文化財を目指すべき重要な建造物が解体されてしまった例があり、さらなる補助の割り増しが必要である。このほか、熊本市では独自に未指定の町屋などの復旧支援のため、熊本市町並み復旧支援事業を創設したことは評価できるので、今後被災前ないし被災直後に運用できるようにしておくことが望まれる。

なお、地震後には未指定文化財の被災把握が早急に行なわれる必要がある。熊本地震では文化庁補助事業で「近代和風建築総合調査」（明治以降に伝統的技法および意匠を用いてつくられた住宅・公共建築・宗教建築の悉皆〔全数〕調査）の途中であったため、町屋や古い住宅についてはある程度のリストが作成されており、これが、被災状況の把握には一定の力を発揮した。しかし、調査中であったため、そのリストにはまだ多くの漏れがあった。近世社寺建築調査なども前回の調査が四十年ほど前であったため、十分把握されていなかった。このため、現在京都府で進めている歴史的建造物の暫定登録文化財制度のようなリスト作成を都道府県の主導の下、市町村単位で進めおくことが必要である。熊本を代表する明治時代の商業・住宅建築である吉田松花堂のように、未指定でありながら、国や県の指定文化財級の価値があるものが含まれている。また、これらの未指定文化財リスト、暫定登録文化財リストの作成を文化財保存活用地域計画のなかに義務づける必要がある。

三　既存の復旧復興に関わる制度の課題

熊本地震では、既存の復旧復興制度が文化財保存にとって妨げとなっていることが散見された。その課題と今後の運用について考えてみよう。

1　応急危険度判定

被災文化財の応急危険度判定とは、余震などによる被災建造物の倒壊や部材の落下などから生じる二次被害を防止し、住民の安全を確保するために、被害状況を調査して情報提供を行なうものである。「危険」（赤紙）、「要注意」（黄色紙）、「調査済」（緑紙）の三段階がある。人命に関わる二次災害防止を目的とする応急危険度判定そのものを否定することではないが、「危険」とされた建物が倒壊寸前との誤解も多く、家屋の被害程度を表わす罹災証明の「全壊」と混同され、解体への決断を後押しするケースもあった。このことから、「危険」の付帯説明には「この建物がすぐに倒壊することを意味することではなく、立ち入る場合には専門家と相談して応急処置をしてください」というような文言を付け加えることが必要だと思われる。

2　罹災証明と公費解体

罹災証明書は、生活再建支援に必要で、家屋被害認定調査を受ける必要がある。罹災区分には「全壊」（五〇％以上）、「大規模半壊」（四〇％以上〜五〇％未満）、「半壊」（二〇％以上四〇％未満）、「一部損壊」（二〇％未満）があり、この判定によって被災者は義援金や生活再建支援金の交付を受けることができる。

罹災判定が「全壊」および「大規模半壊」の場合は、公費で解体できるが、熊本地震の場合「半壊」でも公費解体が可能となった。「半壊」程度では制度上修理の補助が少ないが、「半壊」でも解体すれば「全壊世帯」として補助金が一挙に増すことになり、所有者にとっては朗報であったと思われる。被災者の高齢化と相まって公費解体を選択するケースが多かったため、この制度によって失われていった未指定の歴史的建造物もある。こうしたことから被災住民のための施策は慎重に運用することが望まれる。

修理して住宅や店舗などへ再び活用できることが木造建造物の特徴で、経済的にも理に適っていることを所有者に理解してもらうことが必要である。そのためには魅力的な活用事例を提示する必要がある。益城町では被災した伝統的住宅を修理して観光に供する試みなど新たな取り組みがなされている。

3　建築基準法

歴史的建造物のなかには現在の建築基準法を満たしていない既存不適格のものが多く存在する。大規模修理の場合、新たに建築基準法に則る必要がある。市街地の場合、「防火地域」「準防火地域」内にある場合が多いが、建築基準法に適合しようとすると、木部の不燃化などでオリジナルの形態や仕様が損なわれてしまう。

国指定の場合、建築基準法第三条第一項一・二号により同法から除外され、地方指定の場合、第一項三号の除外規定が利用できる。登録文化財や景観重要建造物、未指定文化財などに関しては、同じく第一項第三号のいわゆる「その他条例」があって初めて除外規定の利用が可能となる。「その他条例」とは、地方公共団体が定める条例（例　京都市歴史的建造物の保存及び活用に関する条例）である。これによって現状変更の規制および保存のための措置がなされている建築物で、特定行政庁が建築審査会の同意を得て指定した場合に適用除外が可能である。そのため、被災前からこのような条例を整備しておくことが必要である。

四　行政機関の役割と課題

文化庁、都道府県、市町村ともに災害時に対応できる制度があるが、必ずしも十分ではなく、担当職員も限られており、その改善に早急に取り組む必要がある。そのなかで都道府県をまたぐ広域の連携については予め取り決めを十分検討しておく必要がある。

1　国（文化庁など）

国指定、国登録の場合は速やかに報告があがり、復旧も速やかに行なわれた。そのほかの未指定文化財は文化財ドクター派遣事業によってヘリテージマネージャーによる調査が行なわれた。なお、文化財ドクター派遣事業とは、文化庁が行なった、熊本地震で被害を受けた「文化財建造物復旧支援事業」の通称である。これは、未指定を含めた歴史的建造物の被害状況調査と技術的アドバイスを行なう制度で、東日本大震災を契機としている。日本建築学会・土木学会や建築士連合会など、官民が協力するこの制度をもっと進化させるとともに、ヘリテージマネージャーの全国的な底上げを行なうことが必要である。

建造物などの不動産を対象とした文化財ドクター制度に対して、動産を対象とした文化財レスキュー制度がある。この制度は、阪神淡路大震災後に始まり、文化庁主導で被災した動産文化財を緊急に保全するため、博物館・美術館および大学などの専門家の協力を得て行なっている。二つの制度は熊本地震でも別々の動きであったが、被災した歴史的建造物のなかには、美術工芸品や歴史資料を有する例が多く、専門家間で密に情報交換をしていくべきである。加えて、災害時の対応は文化庁の係官だけでは不十分で、一時的に増員できるよう災害を受けていない都道府県の専門職員の応援などのシステムを構築しておく必要がある。

熊本地震では、登録文化財や未指定文化財への支援のための「熊本地震復興基金」が熊本県に設置されたが、本来は国に設けられるべきである。この基金創設への道筋を示し、速やかな実行を求めたい。

2　都道府県

教育委員会の文化財担当部局には、考古学の専門家が多く、有形文化財、特に建造物の専門家が圧倒的に少ない。そのため文化財ドクター制度や文化財レスキュー制度の運用、「熊本地震復興基金」の運用などに支障をきたさないよう人員強化が必要である。また、他都道府県からの応援システムでは、被害の範囲や特性に応じた専門家の人数などを把握しておく必要がある。都道府県がつくる「文化財保存活用大綱」に、防災・災害発生時の対応を明記し、それが実行するに相応しい内容であることが求められる。

3　市町村

都道府県と同じく、災害時に歴史的建造物の専門家がいないか少ないことが顕在化した。市町村が都道府県と連携して被災後の復旧復興の方針、計画策定の指針作りに参加し、支援の具体的行動を予め決めておくことが望ましい。熊本地震後の益城町や西原村の取り組みにみるように、未指定のものを市町村指定文化財として修理の推進などの課題解決を図ることが望ましい。今後「文化財保存活用地域計画」（コラム6参照）を作成するにあたり、災害時の具体的対応や人員配置、体制強化を明確にしておくことが重要である。

五　民間組織などの役割

民間には、大学などの研究機関、日本建築学会、日本建築士会連合会、日本建築家協会、日本イコモスなどのＮＧＯ、コンサルタントなどの専門家が存在するが、被災直後には各機関が個々に調査に入った。どのように分担して調査をするか、行政を交えて予め調整が必要である。また、復旧に関する相談は、技術的なことだけでなく被災者に寄り添った活動になるよう、地域に根付いた建築家、専門家が前面に出てくることが望ましい。

1　地元の建築士、工務店など

屋根のシート掛けのためのブルーシートの提供など、文化財の被災直後の緊急処置に関しては、まず行政が役割をはたすことが重要である。しかし実際には生活支援や危険回避が優先され、文化財までは手が回らず、各所有者にほぼ委ねられていたため、被災後に建物の十分な養生ができなかったものも多かった。地元の建築士や工務店またはボランティアなど民間の協力体制をつくり、予め行動マニュアルを行政でつくっておく必要がある。

被災者は、災害後日ごろ付き合いのある建築士や工務店に相談するケースが多いが、相談相手がいない場合も多い。被災直後には建設関係者が多忙を極め、対応できないことが多かった。特に未指定のものでもリストに載っている建造物の被災者に寄り添う専門家を予め想定しておく必要がある。このためにも、中間支援組織が重要な役割を果たす。

2 中間支援組織

熊本地震では「NPO法人熊本まちなみトラスト」という中間支援組織の活動が大きな力を発揮した。熊本まちなみトラストは、旧第一銀行熊本支店の保存を契機に設立された団体で、熊本地震では地域に寄り添った活動を展開し、未指定の文化財の保存に多くの成果を出している。また、熊本市川尻地区でも地域に根付いた活動をしている建築家や建築士による支援がなされた。住民と日ごろ密接なかかわりをもつことにより、初期段階からの素早い支援が可能となる。このような組織や個人を育成し、情報交流システムを行政も交えてつくっておく必要がある。

3 行政と大学等研究機関・民間支援機関のコラボレーション

災害の想定は難しく、事前に被害を十分に予想できるものではない。このため、災害後の被災調査、復旧復興のための行動は、各機関がバラバラになりやすい。国、都道府県、市町村および大学などの研究機関、さらには民間の支援機関間のコラボレーションをスムーズに行なうための組織を常設しておくことが必要である。なお、研究者の被災調査は重要であるが、その調査を一過性のものにしてはならず、必ず被災者への還元を心がけることが望まれる。

4 ヘリテージマネージャーの役割

今回の熊本地震では、文化庁が日本建築士連合会に文化財ドクター派遣事業を委託し、熊本県内と周辺県の建築士会メンバー、特にヘリテージマネージャーを動員して歴史的建造物を中心とした被災調査を行なった。事前に周辺県の建築士会と協定が結ばれていたため、これまでの被災地と異なり、文化財ドクターの活動を割と早い段階から始められた。これらのヘリテージマネージャーが、その後の修理の設計監理に携わるのが望ましいが、被災者に寄り添う存在であるためには、できる限り地元での活動経歴がある人が担当する必要がある。

熊本地震では、文化財ドクターとしての被災調査事業から、「熊本地震復興基金」などを利用した設計監理事業へ移行した際に、多少の混乱が生じた。そのため、調査と設計担当者選定方法についてのルールを予め決めておくことが望ましい。

5　災害ボランティア

建物の崩壊防止、雨漏り防止などの緊急処置に関しては、大工、左官などの職能団体、建築士などの広範囲にわたる数々の団体がボランティア活動を行なって成果を上げた。また、日本財団は熊本にボランティア活動のための支部を設けて活動した。これらのボランティア・メンバーには、支援対象のなかに未指定の文化財があり、取扱いに注意を要することを周知しておくことが必要で、文化財の扱いに関する基本的知識をまとめた小冊子を作成し、配布するなどの方法が考えられる。このことは、緊急支援に入る自衛隊の隊員などに関しても同様といえる。また、文化財復旧に関してのボランティア活動の調整統括方法については、市町村により行政横断的に決めておく必要がある。

六　新たな支援制度と民間からの支援

東日本大震災では、政府に復興庁を設置し、各方面の支援が現在でも続けられている。一方、熊本地震は復興庁の事業対象にはならなかったが、政府による熊本地震への復興・復旧予算が一カ月後に成立し、その後二度の補正が行なわれた。文化財修理への支出も期待されたが、地域コミュニティの核となる神社などに補助ベースで五百万円（一千万円の二分の一）を上限とするのみであったので、小規模の祠程度のものにしか使えず、大量の未指定文化財、特に歴史的建造物が危機に瀕することとなった。

このため、今回の熊本地震では熊本県に「熊本地震復興基金」を設置し、登録文化財、未指定文化財に対する保存修理への助成が行なわれている。これは今までにない画期的な制度で、危機に瀕した未指定文化財の保存修理に貢献している。しかしながらその決定および施行が実質的には地震発生一年後であったため、その間に公費解体された歴史的建造物も多かった。

その点、被災後いち早く利用できたのは、東日本大震災で創設された中小企業に対する復旧・復興を国と県が支援する「中小企業等グループ補助金」（現なりわい再建支援補助金）で、設計監理費および工事費には七〇％の補助金が可能であった。ただし、町屋を例にすると店舗部分には使えても、住宅部分は対象外ということで建築全体には補助が出ないので、「熊本地震復興基金」と併用する必要があった。

激甚災害に認定を受けるほど被災が甚大で広範囲に及ぶ場合に備えて、文化財（特に未指定文化財）の復旧に迅速に対応できる常設の基金を用意するべきである。未指定の場合は補助を出す根拠付けが必要であるが、運用面で国が対応できない場合は、民間機関に資金をプールして迅速に対応できるようにするべきである。

そのほか、文化財保護・芸術研究助成財団（熊本地震被災文化財復旧支援事業）や日本財団（災害復興支援特別基金）、WMF（ワールドモニュメント財団／米国）などの財団が支援制度を設けた。WMFは、ニューヨークに拠点を置き、歴史的建造物や文化遺産の保存に取り組んでいる非営利団体で、東日本大震災での助成のほか、熊本地震でも古町地区の歴史的建造物の保存に対する助成を熊本まちなみトラストと連携して行なった。

復興復旧を支援したいと考える個人や団体・会社もあるが、これらは一般的にはあまり知られていないため、可能性のある財団などの情報を国や都道府県が予めリスト化しておく必要がある。

七　文化財保存支援のあり方

災害後に起きる文化財保存の支援のあり方、特に未指定文化財建造物の保存については、阪神淡路大震災後に制度がないなかで官民一体となって多くの努力がなされ、少なからずの歴史的建造物が救われた。東日本大震災時には既にあった登録文化財制度が被災文化財の状況把握に役立った。新潟県中越地震（二〇〇四年）、中越沖地震（二〇〇七年）、能登半島地震（二〇〇七年）などの経験をへて、文化財の修理への資金の補助・助成、専門家などの人的援助などの復旧に関する仕組みが徐々に整備されてきている。

これらは文化財担当者やまちづくり担当者、そして民間有志の連携と努力によって達成されたものだが、それでも十分とは言い難く、過去と同じ課題や問題が繰り返し現われている。熊本地震では新たに「熊本地震復興基金」の創設など進化した部分もある一方、新たな課題も明確になってきた。本章は現在、復旧復興の最終段階にある今、必ず起こるであろう次の災害に備えての提言を筆者がまとめたものである。今後の制度設計のための法律・条令の整備に資することができたら幸いである。復興を通じて地震前よりもよりよい歴史的・文化的環境が育まれることを望みたい。

参照文献

日本イコモス国内委員会編 2019『二〇一六年熊本地震日本イコモス報告書――文化財の被害状況と復旧・復興への提言』日本イコモス国内委員会（日本イコモスＨＰでも掲載）

◇練習課題

被災文化財の復旧復興に自分がどのように貢献できるかを考えなさい。

9章 レジリエントな観光
――インドネシア・バリの世界遺産とコミュニティ・ベースト・ツーリズム

岩原紘伊

◇ねらい
保全と開発のあいだで生じる矛盾を乗り越える方法として今注目されているのが、コミュニティ・ベースト・ツーリズム（CBT）である。本章ではインドネシア・バリの世界遺産区域でおこなわれているCBTに焦点を当て、レジリエントな観光の構築にどのように影響しているかを考える。

ユネスコの世界遺産は、人気の高い観光資源である。ひとたびある文化遺産が世界遺産に登録されると、周辺区域の観光地化が促進される。だが、観光開発はしばしば無制御に行なわれ、遺産の価値を損なう脅威として問題視されてきた。この世界遺産登録にともなう保全と開発という矛盾を解決するための方法としてユネスコが推奨しているのが、コミュニティ・ベースト・ツーリズム（以下CBT）である。本章では、二〇一二年に世界文化遺産として登録されたインドネシア・バリ州の「文化的景観」としてのスバック（subak）――棚田による灌漑システム――を取り上げ、世界遺産登録後の急速な観光開発のなかで、CBTがどのようにコミュニティのレジリエンスの構築と結びつき、レジリエントな観光の創出に貢献できるのかについて学ぶ。

一　レジリエンス

1　レジリエンス

レジリエンスとは「回復力」、あるいは「変化に対する適応力」と定義され（コラム3参照）、近年開発パラダイムにおいて持続可能な開発を補完する開発モデルとして関心を集めている。というのも、「持続可能性」を目標とするだけでは気候変動や人口増加にともなうリスク、グローバル化といった変化に対応しきれないとされるからだ（Lew et al 2016: 19–20）。そうしたなかで強調されるようになったのが、コミュニティのレジリエンスの構築であり、前述のユネスコによるＣＢＴの推進もその影響を大きく受けている。

　コミュニティ・レジリエンスとは、環境破壊や経済的変動、そしてインフラ開発などさまざまな変化に適応するコミュニティのプロセスと理解される（Bec, Moyle, Moyle and Keast 2018: 168）。そのためＣＢＴがどのように導入されようとしているのかを検討することが、バリの世界遺産指定区域におけるコミュニティのレジリエンスの構築のあり方を理解するために必要になってくる。

　二〇一五年、ユネスコは東南アジア地域における世界遺産管理戦略として「文化の力」（Power of Culture）を打ち出し、バリはそのパイロット・プロジェクト区域に指定された[1]。その主軸となっているのは、観光開発の脅威に打ち勝つ能力をもつ世界遺産区域の構築である（UNESCO 2016）。バリでは観光開発の弊害が深刻化しており、「観光災害」ともいえるような状況を生みだしている。これに対してユネスコは、スバック・コミュニティ（灌漑運営組織）を世界遺産の保護者として位置づけ、ＣＢＴへの参加を通して世界遺産管理能力を強化する必要性を訴えている。「レジリエントな観光」としてのＣＢＴが登場してくるのはこのようなコンテクストにおいてである。

2　観光と農業

　バリはインドネシア随一の国際観光地としてよく知られている。二〇一八年にはバリ州の人口の一・五倍に当たる約六〇〇万人もの国際観光客が訪れている。そうしたなかで加速化した観光開発はバリ経済の成長をもたらしたが、同時にバリの環境や文化に大きな弊害をもたらしている。とりわけ農業部門への影響は大きい。

　第一に、観光開発がもたらす農業用水不足が挙げられる。バリのホテルでは一日一部屋当たり地元住民の使用量の二倍から三倍に相当する四〇〇から五〇〇リットルの水が使用されているといわれる（Budarma 2012）。このため近年、観光客が多い乾季には、観光地が集中するバリ南部地域の水田は干上がり、コメの収穫に大きな損害が生じている。第二に、地価の上昇によって水田を維持することが困難になっていることが挙げられる。観光施設建設用地の需要が加速し、南部地域を中心に地価が高騰している。そのため水田が売却されることが相次ぎ、今日では都市部と農村部を合わせて一年に一〇〇〇ヘクタールの水田が減少しているとされる。

こうしたことからスバックに基づいたバリの農業の将来は経済的には明るいとはいえない。しかし、二〇〇二年に観光地クタで発生した爆弾テロ事件をきっかけに（後述の通り）文化としての農業が再評価され始めている。「文化的景観」としてのスバックの世界文化遺産登録はこうした流れのなかでおこなわれた。次に世界文化遺産となったスバックについて見てみよう。

二　スバック

1　世界文化遺産としてのスバック

二〇一二年、世界遺産委員会において「バリ州の文化的景観――トリ・ヒタ・カラナ（Tri Hita Karana）の哲学を具現したスバック・システム」がインドネシアの新たな世界遺産として登録された。ここでいう文化的景観とは、人間と自然との相互作用から形成された景観のことで、世界遺産の登録基準が見直されるなかで一九九二年に新たに設定されたカテゴリーである。棚田は世界遺産登録されたバリの文化的景観の代表的構成資産である。

世界遺産としてのバリの棚田景観に特異性を付与しているのがトリ・ヒタ・カラナというバリ・ヒンドゥの哲学である。トリ・ヒタ・カラナとは、サンスクリット語で「よいものを生み出す三つの要素」を意味し、人間、神々、環境という三つの領域の調和と均衡であると理解されている（Pickel-Chevalier and Budarma 2016: 10）。スバックの実践は、トリ・ヒタ・カラナの哲学を具現したバリ文化の基礎として評価されるようになっており、世界遺産登録はそれにお墨付きを与えたものといえる。

2　スバックの実践とその変容

バリに暮らす人びとの多くは伝統的に水稲耕作に従事してきた。水稲耕作において最も重要な組織がスバックと呼ばれる灌漑組織である。今日のスバックの主たる活動は、(1)成員（クラマ・スバック）への水の割り当て、(2)灌漑設備の維持・補修、(3)寺院における共同祭祀などである。特徴的なのは祭祀、すなわち儀礼実践が水稲耕作を効率化させるための技術と一対になっており、スバックの活動が実践されてきた点である（Lansing 2007）。

スバックはスハルト政権下（一九六六〜一九九八年）における農業政策により近代化され、農業実践から組織運営のあり方までバリ州内で均一化されてきた。とりわけ「緑の革命」と一九八〇年代から行なわれるようになった行政主催のスバック・コンテストの影響が大きい。緑の革命を通して、在来種栽培は高収量品種栽培にとって代わられ二期作ではなく三期作が行なわれるようになった。その結果、在来種とは異なるタイミングで儀礼が実践されるようになっている。また、スバック・コンテストへの参加を通じて、スバックは行政制度により一様に管理される対象となった。そのため各スバック固有の知識ではなく、公的に規定された知識のなかで水稲耕作が実践されるようになっている。

先述のトリ・ヒタ・カラナの哲学が、バリ文化の基礎として特に強調されるようになったのは、二〇〇二年の爆弾テロ事件をきっかけに展開された文化復興運動「アジェグ・バリ」（Ajeg Bali）を通してである。「アジェグ」はバリ語で「強固な」や「正しい」を意味する。興味深いのは、バリの人びとは爆弾テロ事件を、宗教的な責務や道徳的価値を忘れ、観光の利益を過剰に追いかけていることが「神の怒り」をかったと解釈した点である（Picard 2009: 99）。それゆえ、バリの知識人たちは、観光に頼りすぎるのでは

図1　バリ州地図

なく、本来の生業である農業とのバランスをとった経済成長を目指すべきであると提唱するようになった（Picard 2009: 100）。

そのような場で提案されるのが、CBTの推進であり、アジェグ・バリで見直された農村文化をアピールする観光の導入であった。こうした動きは、行政やNGOによるスバック・コミュニティ支援にも大きく影響し、スバック・コミュニティに観光という現象に対して意識的になることを促している。以下では、それをバトゥカル山保護区に含まれるタバナン県ジャティルウィ村のスバックを例に見てみたい（図1）。

三　タバナン県ジャティルウィ村のスバック

1　スバック・ジャティルウィ

タバナン県ジャティルウィ村は、バリ島中央部に位置するバトゥカル山の麓の海抜約八百メートルに位置し、見わたすかぎりの「棚田」が特徴的である（写真1）。二〇一五年のジャティルウィ村の人口は約二千八百人。ジャティルウィ村における唯一のスバックであるスバック・ジャティルウィはバトゥカル山を水源とする水系から約三百平方

写真1　ジャティルウィ村の棚田（岩原紘伊撮影、2013年）

メートルの水田を対象に水を配分している。スバック・ジャティルウィには二〇一七年現在、テンペックと呼ばれる[2]七つのグループがあり、農地を所有する約五百三十名の成員から構成されている。スバック・ジャティルウィの水田稲作の特徴として、スハルト期に高収量品種を導入せず、在来種である赤米の栽培を継続してきたことが挙げられる。そのためスバック・ジャティルウィは、バリの農業文化を引き継ぐ正統的な存在といわれるようになっている。

2　ジャティルウィ村における観光の展開

ジャティルウィ村の観光開発は世界遺産登録前の一九九〇年代まで遡るが、当時村の農民にとって観光客は棚田景観を見に来て通り過ぎるだけの存在であった。しかし、二〇一二年にこの村のスバックが世界遺産に登録されて以来、その様相は変容し始める。世界遺産登録前の二〇〇八年にジャティルウィ村を訪れた外国人観光客は約二万四千人であったが、二〇一六年には約二一万三千人へと急増した。また、二〇一五年頃から散歩道が整備され、観光客は近くで棚田を眺めたり、あぜ道に入ったりするようになった（写真2）。また景観が良い場所にレストランも立ち並ぶようになった。こうした急速な観光化に対してタバナン県政

写真2　ジャティルウィの観光客（山下晋司撮影、2013年）

府は中央政府から警告を受け、二〇一三年に入場料、駐車料などジャティルウィ観光に関わる料金を設定し徴収するジャティルウィ観光運営組織がジャティルウィ村の一つの部署として設立された。

その一方で、スバックの農業実践こそ棚田景観維持の基礎であるにもかかわらず、スバックは州や県政府の施策や意思決定から取り残されている（Wardana 2019: 148-149）。また、観光運営組織により徴収された料金収入は、タバナン県（四五％）とジャティルウィ村（五五％）で分配され、スバックへの観光収入の割り当ては全体の約一一％とわずかである。このため行政が主導する観光開発のあり方に不満をもつ農民も少なくない。

四　エコウィサタ・スラナディ

世界遺産登録後の二〇一四年末、国際環境NGOサンダナ・インスティチュート（以下サンダナ）の働きかけにより、スバック・ジャティルウィを構成するグループの一つであるGUテンペックにおいてエコツーリズムを推進するためのグループ、エコウィサタ・スラナディ（以下スラナディ）が設立された。GUテンペックの成員となっている男性一五名とその妻たちがメンバーとなっている。スラナディが提供しているエコツアーは、(1)スバックについてのストーリーテリング、(2)ガイド付きの田圃トレッキング、(3)農民宅でのホームステイ（村落生活の体験）、(4)滝ツアーなどである。

スラナディの代表は、GUテンペック長を長年務め、スバック・ジャティルウィの運営にも関わってきたS氏（六十代）である。S氏は一九九〇年代から村落生活体験を希望する観光客を自宅にホームステイさせてきた経験をもつ。農作業のなかで気候の変化や土地の浸食などを肌で感じていたというS氏は、NGOのプロジェクトに関わるなかで住民主体のエコツーリズムの導入が、環境保全や文化保全だけではなく、スバックに関する知識を維持・伝達する手段となると考えるようになったという。

ここで問題にしたいのは、エコツアーがスバックに関する知識の維持・伝達手段と捉えられている点である。スラナディの活動は、一般の観光客というよりスバックについて学ぶことを目的とするNGOの研修などで利用されている。こうした機会にスラナディのメンバーが集まり、研修の参加者に自らの暮らしや農業について語ったりする。S氏はスバック・ジャティルウィの伝説や村の田植えに関する決まりについての知識を披露する。

S氏はこうした農業と密接に関わる文化的な知識が世代間で受け継がれなくなっていることをスバック・システムの継承に対する脅威と捉えている。そのために、スバックに関する文化的な知識をストーリーとして語ることに取り組んでいるのである。上意下達となりがちな行政主導の観光開発では、農民の間で受け継がれる知識や意図を組み込み観光プログラムを作ることは難しい。しかし、住民を巻き込むことで展開されるCBTであればその可能性は多分に広がる。

世界遺産登録を機に観光開発が急速に進み、農業の衰退が近い将来、ジャティルウィ村でも起こる可能性がある。そのような事態に備えて、S氏は自らの文化に意識的になり、スバック・システムの継承・維持に責任をもって取り組むことができるコミュニティの構築が必要であると考えている。S氏の働きかけにより、GUテンペックではCBTに積極的に取り組むスバック・コミュニティが新たに構築されているのである。

五　NGOの関与

次に問題にしたいのは、NGOがCBTの設立に関与することの意味である。S氏個人の活動が組織的なものへと展開していったのは、サンダナがエコツアーを通してコミュニティの再組織化を図ろうとしたことに始まる。二〇〇三年に設立されたサンダナは東南アジアにおけるレジリエントなコミュニティの育成を通して環境保護と社会正義を達成することを基本理念としてきた。

そのサンダナがジャティルウィ村のスバックを対象としてCBT開発に本格的に携わることになったのは、スウェーデンの非営利組織であるストックホルム環境研究所（SEI）がバトゥカル山保護区における住民主体型世界遺産管理プログラムの開発をインドネシア政府から依頼されたことによる（SEI 2015）。これには世界遺産登録時にインドネシア政府によってユネスコに提出された地区の保全・管理計画が、計画どおり実行できていなかったという背景がある。加えて、タバナン県政府は二〇一九年にはジャティルウィ村の水田に観光客用のヘリポートを建設する計画を立てるなどマスツーリズムにも高い関心を寄せてきた。(3) つまり、ユネスコの方針とは逆にジャティルウィ観光はマスツーリズム化する可能性を孕んでいたのである。

サンダナはSEIによるプログラム実施の担当組織とし

て、スバックの遺産管理能力向上を目的に、グループ・ディスカッションや地域資源を認識するための地図作成トレーニングなどを実施した（SEI 2015: 14-15）。観光地化が進むジャティルウィ村ではスバックを主体とするエコツーリズムが企画され、サンダナとスラナディの間でスバックにかかわる知識をどのように観光に活用できるかといった議論が重ねられた。その結果設定されたのが、先述のツアープログラムであった。

ただし、サンダナも自由にスラナディの設立・活動に関与しているわけではない。サンダナは、SEIのプログラム実施担当組織であり、SEIのプログラム目標を達成できるよう行動することが求められる。それはインドネシア政府の依頼内容に即して設計され、ユネスコが目指す観光開発の圧力や脅威を乗り越えられる遺産区域の構築に寄与するものでなくてはならない（UNESCO 2016）。すなわち、サンダナはユネスコの遺産管理戦略を現場へ持ち込み定着させようとするアクターでもあるのだ。

六　CBT実践者としての意識化

スハルト政権崩壊後のインドネシアにおいてCBTはNGOによる村落開発の手段として広く用いられるようになっており、ジャティルウィ村におけるCBTはこうした流れのなかで導入された。重要なのは、NGOがスバックについて学ぼうとする観光客を連れてくる点である。NGOの研修では、スバックに関する知識を一方的に観光客に伝達するのではなく、ともに学び考えることでスバックの成員たち自身も農業や文化に関する自らの見方や理解を新たにしていくことになる。

こうしたツアーは、スラナディのメンバーに「私たちはCBTを実践しているスバック・コミュニティである」と自覚させる機会になる。そうした自覚を促すのが、マスツーリズムとは別様の目的をもつNGO研修の参加者たちなのである。彼らはCBTを標榜するスラナディのツアーに関心をもっている。そのため、スラナディのメンバーたちは研修の間、CBTを実践するスバック・コミュニティとして参加者たちから注目され、適切に振る舞うことが求められる。このような経験の積み重ねが、CBTの実践者としての自意識を強めていくことになるのだ。

世界遺産登録を契機に観光開発が加速化し、その負の影響が意識されるなかで、ホームステイをジャティルウィ観光の基本とするという考え方がスバック・ジャティルウィの成員の間でも共有され始めている。ジャティルウィ村では、水路が老朽化し、洪水などで壊れ、農業用水が時折不足する事態が生じている。このことから、観光開発によって南部バリの農民が直面しているような農業用水不足が起きるのではないかと、農民たちは懸念している。こうした日々の農業実践のなかで認識される脅威が、ジャティルウィ村の人びとにＣＢＴに関心をもつことを促している。

七　レジリエントな観光としてのＣＢＴ

本章では、ＣＢＴを通したコミュニティのレジリエンスの構築について、ジャティルウィ村を事例に説明してきた。ユネスコやインドネシア政府、ＮＧＯといった外部アクターは、ジャティルウィ村における急速な観光開発を、棚田景観の世界遺産としての価値の保全と維持に対する脅威と認識し、ＣＢＴを、住民の遺産管理の能力を向上させると同時に持続可能な観光を実現するための対応策として見出した。スバック・コミュニティ内部でも、それに呼応したコミュニティ・リーダーの働きかけによって、ＣＢＴを介したスバック文化の再評価や再意識化が起きている。こうしたスバック・コミュニティの動きの背景には、ジャティルウィ村におけるマスツーリズム化による農業への弊害に対する農民の意識の高まりがある。

本章で明らかになったことは、災害の意識化が、コミュニティのＣＢＴ実践への動員を促す要因となっていることであった。ただ、人びとがどのようにＣＢＴに取り組むかは、外部アクターとの関わりや自己の日常実践を取り巻く変化にどれほど意識的になるか否かによって異なってくる。それゆえ、ＣＢＴ実践がコミュニティのレジリエンスの強化にどの程度つながるかは、より長いスパンで捉えていく必要がある。

注

（1）UNESCO. http://www.unesco.or.id/publication/clt/project_brochure.pdf 二〇二〇年二月三日閲覧。

（2）多くの成員を擁するスバックでは、テンペックと呼ばれる下部組織があり、テンペック長が実質的なリーダーとなっている。スバック・ジャティルウィには七つのテンペックがあり、ＧＵテンペックはその一つである。

（3）ユネスコや中央政府の強い反発によりタバナン県知事はヘリポート建設計画を中止した。https://bali.tribunnews.com/2019/04/24/kemendikbud-surati-bupati-tabanan-terkait-pembangunan-helipad-di-jatiluwih. 二〇二〇年三月三

十一日閲覧。

参考文献

Bec, A. Moyle, B., Moyle, C and Keast, R. 2018 “Strategy for Building Community Resilience to Long term Structural Change in the Mackay and Whitsunday Regions of Queensland, Australia,” Joseph M. Cheer and A. A. Lew (eds.), *Tourism, Resilience and Sustainability*, Routledge, pp. 167–183.

Budarma, I K. 2012 “Akulturasi Antara Budaya Wisatawandan Masyarakat Lokal Dalam Kepariwisataan Bali,” E-Journal Udayana University. ojs.unud.ac.id/index.php/jip/article/view/3677/2705. 二〇二〇年一月二十四日閲覧.

岩原紘伊 2020「バリの文化的景観——世界遺産とコミュニティのレジリエンス」『文化人類学』85(2): 290–307.

Lew, A. A. et al. 2016 “Community Sustainability and Resilience: Similarities, Differences and Indicators,” *Tourism Geographies* 18(1): 18–27.

Lansing, S. 2009 *Priests and Programmers: Technologies of Power in the Engineered Landscape of Bali*, Princeton University Press.

Picard, M. 2009 “From ‘Kebalian’ to ‘Ajeg Bali’: Tourism and Balinese Identity in the Aftermath of the Kuta Bombing,” Michael Hitchcock, Victor King and Michael Parnwell (eds.), *Tourism in Southeast Asia: Challenges and New Directions*, University of Hawaii Press, pp. 99–131.

Pickel-Chevalier, S. and K. Budarma 2016 “Towards Sustainable Tourism in Bali: A Western Paradigm in the Face of Balinese Cultural Uniqueness,” *Mondes du Tourisme* 12: 1–22.

Stockholm Environmental Institute (SEI) 2015 Managing a Living Cultural Landscape: Bali’s Subaks and the UNESCO World Heritage Site. https://mediamanager.sei.org/documents/Publications/SEI-PR- 2015-05-Bali-Cultural-Landscape.pdf. 二〇二〇年一月九日閲覧.

UNESCO 2016 Sustainable Tourism Development Strategy. https://unesdoc.unesco.org/ark:/48223/pf0000260977. 二〇二〇年二月十八日閲覧.

Wardana, A. 2019 *Contemporary Bali: Contested Space and Governance*, Springer.

◇練習課題

世界遺産登録にともなう観光開発の弊害について具体的な事例をとりあげ、ＣＢＴは観光災害の防災にどのように貢献できるか、あなたの考えを一〇〇〇字程度で述べなさい。

コラム４　被災後再建された文化遺産のオーセンティシティ

被災後再建された文化遺産は、価値があるのか。文化圏や遺産分野によって、答えは違う。価値を担保する基準概念として、世界遺産条約では条約作業指針に基づき、オーセンティシティ（真実性、真正性）とインテグリティ（完全性）で判断する。その運用は、一九七二年の条約成立以来、西欧石造建築中心の価値体系に基づいていた。しかし、日本参加後の一九九四年にユネスコ奈良会議で「オーセンティシティに関する奈良ドキュメント」(1)が採択され、西欧と異なる文化圏も視野に文化的多様性の尊重が条約運用の基礎となった。

オーセンティシティの評価項目では、それまでの四項目（意匠・材料・技術・環境）に三項目（機能・精神・その他）が追加され、石造建築のような材料保持が前提の文化圏だけでなく、脆弱材料の木造建築などの文化圏での評価が容易となった。これ以後、アジア・アフリカの無形価値の多い世界遺産登録が増加した。二〇一〇年に全焼したウガンダの世界遺産ブガンダ王墓は、大きな茅葺き半円ドーム構造であるが、登録解除はせず、日本の茅葺きや防災施設などの技術と資金の支援で再建された。茅など材料は新しくなるがほかの全ての真実性の評価項目は維持でき、価値の減少は少ないとイコモスが判断したため再建が可能となった。

写真１　焼け落ちた根津神社社殿（『重要文化財根津神社本殿幣殿拝殿（戦災復旧）修理工事報告書』1959年より）

写真２　現在の根津神社拝殿（益田兼房撮影、2020年）

日本の場合、第二次大戦の空襲で二百棟以上の国宝建造物を失ったが、半焼ながら戦災復旧された例に東京の根津神社がある（写真１）。一九四五年三月十日東京空襲で根津も延焼した。権現造の屋根内部で火が拡大し、全体が上から燃え始めた。消防団の消火活動の効果で、半分焼失状態でくい止め、終戦となった。一七〇六年建立の社殿は漆塗りで、装飾的部材は無傷だった。占領軍の指定解除要求はあったが、占領終了後に再建した（写真２）。文部省の担

写真3　焼け落ちた金閣寺（『再建金閣』鹿苑寺、1956年、より）

写真4　再建され世界遺産に登録された金閣寺（益田兼房撮影、2005年）

当官だった大岡實博士は再建可能と考え、国家神道再建を疑う占領軍を、最後は"because I love this building"と説得し、後に日本で唯一の戦災復旧修理工事報告書を刊行した。

もう一つの例、京都の国宝金閣は一三九七年の建立で、一九五〇年七月二日、放火で全焼し、国宝建造物としては価値を失ったので指定解除された（写真3）。しかし、明治の解体修理で百枚余の詳細図面が京都府文化財保護課に保管されており、新築再建は可能であることが分かった。そこで景観意匠価値を優先する名勝分野「鹿苑寺庭園」の一部として、国庫補助で一九五五年に再建され、一九九四年に世界遺産登録された（写真4）。名勝庭園分野では、植栽など素材は変化するので意匠の真実性を最も重視する。六百年前の技術が残る素材を重視する建造物分野とは、真実性概念が異なる。文化圏別・遺産分野別のオーセンティシティ概念の多様性について、世界各地で研究中である。

その意味で、二〇一九年のパリ・ノートルダム大聖堂と首里城の火災は、ともに世界遺産としての災害復旧再建のオーセンティシティを比較考察検討するうえで、重要な機会となった。石造建築文化圏のフランスで、十二世紀創建時の木造小屋組の本格的修復が可能か問われている。首里城の場合は、戦災復旧の正殿は世界遺産か否か、史跡と名勝の差は何かなど、国内外の議論があり、有形無形の総合的価値が問われている。二〇二二年三月に日仏専門家シンポジウムがあり、その基礎的資料[2]が公開されていて、参考となる。（益田兼房）

注

（1）　イコモス宣言決議 https://icomosjapan.org/icomos6/　二〇二二年四月二十日閲覧。

（2）　「パリ・ノートルダム大聖堂と首里城」二〇一九年の火災を超えて 復元と文化遺産の価値を考える・日仏シンポジウム・ウエブ展覧会リンク https://www.notredame-shurijo.com/index.shtml　二〇二二年四月二十日閲覧。

コラム5　世界遺産の被災状況

被災の要因

世界遺産の被災に関するニュースを目の当たりにする機会が、年々増えているように思う。二〇一九年には、火災によってパリ・ノートルダム大聖堂の木造屋根が焼失し、同年国内でも首里城跡の正殿などを消失している。また、ヴェネツィア（「ヴェネツィアとその潟」）では水位上昇と地盤沈下による被害を克服できない状況が続いている。そして二〇〇一年のタリバン政権による立像仏二体（「バーミヤン渓谷の文化的景観と古代遺跡群谷の岩壁」）の爆破は、衝撃的なニュースとして記憶に新しい。二〇二二年現在では、日々のニュースでウクライナの街が破壊される惨状が放映され、相当数の文化遺産も危機に瀕していることが予想される。

このように遺産が直面している脅威は、地震、台風、豪雨などの自然災害ばかりでなく、都市開発や観光開発による景観の悪化のほか、密漁や違法伐採による環境破壊や紛争・戦争などの人的災害も大きな要因となっている。そのなかでも特に昨今では、気候変動による文化遺産への影響が、地球規模の喫緊の課題として注視されており、積極的に対応しようとする動きも出てきている。日本国内でも、記録的な豪雨による文化財の浸水や土砂崩れなどの被災を経験していることから、気候変動の大きさが前例のないレベルとなり、遺産への影響も多大になっていることが、身近な問題として感じられるのではないだろうか。

気候変動による影響

例えば、氷河の融解が山岳地帯の景観を劇的に変化させる可能性があることや、海水温の変化と海中の二酸化炭素濃度の上昇がサンゴの白化現象を促進してサンゴの広範囲の死滅を引き起こすことが懸念されている。また、地中に埋まっている考古学的証拠は、洪水の増加、降水量の変化、永久凍土の融解などによって土壌の層が変化した場合には急速に失われる可能性があるという。さらに、海岸沿いの低地に位置する文化遺産は、海面上昇や海岸浸食によってその保全が脅かされている。

こうした影響を懸念した世界遺産センターは、二〇〇五年に気候変動が世界遺産に与える影響について評価を開始している。二〇〇七年には、*Case Studies on Climate Change and World Heritage* を発表し、二六の世界遺産をとりあげてモニタリングし、適切な適応策を計画するための調査を進めている。そのなかには、ヴェネツィアやグレートバリアリーフも含まれるが、これらは次に説明する危機遺産リストには記載されていない（二〇二一年現在）。

危機遺産リストとその有効性

さまざまな危機に直面している遺産に対して、ユネスコは、世界遺産が誕生（一九七八年）した翌年から、それらを「危機遺産リスト」（危機にさらされている世界遺産リスト）に記載して公表している。このリストに記載された遺産は、文化遺産や自然遺産にかかわらず、大規模な保存事業が求められ、援助が要請されている遺産として周知されることになる。同時に、遺産の保有国は保全計画を作成し、その実行が求められるわけだが、その際には世界遺産基金の活用や各国政府・民間機関などからの財政・技術的援助を受けることも可能となる。

しかしながら、ウォーターフロントの大規模開発が理由で二〇一二年から危機遺産リストに記載されていたイギリスの世界遺産「海商都市リヴァプール」（二〇〇四年登録）などは、都市計画を所管する省に開発を止める意思もないことから、二〇二一年の世界遺産委員会で世界遺産リストから削除されている。

一方で、危機遺産の登録要件が整っているにもかかわらず、危機遺産リストに記載されないケースもある。ヴェネツィアでは、海面上昇の問題に対して、住民による危機管理体制の充実をはかっていることや防潮システムの工事の進捗状況がイタリア政府から報告されている。そしてむしろ喫緊の課題は観光対策であるが、大型クルーズ船のサンマルコ湾への入港制限を強化することで観光をコントロールするとしている。

また、グレートバリアリーフでは危機遺産リストへの記載の要件は満たされているものの、国境を超える気候変動問題が原因となって記載されていない。つまり、危機遺産リストへの記載を通して、国際社会にこの問題を訴えていこうとする事務局・助言機関（イコモス）の意思に対して、国は気候変動対策への政治批判に利用されることを懸念している可能性があると思われる（稲葉 2021）。

このように、危機遺産リストへの記載を自国への批判と捉えて抵抗する国は多く、被災したあるいは被災している遺産を守るための仕組みは、なかなか有効に機能していない点が、大きな課題となっている。

（狩野朋子）

参照文献

Colette, Augustin et. al. 2007 *Case Studies on Climate Change and World Heritage*. UNESCO World Heritage Centre.

稲葉信子 2021『ICOMOS Japan information』11期10号、pp. 14–15.

コラム6　文化財保存活用地域計画
——災害時の支援を容易にするために

「文化財保存活用地域計画」とは、文化財保護法改正の下、文化庁が進める各地方公共団体が策定する計画で、取り組んでいく目標や取り組みの具体的な内容を記載した、文化財の保存活用に関する基本的アクションプランと位置付けられている。これは、将来的なビジョンや具体的な事業などの計画を定めるものである。これらの計画のなかに以下のような項目について被災文化財の把握や復旧のあり方や体制などを予めまとめておくことが必要である。

(1)　未指定も含めた文化財のリストづくり

動産・不動産を問わず、事前のリストづくりが復旧復興には不可欠であることは熊本地震で証明されたが、文化財保存活用地域計画にリストづくりとその後のモニタリング（経過観察・記録）についても明記しておく。

(2)　面的保全のための群的把握

単体としてのリストだけでなく、伝統的建造物群や文化的景観という視点で、歴史的・文化的に価値のある地区の面的なリストが必要である。熊本市の新町・古町地区や川尻地区などの場合は、被災前に把握されていたことが復旧復興に役立っている。そのモニタリングについても明記しておく。

(3)　被災後の復旧・復興計画

災害後に必要な復旧・復興へのプロセスを予め想定したプログラムが必要であるが、このことを「文化財保存活用地域計画」や「歴史的風致維持向上計画」に明記し、すぐさま事業を開始できるようにしておく。

(4)　復旧後の活用に関する仕組み

住宅や店舗など被災前と同じ機能で活用され続けることが望ましいが、それが不可能な時には機能を変えて存続をはかることも考えられる。このためには、文化財部局だけでなく、観光部局などと協力する形で、被災後の商業活動や観光振興に関する目標を設定し、速やかな支援を行なえるようにしておくことが必要である。

(5)　防災・減災計画

地震をはじめとする風水害などの自然災害に対応するために、文化財の防災・減災に関する計画を文化財の種類ごと、地域ごとに検討し、市町村がつくる「地域防災計画」や「文化財保存活用地域計画」のなかに、詳しく明記することが必要である。さらには、ハザードマップと文化財の位置を重ねた地図も予め作成しておくことが望ましい。　（矢野和之）

コラム7　東日本大震災における無形文化遺産の被災

無形文化遺産の被災地を訪れる

　東日本大震災からひと月が過ぎた（二〇一一年）四月中旬、岩手県を訪れた。当時は現在のような文化財保護の仕事をしておらず、レスキューでもなく被災地に足を踏み入れることは憚られた時期であった。向かったのは内陸部の北上市。神楽が演じられる神社祭礼を訪ねたのだが、この神楽の実施にあたっては、地元でも相当な議論が重ねられたという。現在でこそ、復興のために民俗芸能を演じることは当然のように思われているが、震災直後の時期はそうではなかった。祭礼行事は自粛が当然であり、被災地で四月に開催を強行した花見イベントは、ＳＮＳでの大炎上を招いた。この後、東京をはじめ関東近県でも、祭礼はのきなみ中止となっていく。電力や警備人員の不足などもあったが、何より日本人全体が受けた精神的なダメージが大きな原因であった。この状況は、新型コロナウイルス感染下の状況にも少し似ている。

　沿岸にまで足を踏み入れたのは、震災から百日を経た六月であった。百か日法要が各地で営まれたこの日、大船渡市のある地区では被災した鹿踊りが供養の踊りを捧げた。三陸沿岸部に多い鹿踊りや剣舞などの民俗芸能は、元来が盆の供養を目的としている。だからこそ演じなければという思いに至ったのであろう。もちろんその前提として、この地域の人々が芸能好きだということもある。「財産すべてを流されたけど、芸能まで失いたくない」という声が出る地域だからこそ、いち早い芸能再開が可能だったのかもしれない。

　やがて迎えた八月盆の頃には、そうした民俗芸能が各地で演じられるようになっていた。マスコミにも多く取り上げられ、震災復興の象徴となった。その結果、こうした無形文化遺産の復活を対象とした民間支援も増えていった。日本財団、企業メセナ協議会、ワールドモニュメント財団など、規模の大きな支援も始まっている。

女川町の「獅子振り」

　八月盆には、岩手から宮城まで三陸沿岸を回った。なかでも衝撃的だったのは、宮城県の女川町である。中心部はもとより、リアス式海岸の入江にある小さな集落の一つ一つが全壊しており、それぞれの集落に伝承されていた「獅子振り(ふ)」（獅子舞）も失われていた。

　この獅子は、集落の住人にとって、精神的なよりどころになっていた。ある地区では、避難先のホテルで、そこにあった座布団と空き缶で獅子頭を作り、即興の獅子振りを演じたことで勇気づけられたという。これは後に、「座布団獅子」として有名になった。またこの地区はその後仮設住宅に移ったものの、避難先が広範囲に分散してしまい、住民同士が顔

写真１　震災後に獅子頭が復元された竹浦地区の獅子振り　左に「座布団獅子」（久保田裕道撮影、2019年）

を合わせる機会が失われてしまった。再会できるのは、正月の獅子振りと四月末の祭礼だけであり、まさに無形文化遺産が住民結束の要を担っていたといえる。

十年を経た被災地から

幸いなことに女川の獅子振りは、支援により多くの獅子頭が新調された（写真１）。それから毎年、正月の獅子振りを見続けてきたが、十年を経て被災時の問題がすべて解決したかというとそうではない。やはり問題の根幹は、地域の人口流出と少子高齢化とにある。被災地では、それが従来よりも加速したかたちで示されたのである。「せっかく獅子頭を新調してもらったけど、それを舞う若者が帰ってきません」と、ある地区の区長はつぶやく。

高台移転がほぼ完了した現在、各地区の人口は半分以下になり、しかも高齢化が進んでいる。この問題は決して震災にだけ起因するものではないが、一方でまた震災から連続する問題でもある。無形文化遺産の被災という問題は、修復して完了とはならないのである。災害から十年を経ても問題は継続し、それはまた日本全国の無形文化遺産が共通して抱える問題でもあるのだ。

（久保田裕道）

第三部

文化遺産の防災・減災

10章 ネパール・パタンの歴史地区
——震災後の住民へのヒアリング調査から

大窪健之

◇ねらい

伝統的な中庭型集住体を形成し、震災直後に世界文化遺産である中庭空間が避難場所として活用されていたカトマンズ・パタン地区を対象に、地区住民に対するヒアリング調査を行ない、「文化遺産の特性を活かした災害時応急対応の可能性」を物理的・社会的な側面から考察する。住民たちの声を拾い上げるためのヒアリング調査の手法についても理解を深めてほしい。

一　ネパール・ゴルカ地震と世界文化遺産パタン歴史地区

ネパールはインドプレートとユーラシアプレートが衝突している場所に位置しており、大地震が起こりやすい場所にある。一九三四年にはマグニチュード八・四の大地震が発生し、全土に壊滅的被害をもたらした。近年では二〇一五年四月二十五日正午前にマグニチュード七・八のゴルカ地震が発生し、被害は死者八八五六人、負傷者二万二三〇九人、全壊した建物は六〇万四九三〇棟に及んだ。また約一カ月後の五月十二日正午過ぎにもマグニチュード七・三の大規模な余震が発生したことで被害が拡大する事態となった。しかしネパールでは経済的な面において、防災や減災対策のための大規模なハードウェア対策への投資は困難であり、伝統的中庭空間や地域コミュニティなど、既存の環境資源とソフトウェア対策を活かした防災計画や教育が急務となっている。

一九三四年の震災時の避難生活については、伝統的な中庭をはじめとする共用空間が避難場所として利用されたことが知られている（サキャラタ・大窪 2014）。しかし、近年では都市化によって空間の構成や利用形態、人びとの生活習慣が変化しつつあり、共用空間を取り巻く社会的背景も変化している。このため今回の地震時には伝統的な中庭空間がどのように利用されたのか、地域住民へのヒアリング調査を基に記録して利用実態や課題点を整理することを目標に調査した(1)。これにより防災面での伝統的な中庭空間の有用性を明らかにできれば、従来は困難と考えられていた伝統的な密集市街地における文化的価値保全と災害安全性の両立というジレンマに対して、歴史的空間の保全とそれを活かした防災計画を検討する上で有用な知見を得られる可能性がある。

本章では、震災後の住民に対して行なったヒアリング調査を紹介し、この調査手法の有効性を示してみたい。というのも、これは人びとの考えや経験を知り、被災現場の「減災の文化」を考えていくために欠かせない調査手法だからある。以下は、ネパールの歴史地区を対象とした調査事例である。

二　世界文化遺産パタン歴史地区

1　対象地域の概要

パタン地区は、ネパール連邦民主共和国のバグマティ県ラリトプル市に位置している。旧市街地は数多くの歴史的な僧院が存在するなど伝統的な空間構成である中庭型集住体を形成しており、一九七九年にユネスコの世界文化遺産に登録されている（図1）。パタン地区では、立命館大学歴史都市防災研究所が中心となり二〇一二年に地区防災計画を立案しており、以降もナグバハルやイラナニといった中庭を有する地域では、地区防災計画を実践するための取り組みや、防災まちあるき、ワークショップの結果を踏まえた防災マップの作成などを行なってきた（長嶋・大窪・林 2013）。本章では、世界遺産のコアおよびバッファゾーン内のナグバハル（Nagbahal）、クティバハル（Kutibahal）、イラナニ（Ilanani）の三つの中庭周辺（ナグバハル地区）にて現地調査を行なった結果を報告する。

2　表中庭と裏中庭について

伝統的な中庭には主に二種類があり、住宅・建物へのアクセスに利用される中庭は「表中庭」、住宅・建物へのアクセスに利用しない中庭は「裏中庭」と定義されている。表中庭にはヒティ（伝統的な共同の水場）を有するような多くの世帯に利用される大規模なものや、比較的少数の世帯で利用されているものがある。一方で、裏中庭は小規模なものが主で、複数の世帯で共用しているものもあれば、

図１　パタン地区

図２　調査対象地区
（破線内：個別ヒアリング範囲）

完全なプライベート空間として住居の一部となっているものもある。本章では「表中庭」の利用に着目し、特にナグバハル、クティバハル、イラナニの三つの大規模な表中庭を主な調査対象とした（図２）。以下では、この表中庭のことを中庭と略称する。

三　震災後の住民たちの活動

1　調査の概要

震災半年後の二〇一五年十一月三十日から十二月五日にかけて現地でヒアリング調査を行なった。十一月三十日から十二月四日までは、ナグバハル周辺の各住宅を訪問して、地震発生から現在までの生活の様子や中庭の様子についてヒアリングを行なった。十二月五日にはナグバハル、クティバハル、イラナニの三つの中庭を中心とする住民に集まっていただき、集団ヒアリング形式で実態調査を試みた。

2　集団ヒアリング

集団ヒアリングは、各中庭における地震発生から現在までの様子を話し合いながら地図上に記載してもらうために、ナグバハル、クティバハル、イラナニの三つのコミュニティからの参加者をグループに分けて実施した。その際、(1)本震（四月二十五日）発生からその日の夜まで、(2)翌日から余震直前まで、(3)余震（五月十二日）発生からその日の夜まで、(4)余震翌日から現在までの四つの時系列に沿ったヒアリングを行なった。当時の状況をお互いに確認しながらヒアリングを進めることで中庭の様子や避難生活の様子を客観的に記録することができ、地図上にマーカーなどで直接住民の動きや滞在した場所を書き込んでもらうことで中庭の利用実態が空間的に把握できる。参加者数はナグバハルから六人、クティバハルからは三人、イラナニからは四人の計一三人である。

3　個別ヒアリング

個別ヒアリングは、地震時の行動や地震後の中庭の利用状況について詳細に把握するため、主にナグバハル北側周辺の表中庭・裏中庭に隣接している住居エリア（図2）から、中庭ごとに一世帯以上をランダムに選択して訪問して行なった。結果として五五世帯を対象にヒアリング調査を行なうことができた。ここでは、特にナグバハルをはじめとする避難場所として利用された中庭についてのみ整理する。

四　集団ヒアリング調査の結果

集団ヒアリングで明らかとなった、時系列に沿った中庭の様子や住民の避難生活について、地図上に文字で記入された地区――ナグバハル、クティバハル、イラナニ、サスナニ、クワバハ――の状況を確認しながら、以下に整理する。

1　避難生活の規模

本震時にナグバハルの中庭では、約八〇〇人がテント生活を営んでいたことが確認された。本震の翌日には「テントが中庭を覆い尽くしていた」との回答もあった。本震時の夜間避難者数が約八〇〇人だったのに対し、約一月後の余震時には約五〇〇人だったと回答されており、本震と余震当日の夜間の避難規模には三〇〇人程度の差があることが確認された。また余震後、ナグバハルでは避難生活者が減り始めたのが一週間後であったのに対し、イラナニでは二、三日で減り始めていた。これは規模の大きなナグバハル周辺ではイラナニよりも奥まった街区内に住宅が多く存在するため、在宅していると緊急時に出られなくなる不安から、中庭での避難生活期間が長くなったものと推察される。

2　炊き出しなどの活動

本震の後、自主的に炊き出しによる食糧支援が行なわれていたことが確認された。炊き出しは翌日からナグババハルとイラナニの中庭で行なわれ、クティババハルでは行なわれていなかった。ナグババハルとクティババハルは同じコミュニティ集団として動き、イラナニは別のコミュニティとして活動を行なっていた。これはナグババハルとクティババハルが中庭空間内で連結しており、イラナニとは独立しているという空間特性から生じたと考えられる。また、炊き出しの際に寄付の受け入れも同じ場所で行なったとの回答があり、中庭がコミュニティのボランティア活動の中心となっていたことも明らかになった。なお、炊き出しの期間は、ナグババハルでは三日間、イラナニでは一〇日間にわたって行なわれていた。炊き出しや寄付活動以外にも、情報の共有や掃除、地域を数十人で見回りする防犯活動がコミュニティによって自主的に行なわれていた。

3　避難者のコミュニティ属性

地震直後の昼間に避難していたエリアについて質問したところ、ナグババハルに避難していた人びとは、ナグババハルの中央の緑地に集まっていた集団と、水場であるヒティの周りに集まっていた集団の大きく二つに分かれていたことが確認された。ナグババハルの中央の緑地には、元々ナグババハルの中庭を中心に生活していた住民が避難したのに対し、ヒティの周りにはこれに接するクティババハルの住民だけでなく、ヒティの北東側に面する通路から中庭に流入してきた外部の住民も避難していた。

4　イラナニにおける普段の中庭利用状況との比較

イラナニの中庭利用に関しては、既往研究によって地震以前の普段の様子や居住者の人数が明らかにされており、イラナニ周辺の居住者は一九三人であることが分かっている。その一方で、本震時・余震時ともにイラナニに避難した人数は四〇〇から四五〇人と回答された。これらから、イラナニには居住者だけでなく、外部の住民も数多く避難してきていたと推察される。また、イラナニの中庭中央部にある緑地では、平常時には特定の活動が行なわれていなかったが、地震時にはそこが活動の拠点となっており、その後も一定期間内は緑地で活動を行なっていたことが分かった。調査結果からは、課題点として中庭の緑地スペースの狭さが指摘されており、特に通路空間が多いために避難可能なスペースが少なかったことが明らかになった。

5 中庭で行なわれたそのほかの活動と課題

地震後であっても、会話や情報交換などのコミュニケーション活動とお経を唱えるなどの宗教的な礼拝活動は継続されていたことが確認された。その一方で、避難生活では寒さや天候などの環境面での課題が多く、被災者からは精神的な不安を感じたとの声が挙がっていた。そのほかにもテントなどの物資が不足しており、日常的な備蓄物資の補完が必要とされた。

五 個別ヒアリング調査の結果

個別ヒアリングにより明らかとなった、小規模な個別の中庭の様子や住民の避難生活について整理する。

1 地震時にいた場所

まず地震時と余震時に回答者がいた場所を整理した。本震発生時は土曜日の正午前でネパールでは休日であったために、家で過ごしていた住民が多かった（四八件中三七件）。およそ一カ月後の余震時は本震の時よりも場所にばらつきがみられたが、これは本震からの避難生活がある程度解消した状況で、かつネパールでは平日であったことが影響したものと考えられる。

2 避難生活終了のタイミング

地震発生後にナグバハルで避難生活を送っていた住民が、自分の家に戻り生活を再開するまでに要した期間を調べた。この結果、一週間以内に自分の家に戻り生活を再開した住民が多かった（本震後は二一件中一五件、余震後では一五件中一一件）。これは当該地域では幸いにも死者が出ておらず、建物被害も比較的軽微であったことが影響しているものと考えられる。特に余震後には二日以内に自宅生活に戻った例が二件ある一方で、一カ月以上戻れなかったケースも一件あり、地震に対する対応に慣れがみられる一方で、度重なる震災により自宅に対する不安を募らせる住民もいたものと考えられる。

3 避難場所の選択

震災後に住民たちは、自分の住居に直接隣接している比較的小さな中庭ではなく、ナグバハルやそのほかの比較的大きな中庭まで避難し、避難生活をする傾向がみられた。街区の西側に住宅があり出入り口がナグバハルから比較的遠い場所に住む住民は西側の街区外へ、街区の北側でナグバハルから比較的遠い場所に住む住民は北東側の街区外へ避難する傾向がみられ、住居からよりアクセスしやすい場所に避難する傾向にあった。なお、住居での生活に戻るタイミングや避難生活の期間と住居の位置との関係性は特にみられなかった。ナグバハルでは、ヒティに面した集会所(元は校舎)が主に高齢者のシェルターとして使われていたことも明らかになった。

4　住民により挙げられた問題点など

震災後に個々の住民にとって一番の問題について問うたところ、約七六%の住民が住居の修理の問題を挙げており、住民の多くは建物に一定の被害を受けていたことが確認された。住居を再建する際には、将来の地震に備えて低層階の住居に建て直したいとの回答もみられた。

一方、震災前に比べてプラスに評価できる点があったかという問いには、コミュニティ内や隣人と協力できたことが挙げられた。今まで隣人の顔すら認知していなかったが、地震後に親しくなったという回答もみられた。地域の隣人やコミュニティで協力しながら避難生活を営んでいたことが確認された。

六　地震後の備蓄物資に関する課題

住民から挙げられた震災時における深刻な課題として、日常的な備蓄物資の不足が指摘された。また、ネパールの産業面での特徴として、ヒンドゥー教や仏教などの遺構が混在している世界遺産カトマンズ盆地やヒマラヤ山脈での登山・トレッキングが観光資産として挙げられているため、観光客が災害に巻き込まれると被害が拡大する恐れがある。

以上のことから、伝統的中庭空間での避難生活に必要とされた具体的な備蓄物資についても、住民への追加ヒアリング調査を通して明らかにすることとした。また、将来の災害に備え、住民だけでなく帰宅困難者となる観光客を含めた避難者数を考慮し、備蓄量の調査と周辺施設へのヒアリング調査により伝統的空間の防災拠点としての可能性を評価し、備蓄の可能性についても検討を試みた。

1　調査の概要

現地調査は二〇一八年十一月二十一日から十二月四日にかけて行なった。十一月二十一日から二十六日（二十三日を除く）までは、ナグバハル・クティバハル・イラナニの中庭を囲む住宅の住民に対して個別ヒアリングを行なった。旧市街地には多くの中庭型集住体が存在し、トル・コミッティ（Tole-Committee）と呼ばれる日本の町内会に近い地縁的コミュニティが仏教僧院の建物を含む周辺の伝統的空間を管理していることから、十一月二十七日は各トル・コミッティのリーダーに対して集団ヒアリングを行なった。十一月三十日から十二月四日までは、ナグバハル地区周辺の小規模店舗を訪問し、個別ヒアリングを行なった。十一月二十三日と二十九日は外部からの来訪者数を推計するため、クワバハ（ゴールデンテンプル）で観光や礼拝などの目的で訪問していた人数を数えた。

2 ヒアリング調査

(1) 地区住民へのヒアリング調査

前述した震災半年後の二〇一五年調査時には、三つの中庭とそのほかの小規模な中庭に隣接している住居から各一世帯以上をランダムに抽出してヒアリング調査を実施したが、該当世帯のうち二〇一八年時点にも同じ場所に住んでいた住民五三件に調査を行ない、普段の食習慣や二〇一五年の避難生活時に必要と感じた物資について改めて質問した。

(2) トル・コミッティのリーダーへのヒアリング調査

ナグバハルとクティバハル、イラナニのそれぞれには、住民からなるトル・コミッティが存在する。トルの代表者には集団ヒアリング形式で、トル毎の住民数やゴルカ地震時のトルの様子について調査した。また、観光客対策としてどのような取り組みをしているかやそのほかトルで発生した問題点についても記録した。

(3) 小規模店舗へのヒアリング調査

ナグバハル地区内とその周辺では、一階部分が小規模店舗となっている伝統的な住居が多く見出される。ここでは、地区周辺において食品を扱う店舗（一七件）と薬局（二件）、電気屋（三件）の合計二二件の協力を得られた店舗を対象に、店舗の基本情報と地震時に住民が必要とした物資についてヒアリングを行なった。

3 ヒアリング調査の結果

(1) 地区住民へのヒアリング結果

住民の買い物頻度は、毎日している人が六割以上となり、ゴールデンテンプルに礼拝で訪れている住民は九〇%以上にのぼることが確認された。買い物に行った際の購入品については、九〇%以上の住民が野菜とミルクを購入しており、次に多く挙げられたのがジャガイモや肉、豆類（二〇%以上）となった。また住民が避難生活時に最も必要と感じた備蓄物資は、ビトゥンライス（bitten rice）という結果になった。ビトゥンライスはチウラ（chiura）とも呼ばれ、籾付きの米を茹でて天日干しで乾燥させたものを煎って平らに潰して殻を取り除いたもので、ネパールでは礼拝のお供え物としても使われている保存食品である。九割以上の住民が日常的に利用しているため、災害時にも非常食として利用する認識が高かったと推測される。

避難生活期間中の問題としては、雨や寒さなどの環境的な問題が多く回答されており、テントやブランケット、ストーブなどを必要と感じた住民が半数以上いることが確認された。しかし、一部の防寒具や照明器具といった夜間用の避難物資の保管・管理は、トルや行政ではなく個人でするものと考える住民が半数以上を占めていた。

水については、二〇一五年の調査でゴルカ地震の際にイラナニの井戸の水が三日間濁ったことが明らかとなっている。それに加えて乾季になるとヒティからの取水量が減ることから、災害が発生した際には飲料水のほかに浄水器が必要という意見が挙がった。当時の避難生活では、最寄りに井戸水があったため避難生活時に困らなかったという住民が多数いる一方で、中庭に面していない通路の入り組んだ場所に住んでいる住民は井戸水の入手に苦労しており、震災後に水の確保で課題があることが確認された。

⑵ トル・コミッティのリーダーへのヒアリング結果

二〇一八年調査時における地区内の住民数は、ナグバハル・クティバハルで約九〇〇人、イラナニで一九三人となり、合計は一〇九三人であることが明らかとなった。各トルでの既存の備蓄品や活動について調査したところ、非常時にも有用だったテントとスピーカーは祭事で定期的に使用されており、イラナニでは仮設式プレハブ建築のデイケアセンターで毎週高齢者を対象に体操教室が行なわれていた。ゴルカ地震の避難生活ではトルが主体となって炊き出しが行なわれ、食器類は各家庭から持参し、調理器具は隣接する僧院から借りていた。

二〇一八年時点では、各トルは中庭に地下貯水槽の建設を進めており、イラナニは四〇トン規模の地下貯水槽を建設中であり、地上は備蓄倉庫と観光客用のトイレになる予定である。ナグバハルは既存の地下貯水槽があるため、地区内のトル単位での貯水量は約九二トンとなる。

(3) 小規模店舗へのヒアリング結果

周辺の小規模店舗へのヒアリングからは、本震後と余震後の営業再開時間の変化が確認された。余震後は本震後に比べ早い段階で営業を再開した店舗が多く、主に食品を扱っている店舗はいずれも午前八時までには開店していることが明らかとなった。飲料水に関しては、地区内の飲料水販売店が最も多くの飲料水を保管しており、この店舗のみで常時少なくとも約八〇〇リットルの飲料水を保管し、仕入れ時には約二四〇〇リットルを入荷していた。また少量ではあるが各店舗で飲料水が販売されており、二二件中一〇件の店舗では売り場とは別に商品のストックスペースがあることが確認された。

4 観光客を含めた地区滞在者数の推計

当該地区内にはゴールデンテンプル（クワバハ）があり、外国人観光客や礼拝者が外部から日常的に訪れるため、災害支援のためには来訪者の滞在人口を推計する必要がある。そのため時間帯別の観光客数を現地で実数調査し、ナグバハル地区の観光入込客数を推計した。調査日の十一月二十三日は満月で特別な日とされ、地区内外から数多くの礼拝者が訪問するため普段より多い訪問者数が得られた。ゴールデンテンプルへの観光客数と、ラリトプル市役所で得られたパタン旧王宮のダルバール広場の入場者数を基準に推計すると、災害時に支援が必要となる住民と観光客数の総数は一八七〇人と想定された。

七 備蓄物資に関する現状評価と提案検討

前記の地区住民、トル・コミッティのリーダー、地域の小規模店舗へのヒアリング調査結果と、災害時に想定される観光客を含めた避難者数を基に必要物資の備蓄状況を評価し、可能な対策について調べた。

1 備蓄物資の選定と物資量の評価

ヒアリング調査で明らかとなった住民が避難生活時に必要と感じた物資について、個人よりもトルまたは店舗などで公的に備蓄することが望まれた物資を分類した。備蓄物資の充足率を評価するために、想定した避難者数に比して避難生活時に必要となる割合を算出した。

その結果、住民ヒアリングで住民の半数が必要と感じていた必要物資として、トイレ、飲料水、テント、ストーブ、マット、浄水器・消毒液、発電機・燃料、ビトゥンライス（乾燥米）、クスリ、救急用具、照明器具が挙げられた。なお発電機や燃料、浄水器に対する住民ニーズは高くはなかったが、避難生活が長期化する場合を想定して必要な備蓄物資として追加した。なお普段は店舗で販売できるビトゥンライス、薬、救急用具、照明器具については店舗で備蓄できる物資として分類した。一方で消毒液は店舗でも販売されていたが、トルが地下貯水槽で貯水した水を災害利用する際に必要となるため、トルと店舗が協力して保管・管理すべき物資に分類した。

備蓄物資の必要量については、避難者数一八七〇人に対する三日分の量を算出した。物資量の評価方法はこの必要量を備蓄率一〇〇％として、地区内にある物資が必要量に対してどのくらいの割合で備蓄されているかで評価した。

この結果、小規模店舗で日常的に販売されている備蓄物資の数量は、飲料水は一〇九二リットルであり必要量の六・四％、ビトゥンライスは四〇七キロで四八・三％、テント七張で一・九％、照明器具は五個で一・四％であり、それ以外の必要物資は販売されていないことが確認された。災害時には物資が不足することに加え、店舗によってもストック量に偏りがあることが明らかとなった。

一方で、避難者数から算定される必要スペース（二平方メートル／人）については、三七四〇平方メートルに対して三つの中庭の合計面積は約七六〇〇平方メートルであり、炊き出しや仮設トイレなどのスペースを考慮しても物理的には（コロナ禍でなければ）十分に確保できることが明らかとなった。

2　必要物資の備蓄場所に関する検討

以上の課題を受けて、不足する物資を備蓄できる場所を確保するべく追加でヒアリング調査を行なった。トル・コミッティのリーダーへのヒアリングでは、ナグバハルとイラナニにあるトル所有のコミュニティセンター、公民館、建設中の備蓄倉庫の建物が使用可能とされた。しかし過去には保管していた物資が紛失した経緯もあるため、今後管理環境を整える必要性が指摘された。飲料水については、イラナニでは建設中の地下貯水槽で備蓄が可能であり、二〇一八年時点でも井戸脇のタンクで各家庭に五〇〇リットルずつ一日おきに給水を行なっていた。ナグバハルのトル・コミッティでも地下貯水槽を建設中であったことから、完成すれば避難者全員に飲料水を提供することが可能となる。薬と救急用具は、地区周辺にある薬局のひとつにストックスペースがあり、建物が一階建てのため地震で倒壊した場合でも利用できる可能性が高いことが明らかとなった。

八　災害時に地域を支えた伝統的中庭とコミュニティ文化

ヒアリング調査の結果はたんなる事実の集積のようにみえるが、住民たちの被災経験の記録として重要な資料である。この記録こそ被災現場の今後の防災・減災を考えていくために欠かせない基礎資料であることを理解すべきである。ヒアリング調査は文化遺産を生きる人びとの視点から将来の災害に対処する方法をとらえるために有効な手法なのである。以上のヒアリング調査の結果を整理すると、ネパールの歴史地区のケースでは以下の特徴が浮かび上がってくる。

世界文化遺産エリアに含まれるナグバハルとイラナニの中庭空間は、震災後にはテント生活の場となり、伝統的なコミュニティが主体となって炊き出しや掃除、防犯の見回り、寄付などのボランティア活動が行なわれた。ナグバハルとクティバハルのコミュニティでは、地域一体となって震災翌日から炊き出し活動を行なっており、数千人規模で人が集まる普段の伝統的な結婚式と同様の体制で食事配給を行なうなど、昔ながらのコミュニティ文化が有事にも活かされた形となり、非常時には隣接するコミュニティとも柔軟に連携していたことが明らかになった。このように都市化や人口流入による人間関係の希薄化が進む現代においても、伝統的な中庭空間を中心としたコミュニティの活動によって避難生活が支えられていた事実は、伝統的な文化そのものが災害時の応急対応や復興に大きく寄与することを意味する。

イラナニには多数の外部コミュニティからの住民も避難していたと考えられる一方で、対象地域の住民のなかには地域外にある中庭やヒティに避難した住民も確認された。なかでもクティバハルはほかの中庭に比べると避難者数が少なかったが、クティバハルが細長い中庭のために建物倒壊時のリスクが高く、住民はそこで生活をすることに不安を抱いていたことが要因の一つと考えられる。クティバハルのような小規模な中庭では、中庭そのものの避難場所としての安全性を向上させることが求められている。

住民が挙げた課題として日常的な備蓄物資の不足が指摘されていた。調査の結果、避難スペースとしての中庭の面積や、将来へ向けた水利確保の取組みによる必要水量については十分な確保が期待される一方で、物資については深刻な不足状態にあり、帰宅困難者を支える意味でも備蓄を拡充する必要性が明らかとなった。ただし必要となるすべての物資を備蓄することや避難所運営を行なうには、トル・コミッティへの負担が大きい。そのため、ラリトプル市の行政と連携しテントやストーブ、マットなどの保存期限に影響がない物資の備蓄量を計画的に増やすとともに、既存の備蓄倉庫の再生整備を進めるべく店舗との連携が取れれば、伝統的空間とその周辺施設での備蓄拠点として機能すると考えられる。

復興に向けては、個別ヒアリングの回答者の半数以上が住居の修理を問題として挙げているが、性急に見かけの安全性を求めるあまり歴史や伝統に配慮のない質の悪いコンクリート造の改築や補修が横行しつつあり、世界文化遺産としての歴史的街並みが損なわれてしまうことが懸念されている。平常時と地震時の利用実態の詳細な比較も行なうことで、災害安全の面からも文化的価値保全の面からも、守るべき伝統的なコミュニティ活動を抽出していく必要がある。

九　減災文化と観光防災

災害の歴史に磨かれたいわば「減災の文化」は、近代的な防災インフラが存在しない時代に経験値で積み上げられてきた文化であり、近代的な災害対策が機能しないほどの大規模災害時にこそその真価を発揮する。文化的価値を減災文化の観点から見直し、現代社会のニーズに合わせて文化的価値そのもののポテンシャルを最大限活かした災害対策を実現することは、科学技術を活かして減災文化から学べる時代に生きるわれわれの使命であると考える。

また文化遺産は、日本の文化財保護法第一条一項にも明記されているように、「保護する」とともに「活用すること」が求められる。その意味で、文化遺産とそれを取り巻く歴史都市では常に観光客の安全確保が不可欠となり、安全・安心が最大の「おもてなし」でなければならない。しかしながら観光客は地元の住民とは異なり、土地に不慣れで避難場所なども知らないケースが多く、まして外国人の場合は緊急時のコミュニケーションも困難になる。この問題の解決にも、本章で紹介した「文化遺産の防災拠点としての可能性の追求」は有効である。観光地でもある文化遺産そのものを安全な場所に再生することができれば、観光客にとっても逃げずに済む安全な環境を提供できることになる。このような「観光防災」の視点も文化遺産と防災を考える上で不可欠であり、「減災の文化」を学ぶ意義はますます重要となっている。

注

（1）調査は平成二七年度科学研究費補助金特別研究促進費「2015年ネパール地震と地震災害に関する総合調査」（代表：矢田部龍一）および平成二七年国際緊急共同研究・調査支援プログラム（J-RAPID）「ネパール大地震による歴史的建造物被害調査に基づく脆弱性再評価と耐震補強法の検討」（代表：清野純史）により行なわれた。

参照文献

長嶋治樹・大窪健之・林倫子 2013「世界遺産カトマンズ・パタン地区における地区防災計画を実践するための活動指針の提案――防災ワークショップによる住民評価を通して」『歴史都市防災論文集』7: 201-208.

ネパールゴルカ地震日本建築学会災害調査速報会資料 https://www.aij.or.jp/jpn/symposium/2015/nepal.pdf（二〇一五年二月七日閲覧）

サキャラタ・大窪健之 2014「歴史都市パタンにおける一九三四年大震災後の避難生活の実態」『歴史都市防災論文集』8: 203-210.

◇練習課題

身近に実在する歴史的・伝統的空間を挙げ、災害時の防災拠点として活用する際の可能性について調べ、その特徴と改善すべき問題点について説明しなさい。

ホップ　ステップ　ジャンプ

11章 トルコ・ベルガマの伝統的住居群
――防災計画の策定

狩野朋子

◇ねらい

世界遺産エリアでは、災害に対してどのような備えができるのか？ここでは伝統的住居群の防災計画を日常と非日常の連続性から考える。また、トルコの世界遺産・ベルガマでの住民ワークショップの実践例を通して、災害からどのように遺産を守っていくのかについて理解を深める。

一 文化遺産の防災を考える

まずは、本章のキーワードである防災計画について、課題を整理しておこう。

1 世界遺産エリアの防災計画

世界遺産を保護・保全する義務や責任は、まずその世界遺産をもつ国にあるとされている。そのため、世界遺産に登録申請するときには、その遺産の管理計画もその国であらかじめ決めておくことが求められる。その管理計画には、もちろん、災害からどのように遺産を守っていくのかという危機管理計画も含まれる。

世界遺産の大事な考え方の一つに、オーセンティシティ（真実性、真正性）がある（コラム4）。これは、世界遺産のなかでも主に文化遺産に求められる概念で、建造物や景観などがそれぞれの文化的背景の独自性や伝統を継承しているかを示すために用いられる。たとえば、遺産に登録されている建築を修復するときには、素材や構造のほか、構法（つくり方や組み立て方）などがいかに保たれているのかが問われる。こうして長い時間継承されてきた空間とそこでの人びとの活動を文化的な価値を維持しながら次の世代につなげていこうとしているのである。

このような保護・保全の管理下では、たとえ防災性能を高めるためであっても、新しく防災施設を建設したり狭い路地の拡幅を行なうことは難しい。世界遺産エリアには、多くの観光客や訪問者も滞在するわけだが、安全と安心のためといえども、空間の改変は容易にできないのである。火災で被災したノートルダム大聖堂の木造屋根を将来の火災に備えて鉄骨でふきかえることが強く否定されているように。

では、どのようにして文化遺産の防災を考えていけばよいのだろうか。本章では、人びとの生活が営まれている伝統的住居群に着目しながら、世界遺産エリアの防災計画の考え方をみていこう。

2 災害とともにある世界遺産

近年、毎年のように世界遺産が被災しており、気候変動の脅威が文化遺産に与える影響が注視されている（コラム5）。また「世界遺産地震帯分布図」（益田 2008）には、多くの世界遺産が地震帯（地震災害の可能性が高い地域）に位置していることが示されていて、国際社会でもとくに地震災害を取り上げた対策を作る動きが求められている。

ところで、現存する歴史的に価値のある場所や空間は、数十年、いや数百年の間におきた困難を乗り越えて今にいたっている。いいかえると、地震帯に位置する世界遺産には、防災性能を高める工夫が組み込まれていて、それゆえ長い間生きながらえてきたともいえるだろう。ここには、災害を乗り越える、あるいは災害を軽減するための「レジリエントな空間」がすでに備えられているともいえる。災害とともにある世界遺産には、防災・減災の知恵や工夫がすでに組み込まれているという見方も忘れてはならない。

3 コミュニティと防災

文化遺産というと、一般的には古い遺跡や遺構などをイメージしがちだが、人びとの生活の場としての世界遺産もある。具体的には、「遺産の中に住む」遺産の割合が三四%、遺産の中には住んでいないものの「遺産の周辺に住む」遺産の割合は三七%を占めているという（世界遺産と地域づくり研究会編 1998: 7）。つまり、何らかの形で居住生活とかかわりをもつ遺産は、文化遺産全体の約七割に及んでいることになる。現役の住居や公共施設なども立派な文化遺産なのだ。そこには見世物としてではなく、あくまでもそこで営まれている生活や習慣のあらわれとしての空間がある。それゆえ固有のしつらえとか、人びとが共に利用してきた空間も継承されていて、地域コミュニティも存続している場合が多い。

伝統的住居群で防災を考えるときには、人びとの関係性やつながりに注目すべきである。コミュニティには、災害に対応する「共助」、そして個々の努力の「自助」をお互いに補完できる可能性があるためである。残念ながら、巨大災害が起きると、自治体や政府による「公助」に大きな期待ができないことは、阪神淡路大震災の教訓の一つともいわれている（石渡 2016: 21）。そのため、住民がお互いに助け合うための日常からのつながりや関係性に期待が寄せられる。

ここでは、コミュニティ（もしくは地域社会）の力で被害を減らす事例を紹介する。ベトナムでは、コミュニティの単位であるトン"Thon"ごとに自治組織があり、会長がいる（石渡 2016: 21-23）。水害の際には、このトンが防災対策の中核として機能して、気象庁や県庁、テレビ、ラジオなどから台風情報や避難情報を入手し、防災無線としてのスピーカーを使って随時住民に伝えていくという仕組みがあるのだ。

こうしたコミュニティと防災のかかわりを考えるときには、日常的に築かれているコミュニティを非常時にも生かしていこうとする視点と同時に、防災を特別なものと考えずに日常と非日常の連続として考える視点が重要である。

4　日常と非日常の連続から考える防災——フェーズフリー

前田昌弘（2016）は、二〇〇四年のスマトラ島沖地震・津波で被災したスリランカでの現地調査を通して、レジリエントな社会の構築のためには、なるべく平時の社会システムによって非常時における問題の軽減や対処を図れることが望ましいと述べている。

石渡幹夫は、ベトナムのユニークな防災対策を紹介している（2016: 26）。それは、洪水が来ても所得の手段を確保しようとする取り組みで、日常的にキノコ栽培用の棚を作っておくことで浸水から逃れられるようになっていたり、養殖池にはネットが張ってあって洪水が来て池があふれても魚が逃げない工夫がされていることなどである。直接被害を減らそうとするときに、防災施設の建設や避難のみに目が向いてしまうのは反省すべきことかもしれない。日常的な知恵や工夫によって生活の糧を守っていこうとする姿勢も、防災を考えていくうえで重要な考え方である。

ところで、「フェーズフリー」という考え方がある。これは、ふだん身のまわりにあるモノやサービスを「日常時」と「非常時」というフェーズ(場面、局面)からフリーにして、「いつも」と「もしも」にとらわれずに生活の質を向上させ、私たちの生活や命を守ってくれるものにしようとする考え方である。つまり、日常時にも非常時にも活用できるモノやサービス、社会インフラや公共サービスを浸透させることで、災害に強いまちを計画していこうとするものだが、教育分野にも広がりつつある。たとえば、体育の授業で行なう中距離走は、単にタイムを競うのではなく、学校から近隣の避難場所までの距離や津波到達予想時間を目標に変えていく。津波到達予想時間が一五分だった場合、その時間内にどこまで走れるのか、これによって避難に必要となる体力や距離感、時間感覚を養うわけである(NECウェブサイト)。

伝統的住居群には、フェーズフリーを実践している知恵や工夫がすでに組み込まれている場合がある。あるいは伝統的住居群の空間とそこでの活動には、フェーズフリーの観点から活用できる空間と活動がある。本章二節では、トルコの世界遺産・ベルガマにみる、日常と非日常の連続から防災を考える。

5　どのような防災計画が必要か?

ロヒト・ジギャスは、「私たちは、計画や開発プロセスと統合された文化遺産の災害リスク軽減戦略をつくり上げることに重点を置かなければなりません。災害時対応や復旧に焦点を置くだけでなく、予防の向上に目を向ける必要があるのです。残念なことに、今でも関心が集まるのは災害時対応と復旧であり、いかに予防にシフトしていくかが課題です」と第三回国連防災世界会議に向けた東京での国際専門家会議で指摘している(独立行政法人国立文化財機構 2016: 154)。文化遺産の災害リスク軽減のために、事前準備つまり予防の重要性が示されている。

では、誰が防災計画をつくるか。目黒公郎(2019)は、放送大学の「地域と都市の防災」という講義のなかで、次のように述べている。災害が発生した時、地域や都市は災害がもたらす外力によってダメージを受ける。その際に、被害抑止あるいは被害軽減のための事前準備を十分に行なっているのかが、都市やまちの持続性に関わってくる。そのとき、住民と行政が一体となって復興まちづくり・デザインに取り組む仕組みを「事前復興計画」を通して考えておくことが重要で、災害イマジネーションを高めておくことがもとめられる。ここで重要なのが、近年ユネスコでも強調されている住民主体の遺産管理である。しかしながら、そもそも住民や行政自体に防災・減災に対する意識がみられないケースも見られる。

また、防災計画を考えるときには、国民性もよく検討すべきである。たとえば目の前で火災が発生したときに、ある国の人びとは消火計画を立てるために相談しようとするが、トルコ人は計画を立てる前に全員が動きだして消火をするという話を、当時（二〇一七年）のベルガマ市長からうかがった。防災計画には、その国や地域の人びととの非常事態への向き合い方も反映させる必要がある。

二　トルコの世界遺産ベルガマのケース

1　世界遺産としての普遍的価値

ベルガマは、紀元前四世紀にペルガモン王国を築いてから、文化、芸術、学問の中心地として栄え、都市の再建と再構築の歴史を持つことから、二〇一四年に「ペルガモンとその重層的な文化的景観」として世界文化遺産に登録された。

たとえばヘレニズム時代の都市・建築計画は、自然地形を利用する傾向にあり、アクロポリス（丘上の都市）に現存する遺構にはその計画的な手法が読み取れる。そこにローマ時代の建築が見事に融合されて景観がつくられており、ヘレニズムとローマの稀有な混在の例が見られる。

また、ローマ時代のグリッド軸のラインをビジュアル化すると（図1）、現存するレッドバジリカ（バジリカ神殿、後に教会に改築された遺構）がそのグリッド軸上に配置されていることが読みとれる。歴史的に、ヘレニズム、ローマ、ビザンツ、オスマン、トルコ共和国と生き延びたベルガマでは、今なおローマのグリッド計画軸を辿ることができるのである。

2　伝統的住居群の空間性

ベルガマの代表的な構成資産は、北西から南東に流れるセレノス川の北部に位置するアクロポリス、南部のアスクレピオン（複合医療施設）、そしてセレノス川の真上に位置するレッドバジリカである（図1）。アクロポリス（標高三三〇メートル）の南側の傾斜地に伝統的住居群が広がっていて、その南側には小規模なアラスタ（arasta）と呼ばれるバザールもあり、これらの「生きた遺産」（リビングヘリテージ）が日常的に活用されている。

傾斜地に広がる伝統的住居群には、住居のほかにウ

路地にはみ出る伝統住居

伝統住居群の傾斜のある路地

図1　ベルガマの世界遺産と伝統的住居群　グリッドはローマ時代の計画軸（写真は狩野朋子撮影、2015年。図面は *Location and Development of Ancient Pergamon,* Pergamon: A Hellenistic Capital in Anatolia, p. 189に掲載されている Plan of Pergamon を加工）

ルジャーミ（まちの大モスク）もある。住居群はマハレ（mahalle）と呼ばれる街区を構成している。マハレは、ベルガマのみならず、トルコの一般的なコミュニティの単位であり、マハレごとにムフタルと呼ばれる長がいる。日本の町内会をイメージするとわかりやすい。

マハレを構成する路地は行き止まりが多く、一見、迷路状の空間で構成されているようにみえる（図1、左側写真）。イスラーム都市の迷宮空間については、陣内秀信が「迷路状の都市空間といっても、よそ者の目にそう映るだけで、長く住み、その空間に馴染んでいる住民には、どこも違った表情をしたこういった空間は、かえってわかりやすいはずである」と述べている（2002: 15）。ベルガマの迷宮空間のところどころにも、休憩や滞留を促す居心地のよい空間がある。時には子供が遊んでいる様子を見守る女性たちが、住居前の段差に腰かけて談笑する光景も見られる。このような迷路状で複雑な空間性が魅力的であるのは、そこに住民相互の関係が生成されうるためでもある。ここでの隣人同士の関係や近所付き合いは、防犯や防災にも寄与するものである。しかし一方で、起伏に富んだ狭い幅員の路地、折れ曲がっている小道、石畳、行き止まりの多い小路などは、防災の観点では危険性をはらんでいる。

3　災害リスクと課題

イズミル県の北部に位置するベルガマは、近年、記録的な大地震には直面していない。二〇二〇年イズミル大地震の時もほとんど被害がなかった。しかしこの地震は、市、県、国に加えて、自治体も防災の必要性を認識するきっかけになったようだ。イズミル大地震後には、後述する住民ワークショップの参加者からベルガマ市役所に、防災・減災の具体的なアイディアが寄せられたという。

ベルガマの主な災害は、地震のほか、火災やアクロポリスの丘からの落石がある。著者が行なったベルガマ消防署へのヒアリング調査（二〇一八年）によると、伝統的住居の屋根には木材が使用されているため、年に二〇〇〜二五〇回ほどの火災現場への出動があるが、幅員の狭い路地には消防車は入り込めないので消火活動には困難がつきまとうという。にもかかわらず、県主導で作成されたベルガマの防災計画は、当時、住民や市役所職員に共有されていなかった。

また、ベルガマの博物館や遺跡には、年間約三五万〜四〇万人の観光客が訪れていたため、本来なら非常用の食料や水、医薬品、テントなどを夜間人口以上に準備して、情報共有の仕組みもつくっておかなければならない。しかしベルガマの防災計画は、世界文化遺産エリアに特化したものではないため、観光客の存在はほとんど考慮されておらず、十分にリスクマネージメントがなされていない点は課題であった。

4　防災拠点となりうる空間

ここでは、伝統的住居群において、防災の拠点となりうる三つの空間を紹介する。これらは、コミュニティの中心的な場として親しまれている空間や、計画されずに自然発生的にうまれた場で、現在でも住民相互の関係を強固にしている空間である。

(1)　モスクの中庭

多くの都市計画家が指摘しているように、トルコの都市にはヨーロッパの都市に見られるような広場や公園がない。しかしある意味では、必要がなかったともいえる。というのも、大きなモスクには都市で生活する全ての人を収容できるほどの中庭があるのだ（山本 1991: 16）。それらの中庭には水場があり、礼拝前に手、足、顔などを洗う場となっている。こうした水場は、人びとの渇きを癒すだけでなく、都市に住む人びとの生活に潤いを与える重要な場でもある。

モスクの中庭

現役のチェシメ(水場)

滞留を促す場

モスクの水場

チェシメ(水場)

図2　防災の拠点となりうる空間(狩野朋子撮影、2015－2018年)

このような人びとが日常的に行き来するモスクの中庭(図2、左)は、非常時も、人びとのよりどころとなるはずである。

(2)　チェシメ

ベルガマでは、オスマン帝国時代に、都市施設(モスク、ハマム、バザールなど)とともに給水場が整備された。住宅地への給水はチェシメ(çeşme)と呼ばれる水場が主とされており、現在でも利用されているものもある(図2、中央)。コミュニティの中心的な場にもなっていたチェシメについては、ベルガマ市役所がその歴史的価値や利用実態などをまとめて、保存・管理しているが(二〇一六年現在二八件)、現在まで防災設備として活用しようとする試みは見られない。しかし、迷路のような細い路地で構成される高密度な伝統的住居群で火災が生じた際は、チェシメの水で初期消火ができ、地震直後には生活用水としても活用できるだろう。

(3)　滞留を促す居心地のよい空間

トルコのまちを歩くと、空間の均質化、建物の高層化などが進むなかでも、自然発生的にあらわれてくる空間にでくわす。こうした空間の一つに、チャイを飲みながら男性たちが談笑をする場がある。男性たちは、木陰やみち端に椅子とテーブルを並べてチャイを注文し、談笑の場にしてしまうのである（図2、右）。一方、女性たちは、住居の前の段差に腰かけて話をしている。

こうした談笑の場は、住民の休憩や滞留を促す居心地のよい空間で、ベルガマの気候や文化、隣人との関係やつながりに強く影響する空間である。このような日常時の核となっていて住民相互の情報交換や交流ができる空間は、防災拠点としても活用でき、防犯などの地区のリスクマネージメントにも結びついている。

5　防災計画の提案

発災時、思いがけない事態が発生して困難な状況に直面した時、日常的に利用している身近な空間を活用できれば、パニックも軽減されて行動もしやすいはずである。そのために、防災を特別な備えとしてではなく、日常からの連続線上でとらえていくことが重要である。

筆者は、ベルガマの防災計画（事前復興計画）のなかで、前述した防災拠点になりうる空間を非常時の避難ルートのなかに組み込む提案をしている。各住居から防災ひろばに人びとが避難をする際に、避難ルート上にモスク、チェシメ、チャイを飲みに集まる空間などを配置する。すなわち、災害という非常時に対処するために、日常的に人びとが使い慣れている伝統的な空間を活用するのである。これにより日常のコミュニティの強化にもつなげることを意図している。

三　住民ワークショップ

住民ワークショップは、ネパール・パタン（10章）で実施されたワークショップを参考にして、二〇一九年二月にベルガマ市役所ユネスコ課の協力を得てベルガマで実施した。その目的は参加者と自治体の防災意識を高めることであった。ここでは、ワークショップの概要とポイントを説明する。

1　参加者の選出

ベルガマでは、観光業が主要産業であることから、文化、教育活動に携わっている住民以外に、観光業従事者にも参加していただいた。参加者は、いずれも世界遺産エリアに関わりをもつ住民（居住する、あるいはエリア内に職場を持つなど）である。このエリアには、前述したマハレ以外にもさまざまなコミュニティ（モスクを単位としたコミュニティや業種を同じとする人びとのコミュニティなど）があり、ここではまちのリーダー的存在の男女が参集した。

なお、パタンのワークショップでは、中庭を単位としたグループ編成がなされていたため、普段、同じ中庭を利用しているコミュニティ・リーダーが参集した。そのため、ゴルカ地震で被災した時の記憶と経験が、中庭空間と結びつきながら共有されていた。

2　ファシリテーターの役割

参加者を二つのグループに分け、各グループにベルガマ市役所ユネスコ課職員を一名ずつ配置した。司会進行をつとめるファシリテーターは、各グループが互いに競い合うように誘導した。この方法は、相互に意識しあいながら短時間でブレインストーミングをして活発に意見を出し合うために効果的であった。また、参加者には住民代表として責任をもった意見を出してほしいことを始終伝え、さらに災害をイメージできるような具体的な情報を与えながらワークショップを進行してもらった。

3　グループワークのテーマ

二つのグループには、同じテーマの質問を用意し、コミュニティ・リーダーの視点と住民の視点から意見を集めた。テーマは、災害直後に集合する場所、避難所生活、備え、情報共有、観光客への対応、既存施設で防災に役立つと思う場所などであった。防災に役立つ施設として、チェシメ（水場）も挙がっていた。

後半は、災害が起きた時に危険だと思われる公共空間（路地、小道、オープンスペースなど）を地図上にピックアップして色を塗り、その理由を書き出していった。住民だから知りうる危険エリアが地図上にあらわれていく過程を通して、災害イマジネーションが高められると同時に防災意識も向上していった。

4　ディスカッション

特に印象的だった議論は、災害時における人命救出と文化遺産の取扱いに関するものであった。当初、参加者たちは「国の許可がないと文化遺産にアクセスできないので、国が議論すべきだ」と発言し、他人事のように考えていた。しかし、ベルガマの遺跡・文化遺産を守ることが、実は観光業で生計を立てている住民の利害に直結することが確認されると、自分ごととして文化遺産をいかに守るのか、そのために何ができるか、災害時の遺産の窃盗をいかに減らすかなどが具体的に話し合われた。この議論を通して、コミュニティ（住民組織）への防災教育、子供に対する遺産の理解を育むための教育、世界遺産エリアの住民であることを認識する重要性なども指摘された。

また、地震で倒壊した文化財から人を救助する際に、いかに被災者を救出するのかという難しいテーマもとりあげられた。参加者は、いかなる手段をとっても人命救助が最優先であると考えていた。しかし、一度壊れた文化財は完全にもとには戻らないことに気がつくと、遺産に必要以上のダメージを与えてそれを後世に残すことはベルガマ住民の使命ではないという意見で一致した。ここでは、救助隊は遺産に対する知識を持ち、人命と文化財の両方を守りながら被災者を救出する技術を応用できなければならないことが示された。もちろん人命救助は他の活動よりも優先されるべきものであるが、救助隊が遺産に関する知識を持っていないために、遺産を不必要に破損することは避けなければならない。それは、災害後も住民の生活は遺産に依存するからである。

5　自治体のコメント

住民ワークショップを共に主催した研究パートナーでもあるヤシャギュル氏（当時のベルガマ市役所ユネスコ課代表）は、ワークショップを次のように締め括った。すこし長いが引用してみよう。

「〔前略〕なかには返答に困るような難しい質問もあり、皆さんの頭も疲れたかと思いますが、地平線が開けたような感覚を受けました。今回のワークショップで皆さんが考えてくれ、返答してくれた内容は、ベルガマの人びととベルガマを訪れる観光客のために用意される予定の資料の基盤となるものです。さらに重要なことは、これからのベルガマを担っていく世代のためでもあるということです。日本人研究者〔筆者ら〕による、避難所生活の場所は男女同じであるべきか、観光客と同じスペースでも良いかなどの問いは、考えもしなかった意外な問いでした。

コミュニティへの教育の重要性が何度も話題になりましたが、はっきりと言えることは、人びとのため、そして遺産のためという視点です。この二点に焦点を当てることはトルコで初めてだと思います。〔中略〕正直なところ、近年行なったワークショップの中で一番やりたいという気持ちに満たされながら、かつ素晴らしい結果を得られ、さらにワクワクしながら過ごせたワークショップであったといえます。」

四　災害から遺産を守る防災計画

世界遺産エリアなどの観光地では、住民のみならず観光客をも考慮した防災計画の策定が必須である。その計画がひとり歩きしないためには、世界遺産、とりわけ伝統的住居群の住民たちの、遺産への誇りと災害から守ろうとする意識が必要不可欠で、住民ワークショップはそれらを育み強化するきっかけとして期待される。

さらに、ベルガマでの提案やネパール・パタン（10章）で見られるように、防災計画指針の策定プロセスそのものが、日常的な地域コミュニティの力を引き出していくように計画できれば、防災計画が人命、遺産、生活を支える可能性をさらに高められるだろう。

そもそも、世界遺産エリアには、過去の災害を乗り越えてきた知恵や工夫が詰まっている。だから、空間の大規模な改変ではなく、既存の空間と活動を防災資源として活用していく計画の策定が可能である。それができれば、遺産の保護のみならず、レジリエントなコミュニティとヘリテージ・ツーリズムにも貢献できる。

参照文献

石渡幹夫 2016『日本の防災、世界の災害――日本の経験と知恵を世界の防災に生かす』鹿島出版会。

ジギャス，ロヒト 2016「文化遺産災害リスク管理に関する政策、計画、技術、制度の向上のための研修(1)」独立行政法人国立文化財機構編『第三回国連防災世界会議の枠組みにおける国際専門家会合「文化遺産と災害に強い地域社会」報告書』pp. 153-155.

陣内秀信 2002「「計画された都市」と「生きられた都市」」陣内秀信・新井勇治編『イスラーム世界の都市空間』法政大学出版局、pp. 14-15.

狩野朋子・郷田桃代 2020「レジリエントな空間と防災――ネパール・パタン、中国・麗江、トルコ・ベルガマの世界遺産エリアの事例から」『文化人類学』85(2): 254-271.

前田昌弘 2016『津波被災と再定住――コミュニティのレジリエンスを支える』京都大学学術出版会。

益田兼房ほか 2009「地震帯における世界文化遺産の危機に関する国際的認識の重要性」『歴史都市防災論文集』3: 203-210.

目黒公郎 2019「都市における災害と復興」『地域と都市の防災』第13回（放送大学二〇一九年十二月二十八日放映）。

NEC Business leaders square wisdom. https://wisdom.nec.com/ja/report/20210603/index.html. 二〇二一年八月一日閲覧。

世界遺産と地域づくり研究会編 1998『歴史と風土とまちづくり 世界遺産と地域』ぎょうせい。
山本達也 1991『トルコの民家――連結する空間』丸善。

◇練習課題

1 あなたのまちの防災計画を調べて、問題点をあげなさい。
2 防災の拠点になりうる伝統的な空間を見つけて、日常時と非常時の連続的な使い方を提案しなさい。

12章 インドネシア・トラジャの慣習家屋
――「伝統」と「現在」のはざま

藤木庸介

◇ねらい
家屋には人びとの生活がどのように反映されているだろうか。本章では、インドネシア・スラウェシ島に居住するトラジャの人びとの慣習家屋を取り上げ、彼らの家屋の使用実態をみることから、家屋のレジリエンスについて考える。

数十年の間、住まい続けられてきた家屋があったとする。そうした家屋は建築された当時の姿のまま現在に至るものはほとんどない。家屋の姿は人びとの生活とともに変容するものだからである。他方、家屋にはずっと変わらない要素もある。本章では、インドネシア・スラウェシ島に居住するトラジャ族の慣習家屋を取り上げながら、家屋のレジリエンスについて考察してみたい。

一　トラジャの人びとと慣習家屋

1　トラジャの慣習家屋

トラジャ族は、インドネシア・スラウェシ島中南部、標高八〇〇～一八〇〇メートルの山岳地帯に住んでいる。彼らの慣習家屋はトンコナンと呼ばれ、舟形屋根が特徴の高床式住居である。トンコナンは一族の拠り所であり、儀礼の際の重要な場所である。また、トンコナンには必ずアランと呼ばれる米倉が付随し、一棟から数棟がトンコナンと向かい合って建っている。

トラジャ族の習俗や儀礼については、山下晋司らの先行研究に詳しい（山下 1988; Waterson 1990; 鳥越ほか 1995）。だが、こうした先行研究の多くは一九七〇～九〇年代初頭に行なわれたもので、それ以降トラジャ族の慣習家屋について報告されたものはあまりない。そこで筆者は二〇一三年と一四年、トラジャの慣習家屋に関して現地調査を行なった（藤木 2016ab）。ここでは、そのときの調査に基づいて北トラジャ県・シグントゥ集落の事例について述べる。

2　シグントゥ集落の事例

シグントゥ集落は北トラジャ県の県庁所在地ランテパオ中心部から、南西へ五キロメートルほどの水稲耕作地帯に位置する。集落の敷地南側に慣習家屋である三棟のトンコナンが並んで建ち、敷地北側には八棟のアラン（米倉）が建ち並ぶ。調査当時、ここには主人夫婦とその娘夫婦、および娘夫婦の娘一人が居住していた。三棟のトンコナンのうち、調査したのは中央に位置するトンコナンである（写真1、図1）。

まず、調査対象のトンコナンにおける建築構成とその使用について、調査結果を整理しておく。

(1)　これは伝統的なトンコナンに増改築が施された例である。伝統的な屋根は、竹を割って葺き重ねて作られ、その最上部に木板を葺くが、ここではトタンに葺き替えられている。

(2)　トンコナン北側の端に屋根のあるデッキスペースが増築され、来客時の応接場として、あるいは家族のリビング的な場として使用されている。

(3)　伝統的なトンコナンは高床式であることから、地面上は土間である。しかし、この事例では土間の部分に床が張られ、娘夫婦の娘の就寝スペース、および農作物などを置くスペースとして使用されている。娘の就寝の際は布団を用い、北に頭を向けて寝る。北は「生」に関する方角であり、南は「死」に関する方角である。このため頭を南に向けて就寝しないのが一般的である（山下 1988: 143）。

(4)　娘の就寝スペースに続くトンコナン南側に、鉄筋コンクリート造（以下「RC造」）切妻屋根平屋の居住スペースが増築されている。ここにはダイニング、娘夫婦の寝室、水浴場兼便所、炊事場がある。炊事場には水道が引かれ、プロパンガスコンロや冷蔵庫が置かれている。床は土間レベルにタイルが張られている。

(5)　伝統的にトンコナンは、高床レベルが主要な生活スペースとなる。通常三室に分かれ、中央の部屋には炉が切られる。家族の就寝位置は、南側の部屋を主に家長夫婦が使用し、北側の部屋は娘の就寝や来客が来た際の客間

写真1　シグントゥ集落のトンコナン（藤木庸介撮影、2014年）

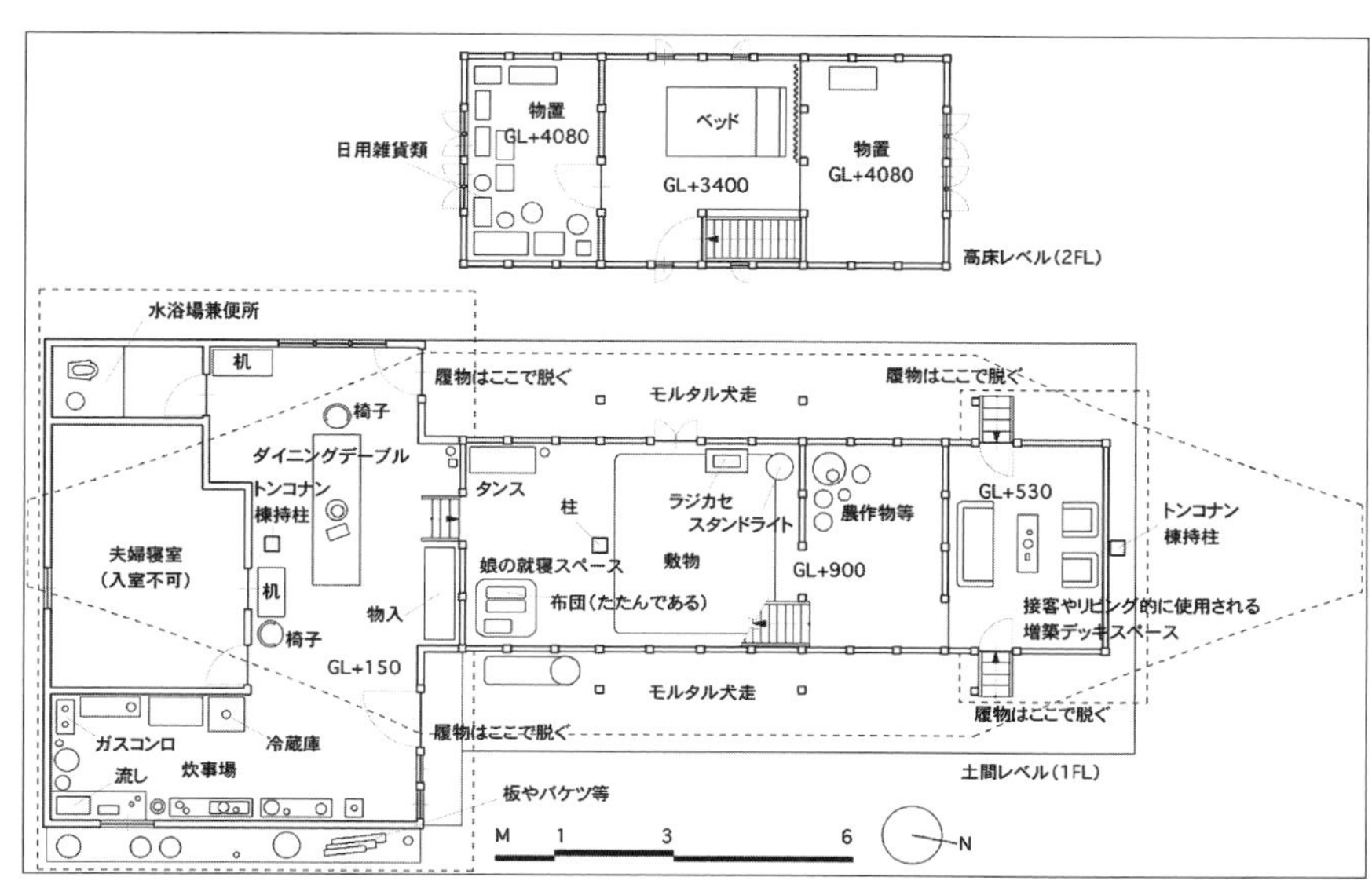

図1　調査したトンコナンの平面図（藤木庸介作図）

として使用する。息子がいる場合には、中央の部屋やアランの米倉の下にあるプラットフォーム状の場所が就寝する場所となる（藤木 2016a）。調査したトンコナンでは、高床レベル（2FL）の中央の部屋にベッドが置かれ、現在はこの地を離れている娘夫婦の息子とその妻が帰省した際に使用する。ベッドは頭が北の方角に向くように置かれている。高床レベルにあるべき炉は撤去されている。中央の間から一段高くなった両側の部屋は物置として使用されている。

以上のように、この事例では、トンコナンの土間レベルや南側の増築部分に主要な居住スペースが移されていた。これは、高床レベルには小さな開閉式の木戸が数カ所あるのみで昼間でも薄暗いことや、急な階段を上り下りして生活するよりも、土間レベルで生活することの方が便利だからであろう。一方、生活の利便性のみを優先すれば、トンコナン自体を解体して同じ場所に現代的な家屋を建てればよい。しかしそうはせずに、トンコナンを維持したまま、現在における生活スペースが増改築されている。トンコナンは今もトラジャの人びとにとって一族の拠り所であり、また彼らのアイデンティティをあらわすものだからである。さらには、増改築されたスペースにも、就寝時に頭を向ける方向など、伝統的な慣習の一部が受け継がれていることがうかがえる。

このように、トラジャでは、増改築をおこなったうえで今も使い続けられているトンコナンを数多くみることができる。むしろ、今も生活が営まれているトンコナンで、増改築が行なわれていないものを見つけることの方が難しい。少なくとも筆者の調査では、そのような事例を見出すことができなかった。また、こうした増改築のスタイルは、ここに紹介した事例の他にも、トンコナンの周囲を囲むように土間レベルに増築をおこなったものなどさまざまだが、高床レベルに生活の主要スペースがある事例はほとんどない（藤木 2016a）。トラジャ族の生活スタイルは変化しているが、トンコナンは変わらず彼らの生活のなかにあるといえよう。

一方、新築される家屋もある。こうした家屋の構成は、インドネシアの都市部にみられる現代的な家屋とあまり変わらない。しかしここにトンコナンの舟形屋根の意匠が加えられているものが多くある。これが当地における新築家屋の特徴であり、ここにもトラジャ族におけるアイデンティティとしてのトンコナンがあらわれている（写真2）。

写真2　トンコナンの意匠が加えられた現代家屋（藤木庸介撮影、2014年）

二　トンコナンのレジリエンス

トンコナンの構造は図1に示したように、柱をトンコナンの長手方向へ向かって二列に並べ、この柱列を同じく長手方向に貫く数本の貫（ぬき）によって締め固めたうえで、二列の柱列の間に梁（はり）を渡し、高床部分の床や屋根が構成される。また、舟形屋根の大きく反り上がった部分は棟持柱によって支えられている。このように大きく重い屋根が木造の軸組の上に乗る頭でっかちな構造体で、耐震に対するバランスは決してよいとはいえない。一九七〇年代以降、トラジャに観光開発が導入されてから、屋根はより大きく反り上がるようになった。これは、トンコナンが観光対象になり、トラジャ族のアイデンティティを象徴するものとして、舟形屋根がより強調されるようになったためである。

耐震に対するバランスはよいとはいえないが、筆者がみる限り、人が住んでいる集落でトンコナンが大きく崩れ落ちているものはほとんどない。崩れ落ちたトンコナンをみかけるのは、すでに人が住んでいない、放置された集落においてである。トンコナンの耐震性は、日本の木造建築物に似て、木造の軸組が揺れることにより揺れの力を躯体から逃がすところにある。極端に大きな揺れでは、木造の軸組を構成する各部材自体が折れるなどして崩壊が起きる。しかし、軸組の各部材自体が折れたりしない限り、貫によって揺れながらも崩壊を防いでいる。

火災に対する備えについていえば、トンコナンの屋根をトタン葺きに葺き替えることにより、近隣から火の粉が飛んできても、もらい火をする可能性が減る。しかし、調査事例においては、耐火性能を上げることよりも、メンテナンスのしやすさや安価で簡単に屋根を葺くことが、その目的のようである。伝統的には高床レベルにあるべき炉は撤去されていた。これも主要な居住スペースが、高床レベルから増築された平屋部分に移動したことに伴うものである。火災に対する備えとして、燃えやすい木造のトンコナンからRC造による増築部分へ炉を移したということではない。

以上から、調査対象のトンコナンにおいて、災害に対する対策が意識して行なわれているとは言い難い。しかし、長い歴史のなかでいろいろな経験を踏まえた結果、今にみるトンコナンに至ったのであろうから、トンコナンには災害に対する一定の耐力が備わっていると筆者は考えている。さらにいえば、災害に対するトラジャの人びとの考え方が、ここにあらわれている。つまり、揺れながらも貫の働きによって崩壊を免れさえすれば、多少傾いたとしても、後で直せばよい。火災は人災であるから、火を出さないように気をつければよい。このようにして、これまでもトラジャの人びとは災害と向き合ってきたのであろう。トンコナン建築における災害に対するレジリエンスとは、彼らの生活の仕方そのものにあるように筆者には思える。

三　トラジャにおける観光・慣習・レジリエンス
——中国雲南省麗江との対比

本書のテーマである観光にかかわるレジリエンスについて筆者の考えを述べる前に、観光と慣習の関係について、筆者がこれまでに関わってきたもう一つの事例を挙げておきたい。それは中国雲南省麗江市のケースである（本書5章参照）。

麗江市では、独自の慣習を持つ人びと（ナシ族）が居住する旧市街地が観光地化されたために、そこに暮らしていた人びとの多くがその地を離れ、他の地へ移住してしまった。筆者はこうした問題について、これまで繰り返し警鐘を鳴らしてきた（山村ほか 2007）。しかし、こうした警鐘は徒労に過ぎなかったと今では思っている。これまでの研究が無駄だったということではなく、ちょっと考え方が変わったのである。

麗江市旧街地には、現在、観光関連業従事者や、移住するお金がなかったり、高齢だったりといった理由を抱えた一部の人びとを除き、ここに住み続けているナシ族はほとんどいない（藤木ほか 2020）。彼らが築いてきた慣習はこの地において消失してしまい、もはやもとに戻ることはないだろう。麗江市旧市街地は、そもそもナシ族の生活文化を資源に観光開発がなされたが、今やその肝心のナシ族の生活そのものが失われてしまった。にもかかわらず、麗江は未だ人気観光地として存在している。何故か？　筆者は二つの要因があると考える。一つは、観光客にとってナシ族の慣習はさほど重要ではないということ。もう一つは、ナシ族にとっても自らの慣習を維持することよりも、移住によって得られる現代的な生活と経済的安定の方が優先されているということである。

観光客はテーマパーク化した旧市街地を散策し、本来の生活文化にはほど遠い、新たに創作されたエスニックショーや伝統料理のイミテーションを堪能して満足している。ナシ族にしても、従前に住んでいた旧市街地の家屋を賃貸することによって得られる収入や、観光業による経済的発展から得られる利便性を歓迎し、新市街地や別の場所に新たに手に入れた現代的な住まいでの生活を満喫している。つまり双方が満足しているのである。だから、麗江旧市街地は「観光地」であり続けることができるのだ。これは、ナシ族による自らの慣習への「肯定的な決別」があって、はじめて可能となるものである。

話をトラジャに戻そう。トラジャには一九七〇年代から国策により観光開発がもたらされた。当時の欧米における辺境地観光ブームにのり、一九九五年にはトラジャを訪れた観光客数は二六万人を超えた。しかし、辺境地観光ブームが去ったあとの二〇〇四年にはピーク時の約一〇分の一、二万七千人にまで減少している（Adams 2006）。

筆者が最後にトラジャを訪れた二〇一九年時の観光客数は、さらに少なくなっていた。それに伴ってか、筆者が定宿にしていたランテパオのホテルの宿泊料が、二〇一三年時の三倍以上に上がっていた。観光客向けの小規模なゲストハウスが減少し、その結果、観光に条件の良い、一部のホテルの宿泊料が高騰したのではないかと考えられる。筆者の知人である現地観光ガイドも、三人のうち二人がトラジャでのガイドを辞め、他の場所へ移住していた。

こうしたことから、南スラウェシ州政府はトラジャにおける観光業の再興を目指して、二〇一五年に新たな観光資

写真3　マカレに隣接する丘の上に立つ巨大キリスト像（藤木庸介撮影、2019年）

源となる巨大なキリスト像――現在トラジャの住民のほとんどはキリスト教で、ムスリムが多数派を占めるインドネシアにあってキリスト教はトラジャの新しいアイデンティティのシンボル――を、トラジャにおける行政の中心地であるマカレに隣接する小高い丘の上に完成させた（写真3）。筆者は二〇一九年にここを訪れたが、キリスト像が立つ基壇の部分が展望台になっていて、マカレ市街地一帯を展望することができ、たくさんの観光客が訪れていた。

さらに、二〇二一年三月にはトラジャ空港の運用が開始されている。これまでトラジャにはポンティック空港という小さな空港があったものの、滑走路が短く、小型機しか離着陸できず、欠航も常態化していた。それゆえ、スラウェシ島の玄関口であるマカッサルからトラジャに行くには、陸路をバスかチャーターした車で、片道八時間以上をかけて往来する必要があった。そこで、政府はポンティック空港滑走路の拡幅工事を行ない、中型のターボプロップ双発旅客機が離着陸できるようにし、新たにトラジャ空港として再運用をはじめたのである。これにより現在、安定した定期旅客便を一日二往復運行し、飛行時間も約一時間と、移動時間の飛躍的な短縮がなされている。

このことから、コロナ禍を乗り越えた暁には、多くの観光客が再びトラジャを訪れるようになるかもしれない。そうなれば、トラジャに少なからぬ恩恵がもたらされよう。しかし、ここでもう一度立ち止まって考えてみたい。トラジャにおけるこうした観光開発は誰を潤すのであろうか。実は、ランテパオ外縁部や山岳地帯に住むトラジャの人びとにとって、観光開発がもたらす恩恵は多くはない。いや、ほとんどないといってもよい。

麗江市の事例と比較をしてみよう。麗江市では、旧市街地に住んでいたナシ族が、自らの慣習への「肯定的な決別」と引き換えに、経済的利潤を得て新たな生活を行なっている。そのことで麗江市旧市街地という限られたエリアでの都市型観光が成立している。一方、トンコナンに帰属して生活を行なうトラジャ族は、ランテパオ外縁部や山岳地帯といった広い範囲に分散して生活している。したがって、麗江市旧市街地のような都市型観光開発は成立しえない。

　トラジャでの観光形態は、観光地として整備されている、もはや人の住んでいない集落や慣習に基づく墓地などを、団体ツアーへの参加や観光ガイドを雇って巡るのが一般的である。山岳地帯にある集落に、ガイドを雇ってトレッキングしながら訪れる観光客もいるが、こうした場合でも、その対象はガイドや旅行会社と契約をしている一部の集落に限られる。したがって、観光対象となっている一部の集落の人びとには、いくばくかの利益がもたらされるであろうが、それ以外の多くの人びとにとって、観光開発がもたらす経済的恩恵などないに等しい。そして事態は一九九〇年代中盤のトラジャにおける観光の隆盛時から何も変わっていない。つまり、多くのトラジャの人びとは、観光に頼らずとも自らの慣習を維持し、生活を継続してきたのだ。

　トラジャにおける新たな観光開発は、今後、トラジャの観光関連ステークホルダーに対する一定のレジリエンスになることが期待される。しかし、多くのトラジャの人びとにとって、観光開発が彼らの経済的安定と慣習の維持につながるレジリエンスになりえるとは、筆者にはまったく思えない。観光開発に地域の維持や再生に対する過剰な期待を寄せるべきではない。

四　トラジャの慣習家屋の未来

トンコナンとそこでの生活はすでに失われつつある。いずれ、まったくなくなってしまうのかもしれない。各地の慣習家屋が消えていくことは残念である。どこへ行っても同じような家屋と生活景観ばかりであれば、観光する意味さえないように思える。そんな世界はつまらない。

　しかし、筆者はまだ希望を捨ててはいない。もうしばらくの間、トラジャの人びとは、彼らの慣習家屋であるトンコナンとそこでの生活を維持していくように思えるからだ。なぜなら、意思を持ってトンコナンを維持し、そこに住み続けている人びとがいるからだ。人びとがそこに住んでいる限り、壊れた家は直すだろうし、多少の変容があったとしても一定の慣習は継続されよう。つまり、「住み続けること」こそが、自らの慣習と慣習家屋の維持にむけたレジリエンスにつながるのだと筆者は考えている。

ナシ族が過去の慣習を捨て、家屋を捨て、観光にかかわるかたちで新しい生活を始めたように、トラジャ族もいずれ慣習を捨て、家屋を捨てて新しい生活を始めるときが来るのかもしれない。長く受け継がれてきた慣習がなくなることは残念である。しかし、これは当事者が決めることである。おそらく、人の生活はこのようにして未来に向けて再生産されていくのであろう。これもまたレジリエンス――変化への適応――の姿ではないだろうか。

参照文献

Adams, Kathleen M. 2006 *Art as Politics: Re-creating Identities, Tourism, andPower in Tana Toraja, Indonesia*, Univ. of Hawai'i Press.

藤木庸介 2016a「インドネシア・スラウェシ島・トラジャ族に見る住居構成と住居使用の現状」『日本建築学会技術報告集』22(52): 1111-1116.

藤木庸介編 2016b『住まいがつたえる世界のくらし』世界思想社。

藤木庸介ほか 2020「観光開発が歴史的市街地の伝統的民家に与えた影響」滋賀県立大学人間文化学部『人間文化』48: 26-32.

鳥越憲三郎・若林弘子 1995『倭族トラジャ』大修館書店。

Waterson, Roxana 1990 *The Living House*, Oxford University Press.

山村高淑・張天新・藤木庸介編 2007『世界遺産と地域振興』世界思想社。

山下晋司 1988『儀礼の政治学――インドネシア・トラジャの動態的民族誌』弘文堂。

◇練習課題

ある地域に独自の慣習や慣習家屋を維持していくことに意義はあると思うか。あなたの考えを述べなさい。

13章 中国・客家の伝統集合住宅
――防災景観とそのレジリエンス

河合洋尚

◇ねらい

本章は防災景観について考えることを目的としている。私たちの周りの景観には防災のための知恵や工夫が込められていることがある。また、その景観で行動し、景観を保護することが、無意識のうちに防災につながることもある。本章では中国の伝統集合住宅の事例を通して防災景観への理解を深める。

本章のキーワードである防災景観とは何かについて、私たちの身の回りから考えていくことにしよう。

一　防災景観とは何か？

1　周囲を歩いて観察しよう

私たちは街や村を歩いているとき、周囲にどれだけ災害を防ぐための工夫が凝らされるかなどについてあまり考えないだろう。しかし、防災・減災という視点から街や村を歩き直してみると、いつもとは違う発見があるかもしれない。河川沿いを歩いてみよう。そこには川の氾濫を防ぐための土手や堤防がある。海岸沿いにいくと、堤防が建設されているほか、潮害や飛砂・風害から守るための林が植えられているかもしれない。山間部では、土砂崩れや落石、暴風から守るための林が植えられていることも少なくない。

同様に、都市でも防災のための工夫がいたるところにみられる。例えば、私が勤務する大学からそれほど遠くない地域（東京・南多摩エリア）には鯰（なまず）の絵と「避難広場」の文字を記した看板がいくつも学校の前に立てられている。地震などの災害が発生したときに、学校のグランドや体育館が避難場所になるというのである。学校の前には防災備蓄倉庫が置かれることもある。また、このエリアの公園では、広場や木々だけでなく一段低いところに調整池がある。それは、大雨が降った時に水がこの池に集まるようにして、地域の水害から身を守る工夫である。

日本は、地震、津波、台風などの自然災害が多い国である。地域によってどのような災害が起こりやすいかも異なる。それゆえ、各地域の実情に沿った防災対策とそれにかかわる環境の整備がなされている。例えば、海岸沿いの津波の多い地域では、高台に神社仏閣が構えられていることがある。緊急時には高台へと一目散に逃げ、神社仏閣に身を寄せることができる。こうした災害から身を守る工夫や知恵はほかにも枚挙に暇がない。

堤防、木々、広場、調整池などは、災害から身を守るために人間がつくりだした環境である。おそらく防災景観と聞いて真っ先に思い浮かべられるのはこのように防災を意識して設計された環境装置（ハード面）ではないだろうか。

2　防災景観の「景観」とは何か？

環境と景観は、日常用語において区別されないことがある。研究者の間でも、両者をいかに区別するかは、学問分野によって、時には個々の研究者によって異なる。ただし、近年の人類学で景観というと単なる自然や建造物（＝環境）以上の意味が込められる。人類学は、人間の日々の行動や知恵といったソフト面がいかに自然や建造物といったハード面に埋め込まれているのかを検討する（河合編 2016）。総じていうと、景観は、人びとが生活のうえでつくりだした、物理的な足跡であるとみなされることが多い。

したがって、防災景観とは、防災をめぐる人びとの行動や知恵に基づき形成された、自然であり建造物である。もちろん、多額の金を注ぎ込み土木工事を通して建てられた巨大堤防や大型公園なども、人間がつくり、そこに住む人びとを災害から守るという意味では、防災景観である。ただし、防災景観は人びとの生活と密接にかかわることで成り立っていることも少なくない。

先の例を取り上げると、高台に神社仏閣がひっそりと建てられており、その存在を誰からも知られていないならば、災害が生じたときに何の役にも立たない。高台の神社仏閣の存在が人びとに認知され、津波が生じた際には一目散に逃げる民俗があってはじめてそこは防災に活かされる景観となる。同様に、どれだけ都市計画者が大規模な公園や広場をつくっても、災害時にそこに逃げ込むという意識や教育が欠如していては、それは防災とは無縁の環境にすぎなくなる。このように、防災景観は、人びとの災害をめぐる行動や民俗があってはじめて生きてくる。

ただし、ここで注目すべきなのは、防災景観の全てが防災のために意識的につくられているわけではないということである。時として、防災とは一見して縁もゆかりもない行動や民俗が結果として防災景観を形成したり維持したりすることもある。

その例の一つが、「土手の花見」である。日本では春に川沿いの土手へとおもむき花見をする習慣がある。矢守克也によると、この民俗は単なる日本の春の風物ではない。冬になると降霜や凍結で土手の地盤が緩むため、梅雨の時期に大雨が降ると、増水により土手が決壊しやすい。だが、大勢の人間が花見にいき土手を踏み固めることで、洪水を防ぐことができる。だから、花見は、結果的に防災に役立っているのだという。この事例のポイントは、人びとが防災の「作業」をしているという意識をもっていないことである。人びとは、春の民俗を楽しむために土手を訪れている。だからこそ、人びとが苦をせずに防災活動を継続できるのだ（矢守 2011: 27)。見方をかえると、「土手の花見」は、無意識のうちに防災景観を維持する重要な民俗ともなっている。なお、本章でいう防災は、減災の意味も含んでいる。減災は、生活者が自然と折合いをつけつつ、災いを減らすという発想に基づいている（山 2021: 111)。

3　沖縄の防災景観とその遺産保護

一見したところ分かりにくいが、私たちの周りの自然や建造物が、実は防災にかかわりのある景観だというケースも散見される。かつて私が住んでいた大阪の千里ニュータウンには池がたくさんある。私がそこで生活するうちに知ったのは、これらの池は単に生活環境の一部としてあるわけではないということである。マンションの火災発生時に消火できる防災景観としても池は重要な役割を果たしうる。防災景観は日本のいたるところに潜んでいる。私がたびたび調査に行っている沖縄の民間や村落もその例に漏れない。沖縄といえば、シーサーが乗った赤瓦の住居とそれを取り囲む石垣が有名である。伝統的な屋敷地をとりかこむ石垣にはフクギと呼ばれる木が植えられていることも多い。沖縄の久米島では、フクギは「福木」とも書かれ、福を招くという象徴的意味が込められている。同時にフクギは台風など強風の被害から屋敷地を守るための防災機能をも備えている。

沖縄では、琉球王国時代より、台風や潮風から集落を守るため「抱護林」と呼ばれる人工林が植樹されてきた。それは災害から集落を守る機能をもつと同時に、中国から伝来したフンシ（風水）の思想とも関連すると考えられる（鎌田・山元・浦山編 2019）。

家屋や村落を建てる主な理由は、環境の脅威から身を守ることであるから、家屋や村落に災害から身を守るための知恵が込められているのは、ある意味で当然であろう。しかしながら、例えば人工林を植えるとき、防災としての機能だけでなく、幸福や命運などの象徴的・文化的意味が同時に込められているのは興味深い。もっとも、現地住民の全てが常日頃から周囲の自然を防災景観として意識しているわけではない。だが、そこに防災以外の意味を込めることで、防災に役立つ景観をつくる行動を促すこともあった。

伝統的な家屋や集落を守ろうとする活動は、地域の人びとの社会的つながりを強化することもある。久米島では、台風により拝所（伝統聖地）の建物が飛ばされ、消失したことがあった。しかし、現地の高齢者たちは、日本各地の郷友会、観光化を進める若者、町役場などの助力を得て、拝所をもとの場所に建て直した。その過程で、彼らは拝所をコンクリート製の建物に替え、その周囲に「抱護林」を植樹するなど、自然災害を防ぐ機能を強化した。他方で、彼らは拝所を建設するという行動を通して久米島の内外に住む人びとをつなげていった。こうした社会的つながりは拝所を再生させる力となった。同時に、そのつながりは、将来的に災害が起きたとき、拝所やほかの景観を回復させる動力ともなりうる。防災景観をつくるのが人であるならば、それを回復し維持するのもまた、人のつながりだからである。

二　囲龍屋とその建築構造——自然災害に対する知恵

防災景観への理解を深めるために、海外の事例を見ていくとしよう。海外の防災景観には日本と共通する要素もあるが、異なる社会事情によりさまざまな防災景観もつくられている。ここでは、私が長期のフィールドワークを実施してきた中国広東省梅県（ばいけん）の防災景観について取り上げていく。

1　地域概況

防災景観には、災害に対する現地の工夫や知恵が詰まっている。梅県でも災害に備えて堤防、公園、広場などがつくられているが、一見して目に見えにくい防災景観もある。

伝統集合住宅である「囲龍屋(いりゅうおく)」は、その一例である。昔から ある現地の防災景観の一例として、ここでは囲龍屋に着目してみるとしよう。

梅県は、中国東南部の広東省に位置する行政エリアである（図1）。広東省中部には、広州、東莞(とうかん)、深圳(しんせん)、珠海(じゅかい)など日系企業も多い大都市が並んでいる。これらの都市は、隣接する香港、マカオと併せて一大経済圏を形成している。

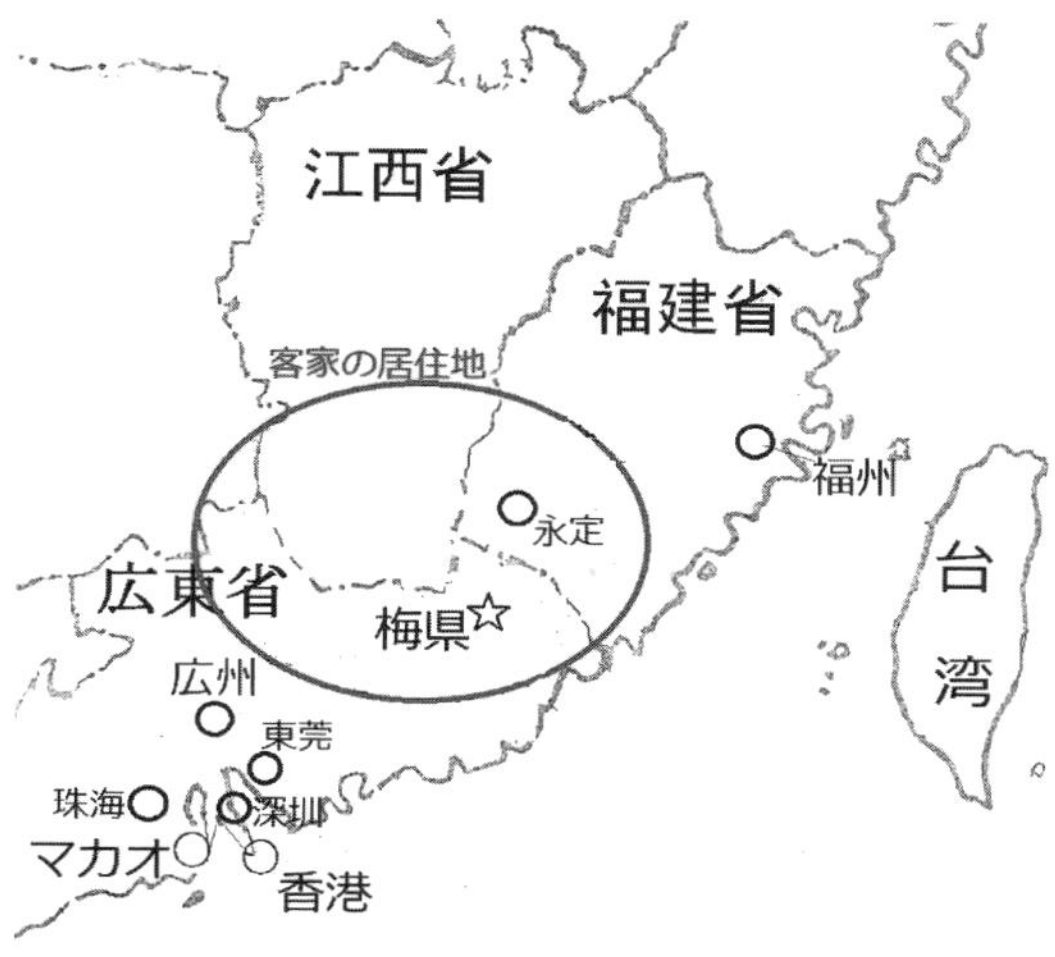

図1　中国東南部地図

いずれも珠江の三角州地帯に位置することから、珠江デルタ経済圏と呼ばれる。それに対して、梅県は広東省の東北部にある。ここは山間部に位置しており、豊かな珠江デルタ経済圏から外れている。そのため、広東省のなかでは相対的に貧しく、珠江デルタ経済圏へと出稼ぎに出る若者も少なくない。

しかし、梅県は、世界に住む中国系移民（華僑や華人と呼ばれる）の間では有名な地域である。華僑・華人の一派である客家(ハッカ)の故郷だからである。現在、梅県には約一〇〇万人が住んでおり[1]、その住民の多くは客家である。客家は中国のマジョリティ民族である漢族に属するが、客家語を話し、独自の風俗・習慣をもつ。また、客家には漢族のなかでも珍しい風俗・習慣があるともいわれ、その典型例として食（客家料理）と建築（客家建築）がよく挙げられる。

2　囲龍屋とその建築構造

中国東南部では、ユネスコの世界文化遺産である円形土楼を筆頭に、周囲を壁や部屋で囲まれた集合住宅が有名である。ただし、円形土楼は、福建省の永定(えいてい)（図1）を中心に分布する集合住宅で、梅県には歴史的に存在しない。梅県に数多く分布する伝統集合住宅は囲龍屋である。囲龍屋

写真１　永定県の円形土楼（河合洋尚撮影、2006年）

写真２　梅県の囲龍屋（河合洋尚撮影、2004年）

はユネスコの世界遺産に登録されていないが、そのうちいくつかは中国国内の文化遺産（「重要文物保護単位」）に登録されている。二〇〇九年には地元政府が囲龍屋を世界遺産として登録申請する準備を進めると発表した。その目標はまだ達成されていないが、二〇一〇年からは梅県のレベルの文化遺産に登録される囲龍屋が増えた。円形土楼は、ドームやコロッセオのように、四方を丸く壁で囲まれている。他方、囲龍屋は、四方の全てを壁で囲まれているわけではなく、前方が開かれ、池がある。[2]

囲龍屋の平面図をみていくと（図2）、この集合住宅の中央は居住区となっている。上庁、中庁、下庁は住民が共同で使う空間で、特に上庁には祖先の位牌が置かれる。そして、その周囲の中堂間、横屋間に人びとが住む。伝統的な観念によると、囲龍屋には、「宗族」と呼ばれる同じ姓の親族集団しか住んではならない。だから、一つの囲龍屋に住む人びとは、全員が近い／遠い親戚だった。上庁には共通の祖先が祀られており、年に数回、ここで拝む。

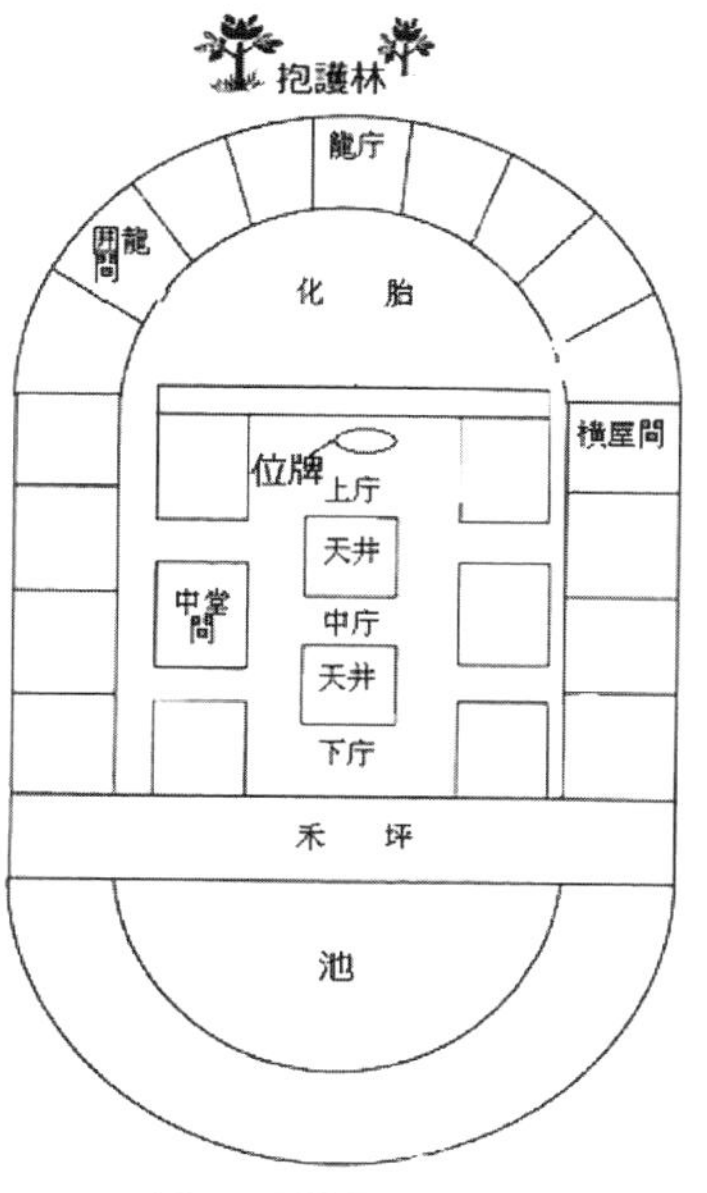

図2　囲龍屋の平面図

中央の居住区の前方には池があるのに対し、後方には化胎という小さな高台がある。そして、化胎を取り囲むように囲龍間という部屋が並べられる。ただし、その中央に位置する龍庁だけは、人が住んではならない。祖先の位牌、化胎、龍庁は、神聖な場所であると一族の人びとにみなされているからである。囲龍間のさらに外側には、近年はコンクリート製の近代住宅が建てられることも少なくないが、多くの場合、抱護林が植えられる。

3　防災景観としての囲龍屋

では、円形土楼や囲龍屋は、なぜこのような奇特な形をしているのだろうか。沖縄の屋敷地と同じく、円形土楼や囲龍屋には、自然災害に抗するための客家の人びとの知恵が込められている。通説によると、円形土楼が要塞のような形をしているのは、外から敵が容易に侵入してこないようにするためである。また、土楼を四角ではなく丸くすることで、耐震機能が増すともいわれる（胡ほか 1997: 611）。

他方で、囲龍屋が分布する梅県は、地震の被害が少ないエリアである。『広東自然災害地図集』（一九九五年版、広東省地図出版社）によると、広東省には地震が発生しないわけではないが、二十世紀にマグニチュード六以上を記録したのは三度だけである。それぞれの震源地は、梅県やその近隣の諸県ではない。梅県の人びとにとって、地震より注意を払うべき災害は、旱魃、大雨、強風、火災である。

梅県の夏は暑い。それゆえ、広東省の伝統住居では暑さを避けるための工夫がなされている。囲龍屋の場合、その工夫の一つとしてつくられているのが「天井」である。これは、日本でいう天井とは意味が異なる。囲龍屋の上庁、中庁、下庁の間には屋根（日本でいう天井）がなく、わざと雨が落ちるよう工夫されている。そして、その下に方形の窪みをつくり、雨を貯める。その貯水場が「天井」と呼ばれる。この吹き抜けと「天井」があることで、建築全体の通気が良くなり、温度を下げることができる。「天井」と前方の池とは排水管でつながれているため、大雨の時でも水が溢れることはない。大雨の時、囲龍屋の池は、現代でいう調整池としても機能する。

広東省で大型の台風は沿海部に集中するが、梅県で強風の被害がないわけではない。そのため、沖縄のフクギと同じく、囲龍屋の周りには抱護林を植え、被害を減らす。ただし、山間部にある梅県では、その木々そのものが火災の原因となることもある。だから、囲龍屋の壁には、火が移りにくいとされる「三合土」（粘土、砂、石灰を混ぜてつくる）が厚く敷き詰められている。また、火災発生時には、囲龍屋の池が消火のために役立てられる。

注目に値するのは、梅県には水を財とみなす考え方があることだ。囲龍屋の各建築部分に防災の機能があることを知らない宗族（親族集団）の人びとも、水が豊富にあると運気があがると信じている。だから、都市開発が進む梅県でも、池、「天井」と両者をつなぐ排水管を残そうとするケースが少なくない。また、風水の観点から囲龍屋の池の埋め立てや林の伐採に反対することもある。

三　囲龍屋の再生と保護——社会災害に対する知恵

防災について語るとき、もう一つ無視することができないのは、人災、つまり社会災害である。私が観察してきた限り、囲龍屋に物理的なダメージをより与えてきたのは自然災害ではなく社会災害の方である。それは中国が歩んできた歴史とも深くかかわっている。次に社会災害による囲龍屋の破壊とそのレジリエンスについて、述べよう。

1　囲龍屋をめぐる社会災害

梅県で宗族の人びとが大量に移住してきたのは、明代末期～清代（十五～十九世紀）であるといわれている。彼らは、移住後に一族で共同居住をするため、囲龍屋を次々と建てた。しかし、二十世紀に入り中国で近代化が進むにつれ、囲龍屋は「伝統的な」「旧時代の」集合住宅であるとみなされるようになった。一九四九年には社会主義を理念とする共産党政権が樹立し、一九六六年に文化大革命が起こると、囲龍屋は次々と破壊されるようになった。文化大革命とは、社会主義の原理に戻ろうとする運動であるが、それが激化して暴力行為に及ぶこともあった。社会主義は、階級の不平等だけでなく、それを支えてきた儒教などの伝統思想、宗教・信仰をも否定する。囲龍屋は、祖先や神を信仰し、親族の間の儒教的序列関係を体現する伝統的建造物でもあるため、文化大革命が始まると攻撃・破壊の対象となってきた。

文化大革命が一九七六年に終わり一九八〇年代に入ると、一部の宗族は囲龍屋の回復・再建に着手しはじめた。しかし、囲龍屋の再建には当然のことながらお金がかかる。そのため、囲龍屋の再建に着手できなかった宗族もいる。一九九〇年代に入ると、今度は都市開発・地域開発が梅県で加速し、数多くの囲龍屋が壊されていった。その間、確かに防波堤の整備、巨大公園の建設といった防災対策は進んだ。しかし、人びとの防災の知恵が込められた囲龍屋は、明らかに減少の途を辿っていった。

2　宗族の力と囲龍屋のレジリエンス

以上の経緯により、梅県の宗族の人びとの多くは囲龍屋を離れ、近くにコンクリート製の近代住宅を建てて住んでいる。しかし、全ての宗族が囲龍屋を過去の遺物として放棄したわけではない。

一九七八年に中国で改革開放政策が始まり、市場経済が部分的に導入されると、国外から投資を受けることが可能になった。その後、梅県の宗族――特に規模が大きい宗族の成員たち――は、地元で少しずつ金を集め、香港や東南アジアなどに住む親戚からも寄付金を得て、宗族の基金会を組織した。彼らは、その資金でもって祖先祭祀と年中行事を再開し、子弟のための奨学金を設け、さらに墓や囲龍屋を再建しはじめた。同時に、この資金は災害発生時の備蓄金ともなってきた。

宗族が囲龍屋の再建を望んだ理由は、多くの場合、防災のためではない。彼らは、祖先の功績や努力、一族の記憶が囲龍屋に込められていると考えた。また、囲龍屋やその池、林を破壊すると、彼らの運気や運勢に悪影響を及ぼすと考える人びともいた（河合 2020: 第四章、第五章）。彼らが囲龍屋の存続を望んだ別の理由は、一族の結束力を保持することである。囲龍屋で祖先祭祀や年中儀礼を催すと、珠江デルタ経済圏へ出稼ぎにいった若者たちや海外に住む親戚たちも戻ってくるからである。そのため、彼らは自分たちの力で金を出し合い、囲龍屋を元通りに再建させてきた。

宗族は、囲龍屋を再建するにあたり、元の建築構造を回復させるだけでなく、新たな創意工夫をなした。特に開発などの社会災害から囲龍屋を守るため、それに新たな「防災」機能を付け加えはじめた。そのために彼らが活用したのが、ツーリズムと文化遺産制度である。

二〇〇三年に梅県の政府は、客家文化を観光に活かす政策を打ち出した。その政策を受けて、宗族は、囲龍屋を客家文化の特色として強調するようなった。例えば、ある宗族は自らの囲龍屋を一種のエコミュージアムとして、その建築の各部位がいかに客家文化と結びつきがあるかを解説する看板を掲げた。そしてその囲龍屋を観光地として開放し、入場料などから収入を得るようになった。その後、客家文化に関心をもつ華僑や国内外の観光客がそこを訪れるようになり、この囲龍屋は開発による取り壊しの対象となるどころか、地元をあげて保護すべき観光地となったのである。

また、囲龍屋の一室を改造し、この一族が生み出した共産党革命の将軍を称える記念館をつくった宗族もある。彼らはこの記念館を対外開放し、「革命観光」（レッドツーリズム）を推し進めた。それによりこの囲龍屋は梅県の文化遺産に認定され、取り壊しという社会災害を回避することに成功した。

こうして、宗族は、自然災害に対する知恵を埋め込んだ囲龍屋を守っただけではない。社会災害を防ぐ機能を追加することで、囲龍屋は防災景観として新たな姿で生まれ変わった。その背後にあったのが、ツーリズムと文化遺産制度であった。

四　防災景観のレジリエンスと社会的つながり

防災景観とは、災害から身を守るために人間がつくりだした環境装置である。都市計画や土木工事でつくりだされた堤防、公園、調整池、防風林なども防災景観の一つであるといえる。ただし、私たちが防災景観について考えるとき、物理的側面（ハード面）にばかり目を向けるのではなく、そこに住む人びとの日常の生活（ソフト面）にも着目する必要がある。

本章で注目したのは、この防災生活は消火器を置く、懐中電灯や食料を貯蓄する、浴室の水を流さないといった災害と直結する行為だけとは限らないということである。「土手の花見」にみるように、普段私たちがそれとなくしている生活習慣が、知らず知らずのうちに防災の活動につながっていることがある。梅県においても、水を財とみなしたり風水を守ろうとしたりする考えが結果的に囲龍屋の保護につながってきた。さらに、祖先の功績や一族のアイデンティティを残そうとする一見して防災とは何の関係もない活動も囲龍屋を再生する要因となっていた。囲龍屋には客家の人びとが培ってきた自然災害を防ぐ知恵が盛り込まれている。そのため、囲龍屋を再生・保護する宗族の活動は伝統的な防風林を伐採し調整池を埋め立てる、行き過ぎた開発を防ぐ役割を結果的に担ってきたといえる。

囲龍屋のような伝統集合住居を再建・刷新する動きは、宗族の社会的つながりを強化するという効果も伴っていた。こうした社会的紐帯は災害が起きたとき相互に助け合う力ともなりうる。例えば、囲龍屋で火災やボヤが生じても、一人が池から水をかけるだけでは消火の効果は薄い。しかし、多数のメンバーが協力することで、池の水を用いて火を消すことができるかもしれない。その時はじめて池は、防災景観としての機能を十分に発揮することができる。

ツーリズムや文化遺産制度を利用して囲龍屋を守ることも、宗族の社会的つながりを維持・強化する助けとなる。開発などの社会災害から囲龍屋を守ることで、そこに住む人びとは囲龍屋で祖先崇拝や年中行事をおこない、中国国内外へと離散した人びとが戻る場所を確保することができる。囲龍屋をツーリズムの対象とすることは、一見防災とは何の関係もないようにみえるが、人びとが自主的にツーリズムを推進することで、過去から伝わる自然災害を防ぐ知恵を継承するだけでなく、社会災害から身を守ることもできるのだ。ツーリズムは防災景観の回復や刷新に積極的な作用を及ぼしうる。

梅県の人びとは、囲龍屋を拠点に基金会をつくることにより、災害から守るマンパワーを確保するだけでなく、経済力をもつことを可能にしている。その経済力は近年では観光によっても支えられている。中国・梅県の事例は、確かに日本とは異なる社会的文脈にある。しかし、防災景観のレジリエンスにおいて、宗族のような社会的・経済的基盤をもつのが重要であること、ツーリズムが積極的な作用を及ぼし得ることは、日本においても参考になる点が少なくないだろう。

注

（1） 梅県は、広東省梅州市の管轄下にある。中国では、市の下に県や区がある。梅州市の中心で都市区域は梅江区である。その周囲に梅県区がある。地元では、梅江区と梅県区を合わせて梅県と呼ぶことがあるので、本章もその総称に従った。私はそのうち梅江区のX地域で調査した。本章の事例の大半はX地域で観察されたものである。

（2） 円形土楼と囲龍屋の詳細については、飯島・河合・小林（2019）の第一六章と第一七章を参照のこと。

参照文献

飯島典子・河合洋尚・小林宏至 2019『客家——歴史・文化・イメージ』現代書館。
胡希張・莫日芬・董勵・張維耿 1997『客家風華』広東人民出版社。
鎌田誠史・山元貴継・浦山隆一編 2019『「抱護」と沖縄の村落空間——伝統的地理思想の環境景観学』風響社。
河合洋尚編 2016『景観人類学——身体・政治・マテリアリティ』時潮社。
河合洋尚 2020『〈客家空間〉の生産——梅県における〈原郷〉創出の民族誌』風響社。
山泰幸 2021「災害多発時代に命と暮らしを守る」岩本通弥・門田岳久・及川祥平・田村和彦・川松あかり編『民俗学の思考法』慶應義塾大学出版会、pp. 109-120.
矢守克也 2011『増補版〈生活防災〉のすすめ——東日本大震災と日本社会』ナカニシヤ出版。

◇練習課題

次の課題のうちを一つを選び、五〇〇字程度で述べなさい。

1 あなたの身近なところにある防災景観について、具体例を挙げなさい。

2 防災には、宗族のような社会的結束力が重要であることを学びました。あなたの居住地では、災害に抗するためどのような社会的結束力を事前に準備しておくことが考えられるでしょうか。自由に考えを述べなさい。

14章 日本・富士山の保全と活用
——三保松原を例として

堂下　恵

◇ねらい

本章では、日本の最高峰であり国を象徴する山である富士山が世界「文化」遺産であることに焦点を当てる。とくに、その構成資産である三保松原を例に、霊峰・富士山が文化として位置づけられる世界遺産の枠組みや保全・活用を考える。

一　世界文化遺産・富士山

日本の最高峰であり霊峰である富士山は、一九九二年に日本が世界遺産条約に加盟した時から、日本を代表する山として世界遺産に登録しようという動きがあった。最初は「自然」遺産での登録が目指されたが、屎尿処理の問題やゴミの不法投棄など、自然保護に関する課題が多いことが明らかになり（吉田 2018: 172）、二〇〇〇年代前半に自然遺産での登録は断念された。だが、富士山を世界遺産に登録しようという動きそのものが完全になくなったわけではなく、二〇〇五年に改めて静岡県と山梨県が「文化」遺産としての登録を目指す合同会議を発足させた。世界文化遺産としての登録を目指す議論のなかでは、文化的景観あるいは複合遺産としての登録も検討されたが、最終的には、富士山は日本人の自然に対する信仰のあり方や日本に独特の芸術文化を育んだ山であるとして、二〇一二年一月に世界文化遺産に推薦された。

登録に向けた審査においては、二五の構成資産のうち三保松原は除外すべきという勧告も出たが、最終的には信仰の対象（評価基準iii）と芸術の源泉（評価基準vi）の二つの評価基準によって顕著な普遍的価値が認められ、二〇一三年六月に「富士山――信仰の対象と芸術の源泉」として世界文化遺産に登録されることが決定した。

富士山は古来、信仰の対象であった。富士山の火山活動が活発だった古代には、遥か遠くに煙をたなびかせて聳え立つ富士山を見て、人びとは畏敬の念を抱いた。そして「荒ぶる火の山を鎮めてくれる神として浅間の神を祀り、富士山を遥拝する」浅間信仰が始まった（伊藤 2012: 217）。

仏教が興隆すると、富士山は山頂を浄土とする仏の山としても広く認知されるようになり、浅間大神は浅間大菩薩とも称された。神道・仏教・道教などを習合した修験道が興ると富士山を含む特定の山岳が行場となり、修験者が山中で修行をおこなう登拝が盛んになっていく（若林 2012: 208）。江戸時代には、富士山信仰集団の一つである富士講が隆盛したのにともなって、多くの一般信者が登拝した。

近代になると、神仏分離令や修験宗廃止令が発令されて富士山から仏教や修験の色が失せていったが、神の山として富士山への信仰は続き、加えて海外からレジャーやスポーツとしての登山が入ってくると信仰目的ではない登山も増えた。世界遺産登録直前には夏季（七～八月）の富士山登山者数は三〇万人を超えていた。前記のように、富士山は山そのものが神聖であると同時に多くの人びとが実際に足を踏み入れて登拝してきた山でもある。自然物を崇める伝統がある日本において、富士山は宗教・宗派を超えて信仰されており、登って宗教実践する世界的にも稀な山岳である。

二五の構成資産のうち、芸術の源泉を証明する資産は本栖湖と三保松原である。本栖湖は信仰の対象であり、本栖湖からの富士山が日本の紙幣の図様として用いられたりしていることから、芸術の源泉を証明する資産でもある。三保松原は、富士山に向かってまっすぐ延びる松林に覆われた砂嘴であり、富士山と関わりのある天女の伝説が和歌や芸能の題材になっている。なかでも天女を主題とした能『羽衣』は海外の芸術にも影響を与えている。また、富士山と三保松原が形成する景観はあの世とこの世を表象していると考えられ、水墨画や浮世絵など多くの芸術作品で描かれて世界的にも知られている。信仰の対象と芸術の源泉のいずれにおいても、富士山が特筆すべき価値があることが世界文化遺産として登録された所以である。

二　富士山をめぐる世界遺産の考え方

世界遺産条約が最初に採択されたのは一九七二年であっ

たが、当初は富士山のような霊峰が文化遺産として登録できたわけではなかった。世界遺産制度はアメリカの自然保護とヨーロッパの文化保護の影響を強く受けて始まっており、人の影響を受けていない顕著な価値を有する自然環境を自然遺産とし、人類の叡智の極みであり普遍的価値を有する建築物などの有形文化財を文化遺産として登録するというものであった。顕著な普遍的価値を判断する条件は真正性（オーセンティシティ）と完全性（インテグリティ）であり、文化遺産がいかに本物であるかを判断する真正性と、自然遺産がいかに人の影響を受けていないかを判断する完全性が統合されたといえる。当初は自然と人間が関わりあってできた事物を世界遺産として登録するのは難しく、制度の内容が是正された現在でも文化遺産が自然遺産よりもはるかに多く登録されている。

文化遺産と自然遺産を対極におく理念の見直しや登録数の偏りを是正するべく、一九九二年に「文化的景観」という概念が導入された。文化的景観は、「自然と人間との共同作品」と捉えうる遺産であり、世界遺産条約の履行を促すための手続きを定めた「作業指針」第四七項では「人間社会または人間の居住地が、自然環境による物理的制約の下に、内外からの社会的・経済的・文化的な力の継承的な影響を受けつつ、どのように進化を遂げてきたのかを例証する遺産である」と定義されている（西村・本中編 2017: 124）。文化的景観の導入によって、人間との関わりが深いが自然としての価値も高い遺産や、先住民に活用されてきた自然、口頭伝承などの無形文化との関わりが深い景観も世界文化遺産として登録することが可能になった（Rössler 2003: 45-46）。

一九九四年には、顕著な普遍的価値を持つ世界の文化・自然の多様性を世界遺産リストに偏りなく反映させるべく、ユネスコは「グローバル・ストラテジー」を採択した。その翌年には文化的景観に関する専門家会議が、フィリピンで棚田景観をテーマに、オーストラリアで信仰や芸術活動と関連する景観をテーマに開催された。これらに続き二〇〇一年には日本の和歌山県で「アジア・太平洋地域における信仰の山の文化的景観に関する国際専門家会議」が開催された。この会議では聖なる山を、(1)山そのものが神聖であると考えられている山、(2)神聖なるものを連想させる山、(3)山の一部に神聖な地区や場所、神聖なモノがある山、(4)神聖な儀式や儀礼を感応させる山、の四つの類型に分けた（西村・本中編 2017: 144-145）。日本から専門家として参加した本中眞は、聖なる山である富士山は信仰や芸術に表象される、人と自然が深くかかわった文化的景観であると説明した(1)。

しかしながら、富士山の文化的景観としての推薦は二五の構成資産が景観としての完全性を充足しているとは言い難いと判断され、見送られた(西村・本中編 2017: 136)。世界遺産は複数の構成資産によって推薦するシリアル・ノミネーションが認められている。二〇一一年以降は、国境を越えて複数の国の構成資産によって推薦されることを想定し、シリアル・ノミネーションは資産全体としての顕著な普遍的な価値、資産全体の顕著な普遍的価値に各構成資産がどのように貢献しているか、各構成資産間の関係性、を明らかにすることが求められている(西村・本中編 2017: 116-117)。完全性は前に述べたとおり、遺産ができるだけ元の形を保存しているかということであり、現在では文化遺産、特に文化的景観において、適切に保護・保存されているか判断する意味で重要になっている。

富士山を確実に世界遺産として登録するために文化的景観としての推薦は見送られたが、推薦書では文化遺産としての保存状況が複数の項目について明記されている。風致景観に配慮した観光開発や都市基盤施設の整備、温暖化などの環境変化、噴火や土砂災害、地震、風水害への対策、来訪者管理などである。日本は災害大国と称されるように自然災害の多い国であり、一九六一年に災害対策基本法が制定されて以降、二十一世紀初頭までに国、都道府県、市町村のそれぞれのレベルで防災体制が確立された(京都大学防災研究所監修 2011: 12)。推薦書には富士山の噴火予測や地震などの自然災害対策が徹底されていることに加え、歴史的に活用されてきた霊峰としての観光開発や来訪者管理などについても記されていた。

しかし、富士山の世界文化遺産登録が決まった際には、「富士山を二五のばらばらの構成資産の集合体ではなく」(西村 2018: 3)、資産を「ひとつの存在」として、また「ひとつ(一体)の文化的景観」として管理するためのシステムを実施可能な状態にするよう、六点の勧告がなされた(2)。加えて、「危機管理戦略の策定」の要請と「山麓における建築物等の規模・位置・配置に係るさらに厳しい規制」の必要性も指摘された。この勧告を受けて、二〇一四年十二月に「富士山――信仰の対象と芸術の源泉ヴィジョン・各種戦略」が策定された。

この戦略では、世界遺産委員会の指摘・勧告に応じる「ひとつの存在」・「ひとつの文化的景観」としての管理方法を反映した保存・活用について、「「信仰の対象」としての性質を考慮した「望ましい富士登山の在り方」を展望するとともに、「芸術の源泉」となってきた富士山の「良好な展望景観の保全」を目指すものでなければならない。また、山頂への登山、山中での周遊、山麓における観光・レクリエーションなどとの適切な調和・共存・融合の戦略・方法へと具体化することが求められる」と説明している(富士山世界文化遺産協議会 2014: 4)。二〇一六年一月には世界文化遺産富士山包括的保全管理計画が改定され、これらの資料や報告書によって勧告への回答が審議された二〇一六年七月の世界遺産委員会では、広域の文化的景観の保存管理のあり方を示す模範的なものであると高く評価された(西村 2018: 4)。

富士山が世界文化遺産として登録された背景には、「文化的景観」という概念の導入、聖なる山に関する議論があり、推薦にあたってはシリアル・ノミネーションや完全性という世界遺産の作業指針の条件を確実に満たす戦略が選択された。登録の際の勧告は富士山の保全や防災が十分でないという指摘というよりは、文化遺産として二五の構成資産が「ひとつの存在」として顕著な普遍的価値を有し、傷つけられることなく保護されているという証明が求められたといえる。日本からの返答は、富士山が登山、展望、観光・レクリエーションなどのために活用されてきたことを踏まえて立てたヴィジョン・戦略で示された。

世界遺産の保護・保全に関しては、サステイナビリティとレジリエンスの議論があり、世界遺産は「本物」のまま保護・保存されていることが求められるので、静的な保護・保全を前提とするサステイナビリティが重視されてきた。だが、富士山のように歴史的に人と関わり、活用され続けてきた山岳の場合、静的な保護・保全では十分ではない。ここで有用なのが変化を視野に入れたレジリエンスの考え方である。レジリエンスは変化に対する適応力と理解され、保護や保全を議論する際には変化を前提とし、対象となる事象が時代や状況に合わせて変わることを良しとする。富士山が世界文化遺産になるということは、国際制度の枠組みのなかでその価値を明示しなければならないが、同時に変化のなかで保護・保全を実現するという世界文化遺産の新たな方法を指し示すこともできるということである。

三　文化遺産・富士山をめぐる議論——三保松原

以下では世界文化遺産の保護・保全について富士山の構

成資産の一つである三保松原（みほのまつばら）を例に考えていく。三保松原は富士山頂の南西約四五キロメートルに位置し、駿河湾に臨んで豊かな松林に覆われた砂嘴である。この砂嘴は安倍川から流出した土砂や有度（うど）丘陵から削り取られた砂礫が駿河湾を南西から北東に運搬され、それが堆積して三保半島として形成された。安倍川は急峻な河川で大量の土砂を産出することから、その流域では歴史的に洪水などの災害に備えて対策がとられてきたが、同時にその土砂が三保松原の形成に大きく役立っていたのである。

　この砂嘴には、土壌が豊かでなくても育つ松が自生し、先端がまっすぐ富士山を指していること、松には神が宿ると考えられたことなどから、富士山を訪れる神や天女が三保松原に立ち寄ってから富士山へ向かうと信じられた。また、三保松原は古代から日本の幹道であった東海道の近くにあり、三保の対岸には古代の関所に端を発する清見寺があって要人がしばしば滞在した。東海道を往来する人びとは海に浮かぶ松原の美しさを愛で、富士山と三保松原の風光明媚な景色は古くから知られていた。

　室町時代になると、中国の水墨画に造詣の深い雪舟が書いたと伝えられる「富士三保清見寺図」が完成する（図1）。この絵画には、神が降り立つとされる三保松原が右

図1　伝雪舟筆「富士三保清見寺図」（出典：永青文庫）

下段に、周辺地域の重要地点である清見寺が中段に、富士山が左上段に描かれている。この構図はあの世とこの世のつながりを表象したとされ、浮世絵をはじめ多くの絵画で繰り返し模倣され、海外でも知られるようになった。

近代になると三保松原の対岸の清水が港湾として近代化され発展する。その結果、「富士三保清見寺図」と同じ構図で三保松原と富士山を眺めると、実際には湾岸に近代施設が広がる景色に変化した（写真1）。他方、三保松原は一九二二年に名勝指定されており、富士山が眺望できる風光明媚な人気ある来訪地となっていく。観光客向けの絵葉書では、富士山と三保松原の景色に近代的な鉄橋や港湾施設、市街地を含めたものが複数作成された。来訪者にとっては周辺地域の発展と、富士山と三保松原の審美的な景色の組み合わせは、必ずしも否定されるものではなかったのである。

戦後の高度成長期を迎えると、三保半島を形成する安倍川の土砂が建築用材として大量に採取された。その結果、三保半島を形成する土砂が減り太平洋側の海岸線が侵食され、三保松原よりも南西側の海岸線では海水が車道に押し寄せるところまで被害が大きくなった。海岸線を守るために離岸堤や防波堤が設置され、三保半島でも被害を未然に

写真1　有度丘陵からの三保松原と富士山　右中段から三保松原が富士山に向かって伸びている（堂下恵撮影、2019年11月）

防ぐために複数の離岸堤・消波堤が置かれ、現在は砂浜を守るための養浜もおこなわれている。

世界遺産委員会の諮問機関であるイコモス（国際遺跡記念物会議）が富士山の世界遺産登録にむけて評価をおこなった際、三保松原が富士山から四五キロメートル離れていることや、海岸侵食を防ぐために置かれた消波堤が審美的な景観を損なうことを理由に構成資産から除外するように勧告がなされた。だが、日本は世界文化遺産・富士山にとって三保松原は欠かすことのできない資産だとして勧告を受け入れず、世界遺産委員会で外交交渉によってイコモスの勧告を覆して二五の構成資産での登録を実現させた。

この時の外交交渉では富士山と三保松原の図が載ったパンフレットが使用された。そのパンフレットに掲載されていた写真の構図は、実は消波堤を起点にしたもので、手前に海岸、中央奥に富士山、そして左中段に三保松原が写っている。「富士三保清見寺図」と比べると、富士山と三保松原の位置が反転したと判断できる構図である。この構図では、港湾や市街地は全て三保松原で隠れており、自然物だけで景観が成り立っているように見える。この写真の構図は世界遺産登録後も多くのパンフレットや掲示物で利用されている（写真2）。

写真2　三保松原から見た富士山（写真提供：静岡県観光協会）

三保松原そのものの保護・保全で課題となっているのは、マツ材線虫病による被害、松葉が燃料使用されなくなったことによる生育環境の悪化、松の過密化、シロアリの被害などである（静岡市 2014、2015）。地元住民による定期的な清掃など保全活動がおこなわれているが、マツ材線虫病への対策は薬剤の空中散布の実施・中止・再開というかたちでおこなわれてきた。松原を守るには害虫駆除が必要であり、その対策は科学技術の力に頼っているのである。

三保松原の事例から、世界文化遺産・富士山の構成資産は災害や開発、活用や保全と複雑に絡み合って存在し変化していることがわかる。災害リスクの高い急峻な河川があってこそ三保松原を形成する土砂は供給され、開発目的に大量採取されて土砂が流れてこないと海岸侵食が起きる。松原自体も害虫による被害のリスクに晒されており、これら自然の脅威への対策は科学技術の力によってなされている。

富士山と三保松原の展望は、歴史的に東海道の人びとの往来と切り離せないが、周辺地域の近代化によって中・近世の構図のままでは港湾施設や市街地が含まれる。審美的な景観として富士山と三保松原の配置を反転し人工物を隠す構図が新たにでき、世界遺産・富士山を代表するものとして広く知られるようになる一方、来訪者に向けては人工物も含む構図が絵葉書などで活用されている。構図を変化させて、多角的な視点から多くの人びとを魅了しているといえるだろう。富士山と三保松原の展望を楽しむ人は後を絶たず、三保松原の玄関口に二〇一九年三月にオープンした静岡市三保松原文化創造センター「みほしるべ」は、四カ月で来訪者年間目標の二一万人を突破し[3]、二〇一八年十一月に三保松原と富士山を見渡せる地点にオープンした展望施設「日本平夢テラス」には、一周年で目標の四倍近い一一八万人以上が来訪した[4]。

四　三保松原と富士山——日本の霊峰から防災を考える

世界文化遺産・富士山は、自然遺産ではなく文化遺産として推薦・登録されたことから、多角的な視座で保全や活用を考える機会を与えてくれる。なかでも構成資産の一つである三保松原は、その成り立ち、開発にともなう変化、変化に合わせた災害対策など、「自然」としての保護・保全が不可欠であり、同時に富士山と三保松原の展望という文化的価値の保護・継承も必要である。

日本は災害が繰り返し起こる国であるため、国を代表する霊峰・富士山を災害から守るためにさまざまな対策が立てられてきた。また、歴史的に登拝という宗教実践がおこなわれ、近代以降はレジャーとしての登山も盛んである。それゆえ、来訪者を質・量ともに適切に管理する必要がある。加えて、世界文化遺産として登録されたことによって、世界遺産という国際制度に基づいて構成資産の「完全性」を重視し、改変せずに保存することが望まれている。

しかし、本章で見たような富士山の世界遺産としての特徴を考えると、変化への適応、すなわちレジリエンスという観点から、文化遺産としての富士山を保護・保全していくことが必要なのではないだろうか。レジリエンスの考え方を反映した新たな枠組みで世界文化遺産の保護・保全や防災を考え、その成果を日本から世界に向けて発信することができれば、文化遺産と防災の議論に大きく貢献できるだろう。

三保松原周辺には静岡市三保松原文化創造センター「みほしるべ」や展望施設「日本平夢テラス」がある。文化遺産と防災の議論を深く考えずとも気軽に訪れられる観光スポットである。だが、ひとたび三保松原を訪ねたなら世界文化遺産と防災についての「気づき」が得られるだろう。そして防災を考え始めたならば、「防災ツーリズム」(コラム10参照)などをつうじてさらなる知見を得ることもできるだろう。

注

(1) Report of the Thematic Expert Meeting on Asia-Pacific Sacred Mountains (WHC-01/CONF.208/INF.9).
(2) 第三七回世界遺産委員会決議。
(3) 二〇一九年七月静岡市報道資料。
(4) 二〇一九年十一月四日『朝日新聞』静岡版。

参照文献

富士山世界文化遺産協議会 2014『富士山——信仰の対象と芸術の源泉ヴィジョン・各種戦略』富士山世界文化遺産協議会。
伊藤昌光 2012「富士山と浅間信仰」渡邊定元・佐野充編『富士山を知る事典』日外アソシエーツ、pp. 215-219.
京都大学防災研究所監修 2011『自然災害と防災の事典』丸善出版。
西村幸夫 2018「巻頭言 世界遺産 富士山の魅力を生かすために」五十嵐敬喜・岩槻邦夫・西村幸夫・松浦晃一郎編『世界遺産富士山の魅力を生かす——信仰と芸術の源泉』ブックエンド、pp. 2-6.
西村幸夫・本中眞編 2017『世界文化遺産の思想』東京大学出版会。

Rössler, Mechtild 2003 "Managing World Heritage Cultural Landscapes and Sacred Sites," World Heritage Papers 13, *Linking Universal and Local Values: Managing a Sustainable Future for World Heritage*, pp. 45-48.
静岡市 2014『三保松原保全活用計画』静岡市。
静岡市 2015『三保松原管理基本計画』静岡市。
若林淳之 2012「富士山と仏教信仰」渡邊定元・佐野充編『富士山を知る事典』日外アソシエーツ、pp. 203-214.
吉田正人 2018『世界遺産を問い直す』山と渓谷社。

◇練習課題

世界遺産リストに登録されている世界文化遺産のなかから山岳を選び、なぜその山岳が「文化」遺産として登録されているのか、調べなさい。

コラム8　京都・清水地域の市民防災

地震火災と環境防災水利の考え方

広く世界に分布する木造文化都市を守るうえで考慮すべき最も重要な災害の一つに、いかなる文化遺産をも消滅させてしまう危険な火災を同時多発的に引き起こす地震火災がある。一九九五年一月十七日に発生した阪神淡路大地震における大規模な延焼火災被害の背景には、激しい地震動のため平常時には万能であったはずの近代的な都市基盤施設から水が供給されず、同時多発火災の対処に必要な水が圧倒的に不足していたという事実がある。

この課題に応えるには、河川や水路、池や海、井戸水や雨水貯留など、地震時にも水供給が可能な地域に既存の自然水利を再生し、公設消防による消火活動だけでなく、災害時に誰よりも早く駆けつけることのできる地域市民が、自主的に行なえる初期消火を重視した安全な環境の整備が必要となる。

清水周辺地域の防災上の課題

京都市の清水周辺地域は、世界文化遺産に登録されている清水寺や国指定の産寧坂重要伝統的建造物群保存地区など、多くの文化遺産を擁する世界的にも貴重な歴史的地域である。その一方で、東山に隣接した伝統的な木造密集地区により構成されており、狭小な路地と裸木造が特徴となっている。このような環境では地震時に街路が閉塞し消火活動が困難となるため、地域市民の手によって速やかに初期消火活動を容易に行なえる環境を整えることが重要となる。

以上を受け、京都市消防局が中心となって二〇〇六年から二〇一一年にかけて、国庫補助によるモデル事業として「文化財とその周辺を守る防災水利整備事業」が実施され、大容量の雨水を貯められる耐震型防火水槽や市民が容易に利用できる消火栓などが整備された。

防災水利整備事業の概要

水源確保については、二〇〇八年に清水寺から六〇〇メートル北に離れた高台寺西側の高台寺公園地下に、一五〇〇立方メートルの耐震型の雨水貯留槽とこの水を圧送するポンプシステムを整備完了した。これを補完し災害時の代替性を確保するため、同じく一五〇〇立方メートルの容量を持つ重力送水式の耐震型貯水槽を、必要な標高が得られる清水寺境内に設置した。動力を用いない自然加圧のシステムは、人工的な動力が障害を起こし得る地震災害時にも特に有効となる。

新設した配水管路については、地震動による被害を最小限に抑えるため、柔軟性があるポリエチレン管を採用した。また、万一の破断による影響を最小限にするために、将来は街区の周囲をループ状に取り巻くネットワークを形成するよう計画した。

この水を活用する設備としては、地震により道路が閉塞し地域が孤立する最悪の事態に備えて、地域市民が一人でも初期消火に使える市民用の消火栓や、バックアップ用の公設消火栓、法観寺境内に文化財延焼防止放水システムなどが設置された。

市民消火栓の日常利用とコミュニティ活動

特に市民用の消火栓については、水道料金のかからない雨水を水源とするメリットを活かし、平常時から京都の伝統的慣習である道路への打ち水や、庭の緑への散水、洗車からペットの水浴びに至るまで、市民の日常利用にも積極的に活かしてもらう運用方針が採用されている。これにより、市民による平常時からの機能チェックを可能とし、特別な防災訓練をしなくても誰もがいつでも使える状況を目指している。

写真1　法観寺前の市民消火栓（大窪健之撮影、2017年）

同時に、平常時から市民の活発なコミュニティ活動が維持されていることが、万一の災害時の防災活動のためにも重要な要件となる。二〇一二年以降このための地元市民組織として「清水弥栄・防災水利ネットワーク」がつくられた。これは、非常時における防災活動のみを主眼とした自衛組織としてだけでなく、平常時から水環境の保全などの活動を行なえる地域コミュニティを、例えば祭りなどの日常的な地域文化を再生することを通じて維持していく重要な役割ももつ。

ここでは、都市全体を不燃化することを目指した従来の都市防災の考え方とは異なり、「地域市民を含めた人・地域に備わる水・使いやすい技術」をどのように準備すべきかという、防災戦術を考慮した実践的プロジェクトおよびその将来計画について例示した。「安全で美しい木造文化都市」の実現へ向けて、今後も継続的に研究と実践的活動を進めていく必要がある。

（大窪健之）

コラム9　防災まちづくり——観光との関わりのなかで

防災まちづくりとは

まちづくりとは、一般的には地域社会を基盤とした地域環境の維持・向上運動のことをいう。どちらかというと、地域社会の構成員の間の運動という性格が強く、部外者の立場を考慮することは多くない。つまり、まちづくりは、自分たちの住むまちを「私たち共通の家」とお互いに実感できる感性から出発しているが、そこで意識される「私たち」のなかには観光客は入ってこない（西村幸夫 2007: 3）。

しかし、世界遺産などの観光地は、観光客や訪問者の地域への来訪によって観光業を生業とする「私たち」の生活も成立している。だから観光地で防災を検討する際には、観光客や訪問者をも考慮することが大前提となる。こうして観光地における防災まちづくりとは、「私たち」と「観光客、訪問者たち」の立場も考慮した防災を検討する地域環境の維持・向上運動と説明できる。

災害図上訓練

防災まちづくりの取り組みには、防災訓練や見回りなどのほかに、行政や市民の意思をお互いに理解しあうためのワークショップなどもある。なかでも災害図上訓練ＤＩＧ（Disaster Imagination Game）は、まちの防災力を高めると同時に災害リスクの確認や防災資源の発掘などにも有効で、ハザードマップや防災計画の策定につながる重要な工程である。災害図上訓練を通して、まちの非常事態を想定した避難活動などを検討するなかで、参加者の防災意識が高められ、参加者相互の関係もつくられていくことが期待できる。

近代消防を支える伝統的な仕組み

ここでは合掌造り集落を例に、防災まちづくりに言及する。合掌造りは、茅葺き屋根で構成されているので、一軒からの出火が延焼火災による集落全体の消失につながる危険性をはらんでいる。世界遺産「白川郷・五箇山の合掌造り集落」（一九九五年登録）を構成する白川村は、一九七六年に建物単体ではなく、まちなみを保存するために重要伝統的建造物群保存地区（以下、重要伝建地区）に選定され、その後に防災計画も策定している。全国の重要伝建地区に選定されている茅葺屋根の地区も、同種の消火栓設備を設置して、住民が初期消火可能な環境を整備している。これは、日本の伝統的な景観を残す集落やまちなみに対する一九七五年以来の文化庁の方針で、近代的な消防が伝統的な防災の仕組みを補強している例である。

白川村の荻町集落には、住民たちが容易に扱える消火栓付き放水銃のほか消火栓もくまなく配置され、水源確保のため

写真　世界遺産菅沼の消火訓練（左）、**拍子木をもつ荻町区長**（右）（狩野朋子撮影、2021年）

の貯水槽を保存地区外の高台に設けている。これらの近代消防を支えているのは、伝統的な仕組みと変化しつつも継承されている地域社会の構造といえる。

たとえば「火の番回り」は、伝統的な防火の見回りで、荻町集落では当番になった住民が拍子木を鳴らして「火の用心いいかな」と言いながら村を巡回する（二〇二一年十一月現在）。この習慣が継承できるのは、家庭や学校で育まれてきた高い防災意識のほか、自衛消防団の影響も大きいという。消防団には、男性が四五歳まで、あるいは二〇年間所属することが一般的で、その間は花火や祭りの特別警戒も行ない、集落の環境維持向上に努める。

また、集落では、毎年冬になると、暖房器具を利用する前の放水銃の点検と訓練も行なわれている。五箇山（菅沼）で行なわれた放水訓練では、二五基の放水銃と消防ポンプ車から一斉に水柱が上がっていた（二〇二一年十一月）。訓練後には、消防署が消防団員や地域住民に向けて初期消火のためのレクチャーを行なっており、女性や子供たちも真剣な様子で消火器を操作していた。

消火訓練は、住民たちにとっては大事な「訓練」ではあるが、放水銃が吹き上げる水の膜が集落全体に吹き上がる風景は秋から冬にかけての風物詩にもなっている。ここには、レジリエントなヘリテージ・ツーリズムを実現するためのヒントが詰まっている。

（狩野朋子）

参照文献

西村幸夫編 2007『まちづくり学――アイディアから実現までのプロセス』朝倉出版。
斎藤英俊監修 1996『世界遺産　白川郷・五箇山の合掌造り集落――白川村荻町・平村相倉・上平村菅沼』合掌造り集落世界遺産記念事業実行委員会。

コラム10　防災ツーリズム

防災ツーリズムとは、これまで別々だった「防災教育」と「ツーリズム」を融合した新しい取り組みで、ツーリズムが防災教育にとってきわめて有効なツールだという考え方に基づいている。もしあなたが東日本大震災の被害を受けた地域を訪れ、人びとの被災体験を聞けば、災害の脅威を実感でき、将来の防災についての重要な教訓を学ぶことができるだろう。防災ツーリズムを推奨している東北大学災害科学国際研究所の今村文彦教授によれば、これにより東日本大震災の経験を国内外へ発信し、同時に東北地方の被災地の地域創成を後押しすることができるという（今村 2017）。

実際、宮城県と仙台市は、東北大学災害科学国際研究所と協働して、さまざまな防災ツーリズムのプログラムを提供している。「防災＋観光（Bosai+Tourism）」というウェブサイト[1]を見ると、次のような防災観光のプログラムが載っている。

・東日本大震災発生時の避難の違いを学ぶ（仙台市荒浜地区→石巻市コース）
・商業やなりわいを見ながら復興の過程を学ぶ（山元町→南三陸町→気仙沼町コース）
・過去の災害の歴史から防災文化と復興について学ぶ（多賀城→東松原市→石巻市→気仙沼町コース）
・復興商店街を廻りながら復興まちづくりについて学ぶ（亘理町→女川町→南三陸町コース）
・震災から得た教訓を生かす防災・減災～県南エリア（名取市→岩沼市→山元町コース）
・震災から得た教訓を生かす防災・減災～県北エリア（石巻市→南三陸町→気仙沼市コース）

こうしてみると、防災ツーリズムは東日本大震災後に現われた「まなび旅」や「語り部ツーリズム」などの発展形態であることがわかる（山下 2015）。東日本大震災はたしかに観光にネガティヴな影響を与えたが、同時に新しい観光のスタイルを作り出してもいるのである。防災ツーリズムはそうした新しい観光のあり方の一つだ。

（山下晋司）

注

（1）https://bosaikanko.jp/archive_programs/　二〇二一年八月三十一日閲覧。

参照文献

今村文彦 2017「東北の地域創成を後押しする「防災ツーリズム」とは」『明日の翼』9: 12-13.
山下晋司 2015「復興ツーリズム――震災後の新しい観光スタイル」清水展・木村周平編『新しい人間、新しい社会――復興の物語を再創造する』京都大学学術出版会、pp. 327-356.

15章 まとめと展望

山下晋司・狩野朋子

◇ねらい

本書では、「レジリエンス」という概念に注目しながら、文化遺産と防災というテーマについて学んできた。本章では、これまでのポイントを整理し、練習課題に挑戦し、学びの成果を確認する。

一　何を学んだか

1　災害、文化遺産、防災

近年、世界中でさまざまな災害が頻繁に起こり、文化遺産の被災も増えている。そうしたなかで、本書は「文化遺産と防災」をテーマに取り上げた。この課題を学んでいくに当たって、読者の皆さんは「ホップ・ステップ・ジャンプ」の三段階（三部）に分けて学習を進めてきた。

ホップの段階の第一部では、文化遺産という考え方の歴史や文化遺産防災に関する基礎的な考え方を学んだ。

ステップの段階の第二部では、近年の大災害、一九九六年の中国雲南省麗江地震、二〇〇八年の四川大地震、二〇一一年の東日本大震災、二〇一六年の熊本地震などの事例における文化遺産の被災と再建、さらにインドネシア・バリの「観光災害」に対する「レジリエントな観光」の導入に向けた試みなどについて学んだ。

そしてジャンプの段階の第三部では、ネパールのパタン、トルコのベルガマ、インドネシアのトラジャ、中国の広東省梅県、そして日本の富士山の事例を通して、文化遺産の防災・減災へ向けた取り組みを学んだ。

2　レジリエンスという視点

こうした文化遺産と防災という課題に対する本書の基本的な視点は、「レジリエンス」である。この概念についてはどの章でも言及されているが、とくに1章とコラム3で詳しく紹介されている。1章で述べられたように、レジリエンスとは、ラテン語の *resilire*（「跳ね返る」）に由来し、「回復力」「復元力」などと訳されることが多い。学術用語としては一九七〇年代にエコシステムの研究（生態学）の分野で使われ始め、近年では心理学、人類学、経営学などさまざまな分野で注目されるようになっている。

本書がとくに関心を寄せる災害の文脈では、レジリエンスとは被害を受けても跳ね返す強靱性、あるいは柔軟性のことである。日本では東日本大震災後、「国土強靱化」（ナショナル・レジリエンス）として将来の津波被害を防ぐために被災地域で防潮堤が建設された。しかし、レジリエンスが求められるのはそうしたハードな面だけではない。本書がテーマとしている文化遺産のようなソフトな面でもレジリエンスが問題になるのだ。

被災しても回復できるというスタンスが、レジリエンスの基本的な考え方である。このことが防災の文脈で強く認識されたのは、とくに東日本大震災の復興過程において有形・無形の文化遺産が人びとの生活再建意欲を高めることに寄与したという事実によるところが大きい。つまり、その土地の文化遺産への理解なしには災害リスクの軽減はなしえないということが認識されたのである。この点は7章やコラム7で取り上げられている。

しかしながら、確認しておかねばならないことは、レジリエンスとは必ずしも「元に戻る」ことではないという点である。さらに、「よりよい復興」という考え方もある。もっとも、文化遺産、とりわけユネスコの世界遺産などの場合は、元に戻らないとオーセンティシティ（真正性、真実性）が担保されず、登録を取り消されることもあるかもしれない。

そこで重要なのは、「オーセンティックな再生」という考え方である。例えば、1章でも触れたように、奈良の法隆寺は世界最古の木造建築であるが、創建当時から幾度も被災し、現在の法隆寺は約半分の材料が解体修復で入れ替えられている。だが、創建当時と同じ種類の木材を利用して、同じ工法で修復されているため、「オーセンティシティに関する奈良文書」（一九九四年）においては法隆寺の世界遺産としてのオーセンティシティは損なわれていないと判断されたのである。

もう一つ考えておかなくてはならないのは、レジリエンスのスピード（速度）という問題である。6章で検討されているように、中国の四川大地震からの回復は、共産党が主導する国家のレベルではきわめて早かったが、地域社会の生活のレベルではそうはいかなかった。また、国家が主体であるか地域社会が主体であるかによって回復の内容も違ってくる。国家によるハード面の回復は早くても、地域の人びとの心の回復は遅いかもしれない。そのような復興のレベルの違いにも注意を払う必要がある。そしてそれは何をもって「復興」とするかという復興（回復）の定義にもかかわってくるだろう。

二　レジリエントな観光

本書の副題は「レジリエントな観光のために」である。近年の開発分野でのキーワードは持続可能性（sustainability）で、国連主導のＳＤＧｓ（Sustainable Development Goals）は多くの国や企業の達成目標となっている。観光分野でも「持続可能な観光」（sustainable tourism）が今日の観光を考えるキーワードになっている。

しかしながら、本書ではサステイナビリティ（持続可能性）よりレジリエンスという考え方を重視している。1章で述べたように、両者は似通っている部分もあるが、めざすところはかなり違っている。つまり、サステイナビリティが調和的安定的なシステムの持続を目標にしているのに対し、レジリエンスは変化に適応した動的なシステムの構築をめざしているのである。

そうしたなかで、「レジリエントな観光」とは、たとえ被害を受けても回復できるような観光のあり方である。東日本大震災は、たしかに観光に大きなダメージを与えたが、同時にさまざまな新しい観光のスタイルを産み出した（山下 2015）。こうした新しい観光のスタイルは、震災という大きな変化に対する適応として生まれてきたレジリエントな観光の形態だといってよいだろう。

また、近年のコロナ禍のなかで、現地に行かなくてもリモートで観光を行なうオンライン・ツーリズムが発達し、コロナ後の新しい観光形態も生まれてきている。おみやげもオンライン・ショッピングで購入できるのである。こうした変化に対する柔軟な対応こそ「レジエントな観光」なのである。

本章でテーマとしている文化遺産、とりわけ世界遺産などを観光資源としたヘリテージ・ツーリズムは今日の観光の花形といってよいものである。しかし、幾多の歴史をくぐり抜けてきた文化遺産、世界遺産も被災する（コラム5）。それゆえ、被災することを前提として回復力のある観光のあり方を考えておかなければならない。災害という変化に対応できる観光のあり方だ。「転んでもただでは起きない」式のしたたかな対応が必要なのだ。コラム10で紹介されている「防災ツーリズム」はそうした例の一つかもしれない。東日本大震災の被災地を訪れ、人びとの被災体験を聞けば、災害の脅威を実感でき、将来の防災についての重要な教訓を学ぶことができるだろう。被災を資源にした観光のあり方である。

人的災害に対するレジリエントな観光の例としては、インドネシア・バリの「コミュニティ・ベースト・ツーリズム」が紹介されている（9章）。バリでは過度の観光開発によりオーバーツーリズムがもたらされ、「観光災害」とでも呼びうるような事態が生じた。そうしたなかで、世界遺産に指定されている地区ではコミュニティ・ベースト・ツーリズムを導入することによりツーリズムを観光災害の予防に使おうとしているわけである。

三　人類学と建築学の協働というテーマ

文化遺産と防災というテーマをめぐって、本書では人類学と建築学の研究者が協働して取り組んでいる。だが、読者の皆さんは人類学者が執筆した章（1、2、3、6、7、9、13、14章）と建築学者が執筆した章（4、5、8、10、11、12章）では、アプローチの仕方や議論の組み立て方に違いがあることにお気づきになったかもしれない。専門分野によって研究の方法や成果の示し方は異なってくるのだ。

建築学系の章は、一般に文化遺産と防災をめぐってきわめてプラクティカルに展開されている。これに対して、人類学系の章は、問題のより深いレベルの記述と分析へと向かい、プラクティカルな問題の解決にはあまりつながっていない。現地調査の仕方も、建築学の研究者はヒアリングや実測調査を中心とし、空間的に議論を組み立て、その成果は具体的に図面やダイアグラムなどに集約・提示される。これに対し、人類学の研究者は現地での参与観察に基づいた「厚い記述」（クリフォード・ギアツ）を通して研究を展開する。

この違いは両者の学問のあり方に関係しており、本書ではこの違いをあまり調整することなく提示している。真の意味での協働、つまり両者の融合は本書を学んだ皆さんの取り組みに期待されている。まだ専門家ではない皆さんの強みはそこにある。皮肉なことだが、しろうとの発想こそ文化遺産と防災という課題にとってはきわめて重要なのだ。

四　練習課題を解いてみよう

　では、学んだことがどのように血となり、肉となったのか。それを確かめるために練習課題を解いてみよう。ここでは例として1章の文末に挙げられている練習課題に挑戦してみよう。問題は「次の課題のうち一つを選び、五〇〇字程度で答えなさい。1 文化遺産の被災と再建の具体例を調べ、その問題点を挙げなさい。2 観光は防災にどのように貢献できるか、あなたの考えを述べなさい」である。

　復習しておくと、課題1については、日本（4、7、14章）、中国（5、6、13章）、インドネシア（9章）、ネパール（10章）、トルコ（11章）の具体的な事例が紹介されている。また、コラムにもいろいろな例が出ている。課題2についても、中国のディザスター・ツーリズム（6章）、インドネシア・バリのコミュニティ・ベースト・ツーリズム（9章）、日本の東北地方の防災ツーリズム（コラム10）などの例が出ている。

　以下は、帝京平成大学観光経営学科において、本書の編者の一人である狩野が担当している授業「世界遺産Ⅱ」（二〇二一年度二年生後期科目）の受講生の解答例である。

課題1の解答例

1　「パルミラ遺跡」復興の問題（中嶋めぐ）

　シリアの「パルミラ遺跡」は、古代ローマ時代にメソポタミアと地中海を結ぶ隊商都市として栄えたが、紀元前二七二年にローマ軍の攻撃を受けて滅びた跡である。一九八〇年に世界遺産に登録された世界で最も美しい廃墟の一つとして知られ、ヨルダンのペトラ遺跡、イランのペルセポリスとともに「中東の3P遺跡」とも呼ばれていた。しかし、二〇一五年にシリア内戦でIS（イスラム過激派組織）がパルミラに侵攻すると遺跡を次々に破壊し、神殿や彫刻は粉々になってしまった。すでに原型はとどめていない。政府軍が二〇一七年に制圧し現在も警備を続けている。破壊された石材をつなぎ合わせる再建計画や他国に文化財を持ち出し一時保全する計画もあるが、確実な復興の見通しは立っていないようである。紛争地帯での再建は危険であり、政府軍の支配下といえども地雷や襲撃も予想される。再建中や再建後に襲撃が繰り返されては元も子もない。また、文化財の持ち出しに関しても国際的な協力が必要になるが、現在のシリアは国内法で文化財の移動が禁止されている。観光資源として現地に残したいけれど国外に持ち出して保全したいという矛盾にも向き合わなければならない。そして何よりもイスラム教は偶像崇拝厳禁である。そのような文化があるなかで、シリア国内で遺跡復興の協力を得ることは難しい。どうにもならない八方塞がりである。国際的な協力が必要不可欠だ。「また壊されるかもしれない」という考えを払拭し、屈せず何度も挑む覚悟で復興を働きかけなければならないと考える。

担当者コメント——紛争地帯での世界遺産の再建には、国際協力が欠かせないことを訴えている。そしてたとえまた破壊されても何度でも復興を試みるという不屈の覚悟が必要だとしている。「破壊と創造」というテーマがそこにあるが、破壊が創造につながるなら、新たな歴史が展開されることにもなるだろう。破壊は創造のきっかけともいえるかもしれない。

2　三池炭鉱の被災（浅見直哉）

二〇二〇年七月の集中豪雨で、福岡県大牟田市にある「明治日本の産業革命遺産製鉄・製鋼、造船、石炭産業」の構成遺産の一つである「三井三池炭鉱」が被害にあった。専用鉄道敷跡に並行するのり面が五〇メートルにわたって崩落してしまい、倒木と土砂によって枕木が埋まってしまった。一年後、ようやく調査が終わり、復元の作業に取りかかれるようになったらしい。今回崩落したのり面も構成資産であるため、これも元に戻すという。筆者はこの三池炭鉱の被災とその後を調べて、世界遺産の復元に対して疑問を感じた。材料や材質、形状をオリジナルのまま維持するという真正性は、世界遺産の復元につきまとうが本当に必要な考え方なのだろうか。崩壊したのり面をそのまま復元すると、また大雨が降ったら崩れる可能性が高いのではないか。崩落するたび、また一年かけて調査をして同じように復元することは、金銭的にも、鉄道敷跡の構造的にも負担がかかっていくため、崩落を防ぐために何かしらの策を打って復元したほうが良いのではないだろうか。しかし、土地に手を加えると真正性を欠いてしまう。真正性は確かに大事だと思うが、遺産の復元、保存の観点では真正性が邪魔をして、むしろ次の世代に残すことが難しくなるのではないかと考える。

担当者コメント――遺産の保存のためのオーセンティシティ（真正性、真実性）の概念が、逆説的にむしろ遺産の継承を難しくしているという点について身近なところから問題を提起している。この逆説性に気づいた点は素晴らしいが、オーセンティシティを担保したうえで「よりよい復興」にするためにはどうすればよいかについても具体的に考えていただきたい。「オーセンティックな再生」というテーマである。

課題2の解答例

1　観光ができるということ（佐野亜衣）

観光は「平和の象徴」といわれているとおり、観光が続けられているということ自体が防災に貢献しているのだと私は考える。仮に第三次世界大戦が起きてしまえば、人びとは命を最優先するため観光をしなくなる。実際、今回の世界的パンデミックがいい例である。世界中に新型コロナ感染症が流行し、死者が大勢出てしまった時、世界中の空港が封鎖され、各国からの観光客の受け入れを規制した。この例のように、新型コロナウイルスにより一時的に世界が平和ではなくなってしまったことから観光産業は止まってしまった。以上のことから、観光というものが続いているからこそ世界が平和であるとともに、その観光を続けていくためにも平和にし続けなければならないという人びとの意識が、防災に貢献していると考える。また、観光のなかには戦争の被災地を巡り悲しい記憶を風化させないようにするツアーも存在する。このように直接的に防災を意識する観光方法もある。自然災害には太刀打ちできないが、戦争などの人的災害は人の意識の問題なので、観光によって減らすことはできるのではないかと考える。

担当者コメント――観光の平和への間接的な貢献と直接的な貢献についての記述があり、観光の本来の意味と意義を説明している。よくいわれる「観光は平和へのパスポート」をもじって、「観光は防災へのパスポート」といえるだろうか。具体例を考えてみてください。

2　観光が働きかける防災（中嶋めぐ）

観光客が増加することが地域活性化につながる。そうして経済が豊かになると防災施設や地域の防災システムも導入できるので、観光は防災に貢献できると考える。また、観光地として交通インフラが発達すると、被災時に多くの逃げ道の確保や供給を受ける手段が増えると思う。防災をツアーに組み込む防災ツーリズムを発展させることも有効ではないか。東日本大震災で大きな災害を受けた東北地方では、被災者の話を聞いたり、震災の悲惨さが伝わる建物を見学したりするツアーがある。経験した方からの話や被災した建物を直接見ることで、防災を身近に学び、備えるきっかけづくりになると考える。そしてその地域に宿泊し、飲食することで、経済面でも貢献することができるだろう。観光地を作り上げていくなかで、地元住民同士の交流が育まれていく可能性もある。地域コミュニティが活性化すれば、防災力の向上と減災につながるのではないかと思う。地元の食べ物や地形を生かした観光地にすることで、より大きな効果が得られるだろう。東北だけではなく、日本には防災を学ぶ機会が多くある。防災資源として新しい価値観を見出す必要性があると考える。

担当者コメント――観光地としての発展が交通インフラの発展にも通じている点やディザスター・ツーリズム、防災・減災と地域コミュニティの関係にも触れて観光の視点から見えてくる防災の可能性に言及している。では、どのような防災ツアーを考案できるか具体的に企画を立ててみてください。

以上は、1章の練習課題に対する解答例だが、読者の皆さんならどのように解答するだろうか。また、各章の終わりにはその章の練習課題が載っているので、それらにも挑戦してみてください。練習課題を解いてみることで、学びが深まるだろう。

五　展望――「防災の公共学」として

1章では、人類学の立場から社会貢献をめざす公共人類学について触れた（山下編 2014）。防災においては、研究と実践は二項対立的に捉えることはできないし、防災実践を専門家から一般の人びとへの一方的な知識・技術の伝達とみなすこともできない。防災教育も防災学習も社会のなかで行なわれる。それゆえ、文化遺産と防災というテーマは卓上の課題ではない。現地社会との協働で「防災の公共学」として実践的に展開される必要があるのだ。

狩野は、トルコ・ベルガマにおいて現地の専門家や住民たちとワークショップを行なった（本書11章）。そこでは、防災マップを作成しながら、避難ルート、避難場所、避難生活、文化遺産の保護などを議論した。これにより防災意識の高揚と防災教育につなげようとしたのである（写真1）。

写真１　トルコ・ベルガマでの住民ワークショップ　地震が起きた時に危険だと感じる場所を議論しながら地図上にマッピングする（狩野朋子撮影、2019年）

もう一つ例を挙げると、東日本大震災や熊本地震の後につくられた「みんなの家」という復興デザインプロジェクトがある。これは、被災地の避難所や仮設住宅のそばに人びとが集まって何らかの交流を図ることができる場としてつくられたものである。ベッドルームしかない家に共同のリビングルームをつくるような試みといわれていたが、復興・再建の過程で「みんなの家」として新しい人間関係が生まれ、希望を見出せる場になっていった。そしていまや震災後の地域のレジリエントなコミュニティを構築する拠点としても活用されているのだ（写真２）。

これは社会のなかで、専門家がほんの少し手を貸すことによって生まれた住民たちの防災実践の成功例だといってよいだろう。防災は理論を一方的に実践していくものではなく、理論は現場に落とし込まれて作り上げられていくものである。その意味で、文化遺産と防災というテーマは理論と実践、研究者と地域をつなぐ公共学として展開されるべきでなのである。

こうして、本書の執筆者たちは、被災してもレジリエントに復興していく力を社会のなかに構築しながら、文化遺産とともに今日の「災害の時代」を生き抜いていきたいと願っている。本書がそのための教科書となれば幸いである。

写真２　熊本益城町テクノ本格型「みんなの家」 仮設住宅の住民が体操するために集まっている（岡野道子撮影、2018年）

参照文献

飯田卓編 2017『文化遺産と生きる』臨川書店。

山下晋司 2015「復興ツーリズム――震災後の新しい観光スタイル」清水展・木村周平編『新しい人間、新しい社会――復興の物語を再創造する』京都大学学術出版会、pp. 327-356.

山下晋司編 2014『公共人類学』東京大学出版会。

◇練習課題

本書から学んだことを一つだけ挙げ、タイトルをつけて論述しなさい。

名勝　23, 125, 187
迷路　151, 153
目黒公郎　149, 157
メリーマン，ジョン　36
メルクーリ，メリナ　39
もう一つの時間　95
木造　11, 33, 45, 46, 52, 53, 57, 60, 68, 70, 106, 124-126, 147, 163, 164, 192, 193, 198
モスク　38, 151-154
　——の中庭　152
本中眞　44, 61, 183, 190

や　行

山本有三　52
矢守克也　98, 171, 180
有形　11, 23-25, 92, 93, 95
　——遺産　29, 45
　——文化遺産　91-93, 95
　——文化財　108, 183
　——民俗文化財　25, 31
ユネスコ　8-12, 22-26, 28, 34, 40, 41, 55-57, 60, 75, 93, 97, 113, 114, 120-122, 124, 127, 133, 149, 173, 175, 183, 198
　——世界遺産　9, 10, 60, 113 →世界遺産
予防　89, 91, 149, 200

ら　行

ラトゥール，ブルーノ　16
リヴァプール　127
罹災証明(書)　101, 105, 106
リスクマネジメント　152, 154
リュウ，アラン　14, 63
麗江（中国）　12, 66, 67, 70, 71, 164-167
　——古城　11, 66-71, 73, 75, 76
　——地震　17, 197
歴史的建造物　21, 55, 57, 67, 99, 101, 105-111, 144
歴史的都市景観　51
歴史的風致維持向上計画　128
歴史的町並み　53, 55, 75 →町並み／まちなみ
レジリエンス　8, 14, 15, 18, 19, 43, 62, 63, 77, 78, 83, 84, 87, 91, 92, 113, 114, 122, 123, 157, 159, 163, 164, 167-169, 177, 178, 180, 185, 190, 197-199
　スロー・——　63
　ファスト・——　63
レジリエント　17, 62, 63, 84, 87, 120, 148, 157, 195, 205
　——な観光　8, 18, 63, 113, 114, 122, 197, 199, 200
　——な空間　75, 76, 147, 157
レッドツーリズム　82, 178 →紅色旅游

205, 206
——庁　110
——ツーリズム　13
——まちづくり　149, 196
よりよい——　15, 62, 84, 198, 203
舟形屋根　159, 162, 163
普遍的価値　9, 41, 60, 61, 93, 150, 181, 183-185
ブルーシールド（BS）　56, 57
ブルース，トマス　38
文化　9-12, 16, 27, 29, 30, 34-36, 40, 61, 62, 67, 71, 87, 90, 91, 95, 99, 100, 114, 115, 120-122, 143, 144, 181, 202
——インターナショナリズム　34, 36, 37, 40, 41, 43, 44
——的景観　9, 13, 18, 23, 25, 26, 28, 29, 61, 113, 115, 123, 126, 128, 150, 181, 183-185
——的多様性　28, 45, 60, 93, 124
——ナショナリズム　34-37, 40, 41, 43, 44
——の価値　29, 30
——の経済学　10
——の政治学　10, 12
——の力　114
文化遺産　8, 21, 34, 181, 191
——防災　15, 45, 50, 52, 55-57, 197
——保護　21, 28, 31, 33, 47, 49
文化財　9, 10, 16, 22, 27, 31, 31, 33, 52, 56, 59, 92, 99, 109, 110, 126, 128, 156, 192, 201, 202
——建造物保存修理主任技術者　101-103
——ドクター（制度）　108- 109
——ドクター派遣事業　107
——防火デー　34, 52
——保護法　9, 24-27, 29, 33, 34, 42, 43, 45, 52, 53, 58, 67, 99, 102, 128, 144
——保存活用大綱　108
——保存活用地域計画　58, 105, 108, 128
——レスキュー制度　107, 108
風水　172, 176, 179
ベニス憲章　11, 55
ヘリテージ　9, 12, 150, 157, 195
——・ツーリズム　10-12, 199
——マネージャー（ヘリマネ）　55, 56, 102, 107, 109
ベルガマ（トルコ）　17, 18, 76, 146, 149-157, 197, 204
変化への適応　14, 168, 190
返還問題　37, 40-42, 44
防火　49-52, 106, 192, 105
——対策　53, 70
——壁　51
抱護林　172, 175, 176
防災　8, 12-21, 33, 34, 41-43, 45, 51, 57, 66, 73-75, 81, 87, 89-93, 96-98, 108, 123, 128, 132, 133, 143, 144, 146-155, 158, 169-172, 176-180, 185, 189, 190, 194, 196-198, 200, 201, 203-205
——意識　17, 73, 154, 155, 194, 195, 204
——教育　14, 17, 155, 156, 196, 204
——拠点　138, 144, 145, 152-154
——計画　18, 52, 132, 133, 144, 146, 147, 149, 150, 152, 154, 157, 158, 194
——景観　18, 169-173, 175, 178-180
——行動　91
——コミュニティ　73, 74
——資源　157, 194, 204
——ツーリズム　14, 18, 190, 196, 200, 201, 203
——の公共学　16, 17, 204
——まちづくり　194
——マップ　17, 133, 204
——力　194, 204
防潮堤　62, 198
法隆寺（金堂）　11, 33, 34, 47, 50, 53, 56, 198
——火災　33, 34, 52
北川（中国）　79, 80, 82-86
保全　12, 18, 28, 34, 36, 40-42, 52, 71, 92-95, 103, 107, 113, 119, 120, 122, 126-128, 133, 144, 146, 147, 181, 185, 189-191, 193, 201, 202
ホフマン，スザンヌ　91
ホームステイ　119, 121
ボランティア　55, 92, 95, 96, 108, 110, 136, 143
——・ツーリズム　13
ボレー，S. P.　87, 88, 109

ま　行

前田昌弘　148, 157
マスツーリズム　17, 120-122
町並み／まちなみ　42, 47-49, 51, 53, 57, 67, 68, 73, 75, 76, 103, 105, 144, 194
祭り　30, 193, 195 →祭礼
マハレ　151, 154
三池炭鉱　202
未指定　42, 43, 99, 101, 103, 105-111, 128
——文化財　99, 101, 103, 105-107, 110, 111
水場　69, 133, 136, 152, 153, 155, 176
緑の革命　116
三保松原　181, 182, 185-191
宮山神社（熊本県）　101, 103, 104
民俗　170, 171
——芸能　31, 32, 89, 94, 96, 129
——資料　24, 25
みんなの家　205, 206
無形　9, 11, 23-25, 28, 29, 31, 34, 93, 125
——遺産　26, 27, 29
——文化遺産　9, 18, 24, 26, 28, 31, 89, 92-98, 129, 130, 198
——文化財　24, 25, 28, 52
——民俗文化財　19, 25, 29, 98

伝統的建造物群保存(伝建)地区　25, 53, 55, 58, 67, 128, 192, 194
展示　22, 37, 40, 44, 78, 81-85
天井（貯水場）　68, 71, 82, 176
伝統　45, 47, 89, 144, 146, 159, 182
　——的住居群　18, 66, 75, 146-153, 157
　生きている——　93, 95
天然記念物　23
テンペック　118-120, 122
展望　18, 31, 92, 166, 185, 189, 190, 197, 204
東海道　186, 189
登拝　182, 190
登録文化財　99, 102, 103, 105-107, 110
　——制度　55, 102, 105, 111
登録有形文化財　26, 99, 102
特別保護建造物（特建）　47, 50
都市遺産　51
都市景観　49
土手の花見　171, 179
富岡製糸場　34
弔い　79, 81, 86
　——の場　85, 86
トラジャ(族)　18, 159, 160, 162-168, 197
トリ・ヒタ・カラナの哲学　115, 116
トル・コミッティ　139-142, 144
トン（自治組織）　148
トンコナン（慣習家屋）　159-164, 167

な　行

内戦　20, 56, 82, 83, 201
中庭　68, 71, 132-140, 142, 143, 152, 155
　——空間　132, 133, 136, 138, 143, 155
　表——　133-135
　裏——　133, 135
ナシ(納西)族　11, 67, 70, 75, 164-166, 168
ナショナリズム　21, 44, 83, 84, 86
奈良文書（ドキュメント）　56, 61, 124, 198
なりわい再建支援補助金　110
日常　12, 13, 18, 34, 146, 148, 149, 154, 179
　非——　12, 13, 18, 84, 95, 146, 148, 149
日露戦争　23
日清戦争　23
日本イコモス国内委員会　100, 112
日本遺産　25, 27, 29, 30
日本建築士会　102, 108
入場料　86, 119, 178
人間国宝　24
根津神社（東京都）　124
ネパール　16, 17, 56, 76, 132, 133, 137, 138, 140, 143, 144, 154, 157, 197, 201
年中行事　25, 29, 30, 177, 179
農業用水　114, 122
ノートルダム大聖堂(火災)　33, 35, 57, 125, 126, 147
ノーマルな感覚　95

は　行

梅県（中国）　172-180, 197
バイロン卿　43
破壊　8-10, 33, 40-42, 49, 55, 77, 92, 93, 114, 126, 177, 178, 201, 202
ハーグ条約　56, 57
ハザードマップ　89, 128, 194
ハサンケイフ（トルコ）　36, 37
パタン（ネパール）　16, 17, 132-134, 141, 154, 155, 157, 197
客家　18, 169, 173, 175, 178-180
バーミヤン　56, 126
バリ（インドネシア）　12, 17, 113-118, 122, 197, 200, 201
バリオス, R. E.　84
パルテノン神殿　37-41, 44
パルミラ遺跡（シリア）　201
阪神淡路大震災　42, 46, 53, 54, 88, 92, 102, 107, 111, 148, 192
ヒアリング調査　18, 70, 132-135, 137-139, 141-143, 152
　個別——　135, 137, 139, 144
　集団——　134, 135, 139
東日本大震災　8, 12-14, 16-19, 30, 56, 62, 77, 87-90, 92, 94, 97, 98, 107, 110, 111, 129, 180, 196-200, 204, 205
被災　17, 19, 33-36, 43, 48, 79, 85, 95-97, 99-101, 105, 107, 108, 111, 124, 126-130, 143, 197-205
　——者　30, 82, 84, 91, 92, 95, 96, 106, 109, 130, 137, 156, 203
　——体験　196, 200
　——地　13, 43, 78, 81-84, 87, 94, 129, 196, 198, 200, 203, 204
　——調査　100, 103, 109
避難生活　17, 132, 135-144, 204
兵庫行動枠組　14, 62, 91
表象　77, 78, 83, 84, 87, 93, 182, 183, 187
ヒーリー, A. M.　14, 19
広場　21, 69, 141, 152, 169, 170, 172
フェーズフリー　148, 149
ブガンダ王墓　124
富士山　18, 181-191, 197
「富士三保清見寺図」　186-188
復旧　43, 50, 55, 56, 58, 69, 70, 84, 03, 101, 102, 107, 108, 110-112, -124, 125, 128, 149
　——支援　55, 56, 101, 103, 105
　——復興　100, 101, 103, 105, 108-110, 128
復興　15, 20, 75, 77, 78, 81, 83, 84, 86, 87, 89, 95, 103, 111, 129, 143, 144, 196, 199, 201, 202,

社会災害　176-179
社会的つながり　95, 96, 172, 178, 179
社会関係資本　91, 92
ジャティルウィ村（インドネシア）　117-122
ジャポニズム　22, 23
住民　11, 17, 28, 48, 74, 79, 85-87, 101, 105, 109, 120, 122, 127, 132-145, 148-152, 154-156, 194, 195, 204, 205
——参加　17, 28, 57, 146
——ワークショップ　17, 152, 154-157, 205
重要伝統的建造物群保存地区　67, 192, 194
重要無形民俗文化財　25, 28
重要文化財（重文）　52, 57, 101
——建造物　52, 53, 55
重要無形文化財　24, 28
首里城(火災)　33, 35, 52, 57, 125, 126
消火　150, 171, 176, 179
——訓練　52, 195
——栓　50-53, 70, 74, 192-195
初期——　52, 53, 153, 192-195
城下町　48, 51, 67
消防　48, 49, 51, 52, 82, 124, 152, 192, 194, 195
所有主体　17, 33, 41-43
白川郷（村）　53, 194, 195
シリアル・ノミネーション　184, 185
資料レスキュー　92
新型コロナウイルス　63, 129, 203 →コロナ禍
人災　45, 164, 176
震災遺跡　13
神社　13, 50, 101, 103, 110, 129
——仏閣　9, 16, 170
真正性（真実性）　11, 60, 71, 124, 146, 183, 198, 202 →オーセンティシティ
陣内秀信　151, 157
人命救助　155, 156
水稲耕作　115, 116, 160
ストックホルム環境研究所（SEI）　120, 121
スバック　113, 115-122
——・コミュニティ　114, 117, 120-122
——・コンテスト　116
——・ジャティルウィ　117-122
スマトラ島沖地震・津波　148
スラウェシ島（インドネシア）　159, 166
スリランカ　148
生活感覚　95
生活再建　77, 78, 85, 101, 106, 198
生活者　87, 135, 171
——の視点　87
生活習慣　75, 132, 179
脆弱性　62, 84, 91, 144 →ヴァルネラビリティ
聖なる山　183, 185
世界遺産　8-12, 20, 26-28, 34, 35, 40-42, 47, 56, 57, 60, 61, 67, 70, 73-75, 93, 113-115, 118, 122, 124-127, 146, 147, 150, 154, 157, 181-185, 190, 191, 194, 198-202
——エリア　10, 12, 67, 70, 73-75, 146, 147, 154, 156, 157
——センター　60, 126
——（保護)条約　9, 10, 25, 26, 55, 56, 60, 67, 124, 181-183
世界自然遺産　23, 24
世界文化遺産　11, 24, 48, 67, 75, 113, 115, 132, 133, 143, 150, 152, 173, 181-185, 188-192
関野克　55
関野貞　50
戦災復旧　124, 125
先住民族　91
戦争　20, 21, 23, 41, 43, 56, 82, 83, 126, 203
仙台防災枠組　14, 56, 62, 91
祖先崇拝　179
ゾッリ，A.　14, 19

た　行

大英博物館　37, 39-42
大研古城（中国）　67-70, 74, 76
台風　8, 46, 53, 91, 126, 148, 170-172, 176
炊き出し　136, 140, 142, 143
ダークツーリズム　14, 77, 82, 83 →黒色旅游
棚田　26, 113, 115, 117, 118
——景観　26, 115, 118, 119, 122, 183
地域　15, 18, 27, 31, 34, 35, 43, 45, 66, 89, 90, 92, 97, 99, 100, 108, 109, 130, 138, 143, 149, 150, 167, 168, 170, 172, 193, 203, 205
——コミュニティ　62, 75, 101, 110, 132, 148, 157, 193, 204
——市民　192, 193
——社会　13, 19, 26, 42, 43, 56, 57, 77, 89, 91-93, 95-98, 148, 157, 194, 195, 199
——住民　34, 42, 53, 62, 92, 133, 195
——防災計画　128
チェシメ　153-155
チャン族観光　79, 83
中国共産党　82-84
中国・四川大地震 →四川大地震
中小企業等グループ補助金　110
調整池　170, 176, 179
町内会　139, 151
貯水槽　51, 52, 140, 142, 192, 195
津波　12, 46, 62, 88-92, 94, 98, 149, 157, 170, 198
——てんでんこ　90
ディザスター
——・ツーリズム　77, 78, 84, 86, 201, 204
スロー・——　63
ファスト・——　63
堤防　169, 170, 172, 179
寺田寅彦　12, 19

172, 182-184, 188, 189, 194
——形成建造物　103
——重要建造物　103, 106
芸能　9, 32, 93, 94, 129, 182
減災　17, 18, 81, 90, 91, 97, 128, 131, 132, 143, 144, 147, 150, 152, 169, 171, 196, 197, 204
——の文化　133, 144, 145
建築基準法　106
原爆ドーム　61
公園　24, 152, 170, 172, 177, 179, 192
公共空間　74, 155
公共人類学　16, 17, 19, 204, 206
公助　148
紅色旅游　82-84, 86 →レッドツーリズム
抗震　81, 82, 86
構図　18, 187-189
公費解体　101, 106, 110
五箇山　194, 195
古器旧物保存方　22
胡錦濤　81, 82
国際文化観光憲章　11
国際防災機関（UNDRR）　90
黒色旅游　82, 83 →ダークツーリズム
国土強靱化　198
国宝　9, 23, 47, 50-53, 57, 124, 125
——保存法　23, 24, 51, 52
国民　35-37, 83, 84, 86
——意識　21, 22, 35-37, 40
——国家　35, 37, 47
——統合　21
——統合のシンボル　23, 24
国立公園　23, 24, 26
——法　23, 24
古社寺保存法　22, 23, 50, 51
国家主導　77, 78, 85, 87
国家のレジリエンス　77, 84, 85, 87
子ども神楽　96
コミュニケーション　28, 31, 137, 144
コミュニティ　8, 28, 29, 31, 63, 66, 67, 70, 73-75, 94, 95, 101, 110, 113, 114, 120, 122, 136, 138, 143, 144, 147, 148, 151-157, 205
——活動　144, 193
——参加　29
——・ベースト・ツーリズム　17, 113, 201 →CBT
——・レジリエンス　114
ゴルカ地震（ネパール）　16, 132, 139, 140, 144, 155
コロナ禍　8, 63, 129, 142, 166, 199, 203

さ　行

災害　8, 12-14, 16, 18, 20, 33, 34, 45, 48, 56, 57, 62, 77, 79, 83, 84, 86, 87, 89-96, 109, 122, 138, 140, 143, 144, 146-149, 154, 155, 157, 164, 169-172, 179, 198, 200
——遺構　77
——イマジネーション　149, 155
——時対応　149
——人類学　89, 91
——図上訓練　194
——の意味　77, 87
——復旧　46, 47, 102, 103, 125
——ボランティア　110
——リスク　12, 13, 69, 91, 149, 152, 157, 189, 194, 198
——リスク削減　90, 91
——リスクマネジメント　90
再建　16, 17, 19, 45, 47, 49, 52, 55, 58, 75, 78, 79, 82, 84, 85, 94, 124, 125, 138, 150, 177-179, 197, 201, 202, 205
在来技術　90
在来知　13, 18, 90, 91
祭礼　89, 93-98, 129, 130 →祭り
砂嘴　182, 186
サステイナビリティ　14, 15, 185, 199 →持続可能性
座布団獅子　129, 130
三眼井　69, 74
産業革命遺産　61, 202
サンダナ（・インスティチュート）　119-121
自火報　51-53
ジギャス，ロヒト　149
獅子振り　129, 130
獅子舞　94, 129
自助　148
地震　12, 33, 34, 46, 49, 53, 70, 76-87, 89-97, 128, 132-144, 152, 155, 156, 169, 170, 176, 184, 194
——遺跡　78-88
——紀念館　78, 79, 81-85, 87
史蹟名勝天然紀念物保存法　23, 24, 52
自然遺産　9, 23, 24, 26, 60, 127, 181, 183, 189
自然災害　12, 13, 20, 45, 47, 56, 62, 63, 77, 83, 84, 87, 91-94, 126, 128, 170, 172, 175, 176, 178, 179, 184, 203
四川大地震　17, 77, 78, 81, 83, 84, 86-88, 197, 199
事前復興計画　149, 154
持続可能性　14, 114, 199 →サステイナビリティ
持続可能な開発（目標）　14, 62, 113
持続可能な観光　122, 199
指定文化財　26, 42, 43, 99, 101, 103, 105, 108
自動火災報知設備　51, 52
四方街　68, 69, 74
シーボルト，フィリップ・フランツ・フォン　49
市民消火栓　193 →消火栓

索　引

A–Z

CBT（コミュニティ・ベースト・ツーリズム） 113, 114, 117, 120-123
SDGs　14, 62, 199 →持続可能な開発

あ　行

愛国主義　82, 84, 86
アクターネットワーク　16
アジェグ・バリ　116, 117
アルドリッチ，ダニエル　91
アンダーソン，ベネディクト　35, 44
生きている遺産　9, 28, 150
生きている伝統　93, 95
遺構　21, 77, 138, 147, 150
イコモス（国際記念物遺跡会議）　11, 55-57, 108, 112, 124, 125, 127, 188
——文化観光憲章　11
遺産　9, 21, 29, 31, 34, 71, 77, 113, 126, 127, 146, 146, 147, 156, 157, 181, 183, 202
——管理　11, 12, 121, 122, 150
——の意味　22, 87
——の価値　113
石造　60, 124, 125
石渡幹夫　148, 157
遺跡　23, 24, 27, 29, 60, 61, 84, 86, 147
伊勢神宮　47, 60
井戸　49, 75, 140, 142, 192
伊東忠太　50
今村文彦　196
囲龍屋　172-180
インテグリティ　12, 44, 124, 183 →完全性
ヴァルネラビリティ　62 →脆弱性
ヴェネツィア　38, 126, 127
エコウィサタ・スラナディ　119, 121
エコツアー　119, 120
エコツーリズム　119, 121
江戸　48, 49, 99, 182
エルギン卿（トマス・ブルース）　38, 39, 44
円形土楼　173-175, 180
応急危険度判定　105
大岡實　125
オーセンティシティ　11, 12, 44, 56, 60, 61, 71, 124, 125, 146, 183, 198, 203 →真正性（真実性）
——に関する奈良文書　11, 61, 198 →奈良文書
オーセンティックな再生　11, 198, 203
女川町（宮城県）　129, 130, 196
オーバーツーリズム　12, 200
オープンスペース　69, 74, 75, 155
オリバー＝スミス，アンソニー　91
オンライン・ツーリズム　199

か　行

海岸侵食　188, 189
神楽　95, 96, 129
火災　33, 34, 47, 49-53, 70, 76, 125, 126, 147, 150, 152, 153, 164, 176, 179, 192
合掌造り　194, 195
茅葺き　46, 53, 124, 194
灌漑（設備）　90, 113-115
観光　10-14, 19, 63, 77, 78, 85-87, 96, 164, 167, 168, 196, 199-201, 203, 204
——開発　10, 11, 71, 83, 85, 86, 113, 114, 119-123, 126, 163, 165-168, 184, 200
——客　11, 12, 26, 27, 30, 70, 71, 73, 74, 85, 114, 118-121, 138-141, 147, 152, 155-157, 165-167, 194
——災害　12, 13, 17, 114, 123, 197, 200, 178, 187, 194, 197, 203
——人類学　10, 11, 19
——防災　144
慣習　25, 31, 67, 162, 164-168, 193
——家屋　18, 159, 160, 167, 168
完全性　12, 40, 41, 44, 124, 183-185, 190
関東大震災　50
ギアツ，クリフォード　200
危機遺産（リスト）　12, 126, 127
危険エリア　155, 205
気候変動　8, 114, 126, 127, 147
記念碑　9, 21, 28, 61, 67, 87
旧神戸居留地十五番館　53, 54
共助　148
郷土芸能　95
清水寺（本堂）　47, 48, 57, 192
金閣寺　125
緊急危険度判定　101
近代和風建築総合調査　105
空襲　50, 51, 124
熊本地震　13, 17, 43, 99-103, 105-112, 128, 197, 205
——復興基金　102, 103, 107, 108, 110, 111
熊本城　43, 101
熊本まちなみトラスト　109, 111
グレートバリアリーフ　126, 127
黒板勝美　50
グローバル戦略　9, 28, 183
景観　42, 49, 60, 67, 115, 118, 126, 146, 150, 169-

田中英資（たなか えいすけ）

北海道大学大学院メディア・コミュニケーション研究院教授。専門：文化遺産研究、社会人類学。過去・歴史の捉え方について「所有」の観点から研究してきた。近年は、観光の文脈において過去の痕跡がいかに「文化遺産」になっていくのかについて調査している。著書論文：『文化遺産はだれのものか――トルコ・アナトリア諸文明の遺物をめぐる所有と保護』（春風社、2017年）、“Archaeology Has Transformed ‘Stones’ into ‘Heritage’: the Production of a Heritage Site through Interactions among Archaeology, Tourism, and Local Communities in Turkey,” *História: Questões & Debates* 66(1): 71–94, 2018.

田中孝枝（たなか たかえ）

多摩大学グローバルスタディーズ学部准教授。専門：文化人類学、観光研究。日中間の観光ビジネスについて研究を進めてきた。最近は、コロナ後の観光のあり方、特にオンラインツアーの展開が災害後復興に与える影響に関心を持っている。著書論文：『日中観光ビジネスの人類学――多文化職場のエスノグラフィ』（東京大学出版会、2020年）、“Coping with Uncertainty: Consumption of Medicines by Chinese Tourists in Japan,” *Japanese Review of Cultural Anthropology* 21(1): 209–241, 2021.

堂下　恵（どうした めぐみ）

多摩大学グローバルスタディーズ学部教授。専門：観光人類学。観光やレジャーにおける人々と自然の関わりや、文化・社会による自然の捉え方の違いに興味を持ち、景観を対象とした観光実践について研究している。著書論文：『里山観光の資源人類学――京都府美山町の地域振興』（新曜社、2012年）、「世界遺産・富士山のレジリエントな文化的景観――三保松原という視座」（『文化人類学』85(2): 272–289, 2020年）。

藤木庸介（ふじき ようすけ）

滋賀県立大学人間文化学部生活デザイン学科教授。専門：建築計画・文化遺産観光。東アジアや東南アジアの少数民族居住文化に対する観光開発の影響を研究している。研究に並行して住宅を主とした建築設計を行なっている。編著書：『住まいがつたえる世界のくらし――今日の居住文化誌』（世界思想社、2016年）、監修書：『ドラえもん探求ワールド・地理が学べる世界の家づくり』（小学館、2021年）など。

益田兼房（ますだ かねふさ）

立命館大学歴史都市防災研究所客員研究員。専門：日本建築史。文化遺産保存学。日本の木造建築の歴史を知ろうとして、災害で壊れやすいのに長期に生き延びてきた寺社建築などの保存の仕組みに関心が広がり、さらに遺産保存方法の国際比較に関心が移っている。著書：『テキスト文化遺産防災学』（共著、学芸出版社、2013年）、『文化財建造物の保存修理を考える』（共著、山川出版社、2019年）。

矢野和之（やの かずゆき）

㈱文化財保存計画協会代表取締役、（一社）日本イコモス国内委員会理事・事務局長。専門：文化財保存計画、日本建築史。文化財の保存修理、史跡整備、歴史的建造物の復元、文化財を核にした地域づくりなどに携わっている。最近では、日本イコモスの被災文化財支援特別委員会で日本の巨大地震による文化遺産の被災と対策の発展について報告書をまとめ、国外発信を目指している。著書：『空間流離』（建知出版、1981年）、『伝統のディテール　改訂第二版』（共著、彰国社、2021年）。

執筆者紹介

飯田　卓（いいだ たく）

国立民族学博物館教授、総合研究大学院大学教授。専門：視覚メディアの人類学、文化遺産の人類学、人類学史。効用や有用性がきわめて短期間において測定・評価されるなか、そうでないものの文化的価値を評価し、創造や継承に結びつける方法に関心を寄せている。著書：『身をもって知る技法——マダガスカルの漁師に学ぶ』（臨川書店、2014年）、編著書：『文化遺産と生きる』『文明史のなかの文化遺産』（いずれも臨川書店、2017年）など。

岩原紘伊（いわはら ひろい）

聖心女子大学現代教養学部人間関係学科専任講師。専門：文化人類学、観光研究。観光開発の影響に対する地域社会の対応のあり方に関心を持ち、インドネシア・バリ島をフィールドにオルタナティヴ・ツーリズムをめぐるNGOと地域住民の協働について研究している。著書論文：『村落エコツーリズムをつくる人びと——バリの観光開発と生活をめぐる民族誌』（風響社、2020年）、「インドネシア・バリの文化的景観——世界遺産とコミュニティのレジリエンス」（『文化人類学』85(2)：290-307, 2020年）。

大窪健之（おおくぼ たけゆき）

立命館大学理工学部環境都市工学科教授。専門：歴史都市防災と都市・地域設計。文化遺産や歴史都市を文化的価値とともに災害から守るために、伝統的な減災の知恵に学び、これを将来の防災まちづくりに活かすための研究と実践に取り組んでいる。都市計画から建築設計、防災器具などのデザインも手掛ける。著書：『歴史に学ぶ減災の知恵』（学芸出版社、2012年）、『テキスト建築意匠』（学芸出版社、2006年）。

河合洋尚（かわい ひろなお）

東京都立大学人文社会学部社会人類学教室准教授。専門は社会人類学、景観人類学。人間と景観の関係について研究している。最近は景観の変遷やレジリエンスだけでなく、文化遺産保護など実践的な問題に関心を寄せている。著書：『景観人類学の課題——中国広州における都市環境の表象と再生』（風響社、2013年）、『景観人類学——身体・政治・マテリアリティ』（編著、時潮社、2016年）など。

久保田裕道（くぼた ひろみち）

独立行政法人国立文化財機構東京文化財研究所無形民俗文化財研究室長。専門：無形文化遺産・民俗芸能。地域社会で民俗芸能や祭礼をどのように継承・活用していくのかが課題。著書：『日本の祭り解剖図鑑』（エクスナレッジ、2018年）、「無形文化遺産の防災という考え方——東日本大震災の教訓と無形文化遺産アーカイブスの試みから」（『震災後の地域文化と被災者の民俗誌』新泉社、2018年）。

郷田桃代（ごうた ももよ）

東京理科大学工学部建築学科教授。専門：建築・都市計画。都市の住居集合の形態について研究している。得られた知見を新たな建築の設計に活かすとともに、古くからある住居集合の保存・再生の方法についても考えている。著書：『建築・都市計画のための調査・分析方法改訂版』（共著、日本建築学会編、井上書院、2012年）、『建築設計テキスト住宅』（共著、彰国社、2009年）。

高倉浩樹（たかくら ひろき）

東北大学東北アジア研究センター・大学院環境科学研究科教授。災害を含む環境の変化に社会が対応する際の文化の役割について、人類史的観点を踏まえて調査研究している。専門：社会人類学・環境人類学。著書：『災害ドキュメンタリー映画の扉——東日本大震災の記憶と記録の共有をめぐって』（共編著、新泉社、2021年）、『極寒のシベリアに生きる——氷・トナカイ・先住民』（編著、新泉社、2012年）。

編者紹介

山下晋司（やました しんじ）

東京大学名誉教授。専門：文化人類学。インドネシアを中心にフィールドワークを行ない、人の移動という切り口から新しい社会の展開や文化の生成について研究している。最近では人類学の立場から社会貢献をめざす公共人類学やコロナ後の観光のあり方に関心を持っている。編著書：『移動の民族誌』（岩波書店、1996年）、『バリ―観光人類学のレッスン』（東京大学出版会、1999年）、『観光文化学』（新曜社、2007年）、『資源化する文化』（弘文堂、2007年）、『観光人類学の挑戦――「新しい地球」の生き方』（講談社、2009年）、『公共人類学』（東京大学出版会、2014年）など。

狩野朋子（かのう ともこ）

帝京平成大学人文社会学部観光経営学科准教授。専門：建築・都市計画、地域・観光まちづくり。世界遺産と防災をテーマとして、空間研究と提案を行なっている。人々のよりどころとして地域社会を支えてきた空間を、次の世代につなげていきたい。著書：『空間五感――世界の建築・都市デザイン』（共著、日本建築学会編、井上書院、2021年）、*Investing in Disaster Risk Reduction for Resilience*（共著、Elsevier、2022）など。

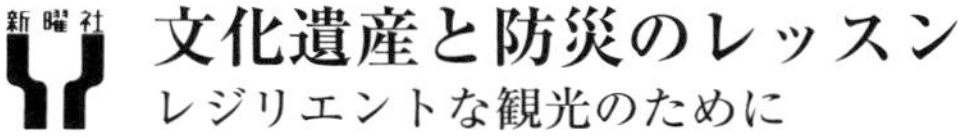

文化遺産と防災のレッスン
レジリエントな観光のために

初版第1刷発行　2022年9月1日

編　者　山下晋司・狩野朋子
発行者　塩浦　暲
発行所　株式会社　新曜社
〒101-0051 東京都千代田区神田神保町3-9
電話（03）3264-4973（代）・FAX（03）3239-2958
e-mail　info@shin-yo-sha.co.jp
URL　https://www.shin-yo-sha.co.jp/
印刷所　星野精版印刷
製本所　積信堂

ISBN978-4-7885-1780-6 C1026

好評関連書